전시 하
일본 기독교사
국가를 넘어서지 못한 일본 프로테스탄트 교회

전시 하
일본 기독교사

국가를 넘어서지 못한 일본 프로테스탄트 교회

하라 마코토(原 誠) 저
서정민(徐正敏) 역

한들출판사

지은이의 말

양국 교회의 상호이해와 공통 과제를 생각하며

　금번 본인의 2005년 출판된 책《국가를 넘어서지 못한 교회》(일본 그리스도교단출판국)를 연세대학교의 서정민(徐正敏) 박사가 한글로 번역하여, 한국의 여러 독자들이 공람할 수 있게 된 것을 무한한 영광으로 여기며, 가슴 깊이 감사의 뜻을 전하는 바이다.

　이 책은 본인이 과거 20년 간 줄곧 연구해 온 내용을 한 권의 책으로 정리한 연구서이다. 직접적인 기술은 하지 않았으나, 이 책의 서문이나, 제1장에서 은연중에 드러내고 있어 한국의 독자들도 이해할 것으로 믿는데, 일본은 타이완을 50년 간, 한국을 36년 간 식민 지배하였고, '대동아공영권'이라는 국가적 목표를 지향해 나갔다. 그 과정에서 메이지(明治)시대 이후 일본 '근대화'의 한 상징으로 성립되었던 일본기독교회가 어떤 성격과 한계를 지니고 국가 목표에 함께 매진해 왔는가를 살피고자 하였다. 이는 특히 '전시 하'라고 하는 긴박한 시기, 압축된 긴장이 고조되었던 역사 속에서야 말로 그 실상이 더욱 잘 드러날 것이라는 전제를 염두에 두고, 과연 일본기독교회가 어떤 행보를 보였는지를, 여러 가지 각도에서 논하고자 한 것이다.
　《국가를 넘어서지 못한 교회》라는 표제는 좀 지나치게 과격한 표현으로 보일지도 모른다. 그러나 면밀히 생각해 보면, 한국과 일본을 포함하여 우리 프로테스탄트 교회는 그 초기부터 실제로 교회나, 국가의 권위, 혹은 민족 앞에서 신앙공동체로서의 교회를 어떤 형태로 형성해 나갈 것인가 하는 본질적인 과제와 질문에 직면해 왔다고 할 수 있다.

올바른 복음 이해와 신앙에 의한 교회 형성, 신학의 확립을 추구해 나가면서도, 그러나 이 세상 가운에 있는 교회로서 역사에서의 수많은 과오와 죄를 주 앞에 범해 온 것이 사실이다.

본인은 그러한 사실을 통해 겸손한 자세로 역사로부터 배우기를 원한다.

해방 후 한일 기독교 관계에서 중요한 사건 하나를 소개하고자 한다. 제2차 세계대전 이후 한일 양국 간에는 국교(國交)가 없었으나, 양국 민중의 수많은 반대에도 불구하고, 1965년 6월 22일 한일협정이 체결되어 국교가 회복되었다. 그 직후인 그해 9월 25일 '한국기독교 장로회' 제50회 총회는 '일본기독교단 총회' 의장 오무라(大村勇) 목사를 초대하여, 총회석상에서 인사하도록 허용하였다. 그러나 다시 그 총회 석상에서 그의 인사를 받아들일 것인가 말 것인가를 놓고 '기장' 총회는 3시간 이상의 난상 토론을 벌였다. 처음에는 그 인사를 받지 않아야 한다는 의견이 다수였으나, 회의석상에서 다음과 같은 발언이 나온 것으로 알고 있다. 우리 그리스도인은 예수 그리스도에 의해 죄를 사함 받은 존재들인 바, 우리도 일본 교회를 용서하지 않으면 안 될 것이라는 의견이 대두되었다고 한다. 이에 장내의 분위기가 바뀌고, 밖에서 기다리던 오무라 목사를 들어오게 하여 총회 축하와 인사를 받는 순서를 허락한 것이다. 그것은 '사죄'였다. 그 내용은 "일본 정부 및 국민이 범한 수많은 정치적인, 인권적인 죄악에 대해 일본교회로서 깊이 회개하는 것과 함께 마음으로부터 사죄한다"는 것이었고, 식민지 통치에 대해서 "전적으로 변명의 여지가 없는 일이며", "일본 국민을 대표하여, 주 앞에서 깊이 사죄를 드린다"는 내용이었다.

그 해 12월에 '일본기독교단'은 '대한예수교장로회', '기독교대한감리회', '한국기독교장로회'에 서간을 보내어, 대표자를 일본에 초청하고, 1967년 7월에는 한국의 세 개 교단과의 협약 원안이 작성되었으며, 그 이듬해인 1968년 10월 '일본기독교단' 제15회 총회에서 그 체결이 승인되었다. 그 후 양국 교회는 선교협약을 맺어 오늘에 이르고 있다.

또한 1967년 3월 26일 부활절에 '일본기독교단'은 '제2차 세계대전 하에 있어 일본기독교단의 책임에 대한 고백'을 의장 스즈키(鈴木 正久) 명의로 공표했다. 이는 전쟁 후 일본에 있어 종교, 사상, 학술, 언론 분야 전체를 통 털어 최초의 전쟁책임 고백이었다. 여기에 이어 '일본기독교단' 이외의 몇몇 교회, 불교 종단 등도 같은 모양과 취지의 고백, 혹은 선언을 행한 바 있다.

한국교회의 '용서'와 '화해'의 결단에 의해, 일본의 기독교인들이 그 사명과 과제를 명확히 했을 때, '국가를 넘어서는 교회'가 될 수 있었다는 사실에 깊은 감사를 전하지 않을 수 없다.

한일 양국 기독교회의 교류는 이전보다 점점 증가하고, 활발해졌다. 본인만 해도 지난 10년 간 매년 한국을 방문하였고, 또한 한국으로부터의 손님을 맞이하였다.

역사를 주재하는 주 앞에 엎드려, 그분의 인도하심에 따라 양국 교회의 상호 이해와 공통의 과제에 작은 보탬이 되기를 간절히 기도하는 바이다.

2009년 2월 1일

일본 교토(京都) 도시샤(同志社)대학에서
하라 마코토(原 誠)

옮긴이의 말

강한 국가 약한 교회의 역사적 실상을 지켜보며

이 책의 원제는 《국가를 넘어서지 못한 교회―15년 전쟁 하의 일본 프로테스탄트교회》(國家を超えられなかった教會, 日本キリスト教団出版局, 2005)이다. 그러나 한글판으로서 독자들의 이해를 돕기 위해, 저자 허락 하에 한글판 제목을 《전시 하 일본 기독교사―국가를 넘어서지 못한 일본 프로테스탄트 교회》로 정했다.

이 책에서의 '전시'(戰時)라고 함은 1931년 9월 일본 쇼와(昭和) 파시즘 정권이 일으킨 중일전쟁으로부터 이른바 '대동아전쟁'과 '태평양전쟁', 곧 '제2차 세계대전'의 패전으로 막을 내린 1945년까지의 15년 전쟁을 의미하는 시기이다. 이 시기가 일본과, 그리고 관계된 여러 나라의 일반 역사에서도 중요한 역사적 분기점임에 분명하지만, 일본의 프로테스탄트 기독교회사에서는, 비유하자면 '경동맥'이나 '중추'에 해당하는 시기이다. 바로 일본 기독교사의 정중앙 단면 부분이며, 그 앞과 뒤의 역사를 헤아릴 수 있는, 역사적 암호와 상징이 가득 포함되어 있는, 노른자의 역사이다. 바로 그러한 시대적 의미의 중요성을 중시하는 관점으로 저자는 이 책의 주된 내용인 15년 전쟁기의 일본 기독교 역사를 기록하였고, 특히 이 시대가 지닌 일본 교회사의 상징적 의미를 해명하는 데 많은 역량을 투여하고 있다. 곧 1931년부터 45년의 시기에 나타나는 일본 기독교회의 신학과 제도, 사회적 참여, 선교의 제 단면, 그리고 개인과 공동체 부분에서 주목되는 신앙적 특성은, 일본 교회 수용사의 전체적 특징을 잘 드러내고 있다.

그리고 향후의 역사적 고백과 변화의 추이까지를 유추할 수 있는 가늠자가 됨이 분명하다. 따라서 이 책은 15년의 교회 역사인 동시에 일본 교회사 통사 전체의 의의를 모두 포함하는 형식이라는 새로운 서술 방법과 역사적 주제를 제시하고 있다.

그동안 한글로 된 일본 기독교사는 대표적 일본 프로테스탄트 교회사가인 도히 아키오(土肥昭夫, 1927 - 2008)의 저서 두 권의 번역서가 있다. 곧 《일본 기독교사》(김수진 역, 기독교문사, 1991), 《일본 기독교의 사론적 이해》(서정민 역, 한국기독교역사연구소, 1993)가 그것이다. 그리고 또 달리 찾는다면, 윤혜원의 《일본 기독교의 역사적 성격》(한국기독교역사연구소, 1995)이 있다. 그 밖에 일본 기독교사 전체가 주된 주제라기보다는 한일 기독교 관계사의 측면에서 일본 기독교사를 접근한 책으로는 역자의 《일본 기독교의 한국 인식》(한울아카데미, 2000), 《한일 기독교 관계사 연구》(대한기독교서회, 2002) 등이 있다. 그러나 한국 기독교사, 한국 근현대사와 일본 기독교의 관련성, 미래지향적인 한일 기독교 관계론의 연구적 당면성에 비해서는 한글로 된 일본 기독교사 연구가 턱없이 부족했던 것이 사실이다.

이 책은 본래 서문과 본문 총 9장, 그리고 종장으로 이루어져 있어, 한글판 번역서에 비해서는 좀 더 많은 내용을 담고 있는 대작이다. 그러나 한글판은 그중 제7, 8, 9장을 생략하고, 한국의 독자들이 더욱 열린 결론을 도출해 볼 수 있도록 저자의 짧은 결론인 종장도 생략했다. 특히 본문의 제7, 8, 9장은 내용이 '케이스 스터디'로서, 일본 기독교사의 현장 기술이라고 할 수 있고, 특별한 예증을 중심으로 구성된 구체적 내용이라고도 볼 수 있다. 사실 저자가 서문에서 각 장마다의 과제를 상세히 소개하고 있는 바, 생략한 7, 8, 9장의 주된 내용과 과제를 서문에서 어떻게 기록했는지를 살피면, 한글판에서의 생략 이유가 더욱 분명해질 것이다. 다음에서 번역 소개한다.

"'제7장 홀리네스에 속한 지방의 작은 교회 - 다카사키미나미(高崎南) 교회'에서는 홀리네스계 교단에 속해 있다가, 더구나 해산 명령을 받고 일단 해산되었다가 전후 재건된 하나의 지방 소 교회의 자취를 사례연구로 정리하였다. 홀리네스 계통의 여러 교회에 대한 역사적 자취에 대해서는 근래 상당히 연구가 진행되기도 했는데, 그러한 연구에서도 소외되었던 지방의 작은 교회를 초점 삼아 논의하고자 했다.

'제8장 전시 하 오키나와(沖繩)의 여러 교회'에서는 전쟁 전 오키나와 교회 역사를 살피고, 지상전이 진행된 오키나와에서의 교회가 지역주민이기도 했던 신도들을 어떻게 인도하며, 이 시기를 어떤 모습으로 견뎠는가를, 오키나와 현의 주민정책 경위를 함께 살피며 논의하였다.

'제9장 일본 기독교단 남방 파견 선교사와 인도네시아 교회'에서는 일본 군정 하의 인도네시아 주민에 대한 선무공작의 일환으로 파견된, 이른바 남방 파견 선교사의 제 활동과 그들의 활동이 인도네시아 교회의 역사에는 어떤 형태의 의미를 지녔는가를 명확히 하고자 하였다. 이를 위해 인도네시아를 비롯한 각 지역의 현지 조사를 실행하였다."

이 책 전체로 볼 때는 하나의 구체적인 예제이며, 저자의 사관을 증명하고자 하는 사례서들이라고 할 수 있다. 따라서 이 책 전체의 주제와 내용 이해에서 이 부분이 생략되어도 큰 장애가 없음을 시사한다고 볼 수 있다. 오히려 독립된 논문이나, '아티클'로 별도 소개가 가능할 정도라고 여긴다.

한편 이 책은 일본 기독교사의 전문 연구서로서 다수의 일본 기독교 인명과 지명, 독특한 개념이나 용어 등이 등장한다. 이에 역자는 한국 독자들의 이해를 돕기 위해 가능한 범위에서 최대한 '역자 주'를 달았다. 저자의 본래 주와 함께 각주로 처리된 역주에서 내용의 보충과 이해를 돕고자 했음을 밝힌다.

이 책의 저자, 하라 마코토(原 誠) 교수는 올해(2008년) 타계한 도히 아키오 교수를 이은 일본 도시샤(同志社)대학 교회사 교수이자, 일본 프로테스탄트 기독교사의 독보이다. 본래는 동남아시아교회사에 남다른 애정과 사명감을 지니고 다수의 논문과 연구 업적을 내어 놓은 학자이나, 도히 아키오 교수의 후계로서 그의 연구와 교육의 성과를 계승해 나가면서, 최근에는 일본 교회사와 한일 기독교 관계사에서도 많은 연구 성과를 내고 있다. 역자에게 있어서는 개인적으로 도히 아키오 교수 문하의 대선배로서 학문적인 영향을 받은 것은 물론, 인격적인 교류를 깊이 나누고 있다. 특히 일본 기독교사와 한일 기독교 관계사를 보는 관점(觀點)과 시점(視點)을 상호 공유하고 있음으로 인해, 이 책을 번역함에 있어 관점의 차이로 인한 난해 점은 전혀 느끼지 못했다. 오히려 공감과 지지로 저자의 논지에 몰두할 수 있었다. 한글판의 번역과 출판을 쾌히 허락하고, 절대적 협조를 아끼지 않은 것에 깊은 감사를 드린다.

이 책의 번역 작업은 역자의 2008년 1년간의 연세대학교 해외 연구년(안식년) 중에 체류하는 도쿄(東京)에서 틈틈이 이루어졌다. 몸담고 있는 메이지(明治)학원대학의 초빙교수로서의 강의와 연세대학교 연구년의 연구과제 수행 과정에서 이루어진 한 성과임을 밝힌다.

무엇보다도 이 책의 출판을 흔쾌히 결정하고, 기꺼이 지난한 기획과 실무 작업에 최선을 다해 준, 한들출판사의 정덕주 목사와 직원 여러분께 따뜻한 감사를 전한다. 이 작은 일로도 한일 간의 역사 안에서 여전히 활동하시는 우리 하나님의 영광이 미미하나마 드러날 수 있기를 간절히 비는 바이다.

2008년 12월 1일
일본 도쿄 시로카네다이(白金台) 메이지(明治)학원대학 연구실에서
서 정 민

차례

한글판 머리말/ 양국 교회의 상호 이해와 공통 과제를 생각하며   5
옮긴이의 말/ 강한 국가 약한 교회의 역사적 실상을 지켜보며   9

서문
   I. 머리말   17
   II. 이 책의 방법과 구성   19
   III. 이 책의 결론   21

제1장 일본 기독교의 중간 점검으로서 전시 하 교회
   ─과제와 관점과 방법론을 살피며
   I. 일본 기독교의 역사적 중간 시점이 되는 전시 하   23
   II. 메이지 시대 이래 일본 기독교의 역사적 특징   26
   III. 방법론에 관하여   39

제2장 전시의 기독교 사상 ─ 일본적 기독교를 중심으로
   I. 머리말   41
   II. 전시 하의 사상적 상황 - '근대에의 초극'을 중심으로   44
   III. 일본 기독교회의 사상적 상황과 개전(開戰)에 대한 태도   47
   IV. '일본적 기독교'의 의의와 문제점   57
   V. '일본적 기독교'에 대한 평가   76
   VI. 본 장을 정리하며   79

제3장 '일본 기독교단' 과 파시즘 시대
  I. 머리말   83
  II. '일본 기독교단' 의 성립과 합동교회   85
  III. 종교탄압과 종교단체법의 성립   92
  IV. 국가의 종교 통제에 대한 사회사상사적 의미   96
  V. 종교단체법 — 법제사적 관점으로부터   100
  VI. 치안유지법과 종교단체법   107
  VII. 종교단체법이 기초가 된 일본 기독교단   112
  VIII. 본 장을 정리하며   118

제4장 전시 하 종교정책 – '전시보국회' 와 '일본 기독교단'
  I. 머리말   121
  II. '국민정신총동원운동', '대정익찬회'(大政翼贊會)에 있어
      종교 정책   123
  III. 전시 하의 종교 보국   130
  IV. '일본 기독교단' 의 '대일본종교보국회' 활동   135
  V. 본 장을 정리하며   143

제5장 전시 하의 제 교회
　－ '대일본 전시종교보국회' 와의 관계를 중심으로

　I. 머리말　　　　　　　　　　　　　　　　　　　145
　II. 전시 하 '교단' 의 조직　　　　　　　　　　　　147
　III. '일본 기독교단보국단' 으로부터 '일본 기독교단
　　　전시 종교보국회' 로　　　　　　　　　　　　 149
　IV. 전시 하의 교구, 지교구　　　　　　　　　　　 160
　V. 전시 하의 각 개(個)교회　　　　　　　　　　　 166
　VI. 전시 하의 각 개교회－삿포로(禮幌)교회의 경우　168
　VII. 본 장을 정리하며　　　　　　　　　　　　　　176

제6장 전시 하 교회의 전도 －교세와 입신자(入信者)

　I. 머리말　　　　　　　　　　　　　　　　　　　177
　II. 전시 하 교회의 교세　　　　　　　　　　　　　178
　III. 각 개교회사에 있어서의 '전시 하' 에 대한 인식　180
　IV. 각 개교회사로부터 본 전시 하의 교세　　　　　182
　V. 각 개교회사를 통해 본 전시 하 교회의 신앙　　　185
　VI. 입신(入信)의 의미－레이난자카 교회의 '신앙고백' 으로부터　203
　VII. 본 장을 정리하며　　　　　　　　　　　　　　210

찾아 보기　　　　　　　　　　　　　　　　　　　213

서 문

I. 머리말

1872년에 일본에 최초의 프로테스탄트 교회가 탄생한 이래 일본 교회는 130년 이상의 역사를 간직해 왔다. 그러나 그 발걸음은 결코 순탄한 것이 아니었다. 오히려 고난의 좁은 길을 걸어야 했다. 그리고 일본의 기독교는 선교의 열의와 사명감에도 불구하고 교회가 놓인 각 지역 공동체와는 서로 상응되지 않는 익명의 존재였다고도 할 수 있다. 구마노(熊野義孝)[1]는 일본교회의 과제로서 국민적, 사회적 독립과 자유가 보증되는 의미에서 '국민적인 교회'라는 것을 제기한 바 있는데, 그것은 지금까지도 실현되지 않았다.

15년에 걸친 일본이 전쟁 치하의 문제는, 1872년부터 시작되어 21세기를 향한 현재에 이르는 시점 중 중간점이며, 전환점이라고 할 수

---

[1] 역주: 熊野義孝 1899. 5. 9-1981. 8. 20, 교의학자, 도쿄(東京)신학대학 수학, 도쿄신학대학 교수 엮임, 〈福音新報〉 편집자, 《終末論と歷史哲學》(1933), 《基督教槪論》(1947), 《基督教の本質》(1949), 《敎義學》(1954-65) 등 저술.

있는 시기다. 즉 전시 하의 기독교를 검토하는 의의는 이른바 그 중간점, 전환점에 이르렀던 일본 프로테스탄트 기독교의 '중간 점검' 이라는 의미 부여가 가능하다.

이것을 염두에 두고, 이 연구에서는 민족과 국가의 존망을 다 걸 수밖에 없었던 '전시 하' 라는 시대의 제 문제를 문화사적, 사회사상사적, 법제사적으로 명확히 해 나가고자 한다. 그 극한 상황에 놓였던 일본 기독교가 대처해 나가지 않으면 안 되었던 과제를 다각적으로, 실증적으로 분석하고, 또한 주변적 위치에 있을 수밖에 없었던 지방의 교회, 해외와의 관계에도 주목하면서, 그 신학적인 정리를 하고자 한다.

전후 1960년대에 들어서면서 '일본 기독교단' (이하 주로 '교단' 이라 칭함)에 있어 전시 하 기독교에 관한 검증과 토론이 깊이 다루어지고, 그것이 1967년 3월 당시 일본 기독교단 총회 의장 스즈키(鈴木正久)[2] 명의로 공표된 "제2차 대전 하에 있어서 일본 기독교단의 책임에 대한 고백"으로 결실을 맺었다. 그러나 이는 교단은 물론 일본교회에 있어서 신앙 이해나 교리 이해, 그리고 역사 이해를 포함한 의미에서, 일치된 신앙고백이 아니었다. 그 후 70년대에 들어서서 전시 하의 교회에 관한 연구 성과가 정리되어 발표되기는 했어도, 결과적으로 하나의 교회로서 공통된 인식과 이해를 도출해 내지 못했다고 할 수 있다. 이에 관한 자세한 정리는 제1장에서 시도하였다. 다만 본서는 교단 성립의 경과를 포함해서, 도히(土肥昭夫)[3]의 견해를 전제하

---

2) 역주: 鈴木正久 1912. 8. 7- 1969. 7. 4 일본 기독교단 목사, 총회의장, 아오야마(靑山)학원대학 신학부 수학, 1967년 '제2차 대전 하의 일본기독교단 책임에 관한 고백' 공표, 한국교회와의 관계 회복의 주역, 오키나와 교단과의 통합 성취, 《信仰と自由の片紙》(1965), 《キリスト敎の現代的使命》(1967) 등 저술.
3) 역주: 土肥昭夫 1927 - 2008. 3. 31. 교회사가, 도시샤(同志社)대학 신학부, 교토(京都)대학 문학부, 미국 뉴욕 유니온신학교 등 수학, 도시샤대학 신학부 교수, 《日本プロテスタントキリスト敎史》(김수진 역, 《일본기독교회사》, 기독교문

고 동시에 이 전시 하 일본 기독교 역사에 대한 '중간 점검'으로 그것을 여러 각도에서 검토한 것임을 밝힌다.

즉, 단지 피해자라고 하는 시점(視點)은 물론, 혹은 역으로 가해자라고 하는 시점, 그리고 실제로 전시 하에 있어, 메이지 시대 이후 약 반세기에 걸쳐 형성된 일본 기독교의 실체, 또는 체질, 실력이라는 것들이 '전시 하'라고 하는 국가의 위기적 상황에서 시험 받았다는 인식이 필요하지 않을까 하는 것이 이 책의 기본적인 관점이다.

II. 이 책의 방법과 구성

이 책은 이와 같은 과제를 염두에 두고, '전시 하'라고 하는, 농밀하게 압축된 의미로 비상 상황의 철저한 제약 속에서 메이지 시대 이후의 일본 기독교의 체질이 시험을 받고, 그 실체가 드러나는 시대를 다루었다. 그래서 그 한계가 명확해진다는 관점에서 이 시대의 사상적 특징이나 사회적 구조를 배경으로 두고, 당시 교회의 실상을 분석하고자 했다.

이 책의 구성에 대해서는 각 장마다 각각의 과제를 어디에 두었다는 것을 정리하는 것으로 대신하고자 한다.

"제1장 일본 기독교의 중간 점검으로서 전시 하 교회―과제와 관점과 방법론을 살피며"에서는 본 논문의 관점이나 방법론을 정리하는 것을 염두에 두었다. 말하자면, 서장에 해당한다고 할 수 있다. 전시 하 기독교는 그 시점에까지 도달해 온 수준을 들어내고 있다고 하는 점을, 일본 기독교사의 전체를 훑으면서 진술하였다.

"제2장 전시의 기독교 사상―일본적 기독교를 중심으로"에서는

사),《日本プロテスタントキリスト教史論》(서정민 역,《일본 기독교의 사론적 이해》, 한국기독교역사연구소) 등 저술.

전시 하 기독교회의 신학적인 사상 상황과 그 운동에 대해 기독교 지식인이 당 시대 속에서 교회와 신학을 어떠한 관점으로 논하였는가를 검토하고, 여기에 이 시대에 주창되었던 '일본적 기독교'를 중심으로 논평을 첨부한 것이다.

"제3장 일본 기독교단과 파시즘 시대"에서는 지금까지 전시 하 기독교를 논의하는 경우, 신교(信敎) 자유나 정교 분리 등을 포함하여 전후 민주주의의 여러 가치와 원칙, 근대적 시민법을 논거로 하여 논한 경우가 많았다. 그러나 전시 하 파시즘이 사상적, 법적, 경제적인 부분 등에서 당시 사회의 총체로서 기능하는 힘을 지니고 있었다는 것을 정확히 인식하는 것을 통해 당시 교회가 놓여 있었던 사정을 그 시대 상황에 의해 인식할 수밖에 없다는 것을 논했다.

"제4장 전시 하 종교정책—전시보국회와 일본 기독교단"에서는 전시 하 교단이 다른 종단까지를 포함시켜 전시보국회에 일익을 감당했던 점에 주목하고, 종래에는 별로 접근하지 않았던 관점으로부터 전시 하 교단의 구조를 명확히 하고자 했다.

"제5장 전시 하의 제 교회—대일본 전시종교보국회와의 관계를 중심으로"에서는 제4장의 내용에 이어서 상부 조직으로서 교단의 시스템이 각 교구, 이어서는 각 개교회의 일상적인 활동에 대해서는 어떻게 관여하였는가를, 각 개 교회, 구체적으로 홋카이도(北海道)교구 삿포로(札幌)교회 임원회 자료를 이용하여 명확히 살펴보고자 했다.

"제6장 전시 하 교회의 전도—교세와 입신자"에서는 이 시대 교회의 활동을 개 교회사의 기록을 토대로 정리한 바, 전황이 악화되어 급박해지면 질수록 활발한 교회의 전도활동이 진행되었던 점을 실증적으로 증명하고, 또한 이 시기 세례를 받은 이들의 증언으로부터 기독교에 무엇을 기대하고 교회가 지닌 어떤 힘을 믿었는가를 분석하고자 했다.

III. 이 책의 결론

　전시 하 일본교회 신앙의 실상과 역사적 사실에 관하여, 결론적으로 말하면 다음과 같은 사실을 정리할 수밖에 없다. 일부 [특고자료](特高資料)에 나타나는 것처럼, 전시 하 국가 체제에 의한 억압에 대하여 반전(反戰) 발언이나, 설교 중의 불온한 내용으로 인한 체포 사례, 홀리네스계 교회에 가해진 박해 등이 증언되고는 있으나, 교회의 주류에 있어서는 '억압'이나, '박해' 등으로 표현될 수 있는 내용은 찾기 어렵다. 다시 말하면, 기독교 신앙을 근거로 한 '저항'은 존재하지 않았다. 이것은 당시 주류 교회의 상황이 신앙자로서의 어떤 신념을 버리고 '전향' 했다는 것이 아니라는 것 또한 분명하다. 전시 하 교회의 태도를 보면, 자기 억제, 자기 규제라고 할 수 있는 측면을 거의 찾아 볼 수 없다. 분명히 교회의 용어, 혹은 신앙 윤리의 언어로서 '복음'이라고 하는 말은, 또한 '죄'라고 하는 말을 사용하며, '속죄의 사랑'을 기반으로 구성되는 것이라고 볼 수 있다. 거기서부터 구체적인 사회적 관계, 즉 역사적 존재의 관계로서 '유비'(類比), 다시 말하면, 하나님과 자신, 그리고 자신과 이웃이라고 하는 관계로서의 '유비'라는 논리를 보이는 것이며, 교단에 있어서도, 교회에 있어서도, 이것을 말하지 않을 수 없는 것이다. 교회는 그 자체가 신앙의 논리, 즉 신앙에 근거하여 서 있는 것이다. 그러나 동시에 교회가 교회로서의 자기 규정에 의해 성립되는 것만이 아니라, 그것이 서 있는 사회의 사람들, 혹은 역사와의 관계 속에 존재하고 있는 것이 교회라는 근본적인 질문에 소홀한 모습을 보였다. 또한 하나님이 아닌 것을 하나님으로 삼는 것에 대해, 기독교 신앙의 근본인 죄의식도 희박하였다. 이것에 대해 반성하는 것이 일본 기독교 금후의 과제가 아닐 수 없다.

제1장
일본 기독교의 중간 점검으로서 전시 하 교회
—과제와 관점과 방법론을 살피며

I. 일본 기독교의 역사적 중간 시점이 되는 전시 하

1872년에 일본에 최초의 프로테스탄트 교회가 설립된 이래 일본교회는 130년 이상의 역사를 간직해 왔다. 그러나 그 발걸음은 결코 순탄한 것이 아니었다. 오히려 고난의 좁은 길을 걸어야 했다. 각 지역의 교회가 지역 특성에 맞추어 착실히 주일예배를 실시하고, 날마다 전도와 선교활동에 열심을 다해 왔음에도 불구하고, 시대별로 다소의 증감이 있기는 했으나, 지금 현재 일본의 크리스천 인구는 프로테스탄트와 가톨릭을 합하여 110만 명 정도이며, 기독교는 일본에서 항상 소수자의 위치에 계속 머물러 왔다.

일본의 교회는 일본이라고 하는 역사, 문화, 전통을 지닌 사회, 그리고 여러 지역의 특수한 정황 속에서 성립되어 왔다. 그러나 현실적으로는 많은 경우에 있어, 일본교회는 지역공동체와 밀접하게 관계를 형성하지 못하고 '익명적 존재'로서 존재해 온 사실 또한 부인할 수 없다. 선교에 대한 교회의 열의와 사명감에도 불구하고 지역사회에서는 겉도는 존재로서, 또한 어떤 것도 기대하기 않은 채, 일요일에 문을 열어 예배를 드림으로써 교회가 건재해 있다는 것을 보여주는 정도가 아니었을까 한다. 일찍이 구마노 같은 학자는 일본교회의 과제로서 국민적, 사회적인 독립이 보증된다는 의미에서, '국민적인 교회' [1]를 제기했는데, 그것은 아직까지 실현되지 못한 일이라고 할 수 밖에 없다.

어떻게 하여 이런 교회의 모습이 되었을까, 왜 그렇게 되지 못했을까. 이 문제를 염두에 두고, 본서는 전시 하 일본 기독교가 맞닥트리지 않으면 안 되었던 여러 문제에 대해 사상사적으로, 사회학적으로, 그리고 신학적으로 분석하는 것을 통해 그 특징을 밝히고자 하는데 목표를 두었다.

여기에서 말하는 '전시 하'라고 하는 것은, 1931년부터 45년까지의 15년 간을 의미한다. 그것은 31년 9월 중국 만주에서 시작된 중일 전쟁 이래 15년 간 일본 사회 전체가 전시 체제 하에 들었다. 그것은 1872년 요코하마(橫浜)에서 처음 프로테스탄트 기독교회가 성립된 것으로부터 59년, 그리고 교파 교회의 설립으로부터 기산하면, 1877년 일본 기독교일치교회의 성립으로부터 54년 후, 1886년 일본조합기독교회의 성립으로부터 45년 후, 즉 대략 반세기 후의 일이었다. 또한 전쟁 하의 15년을 중간에 두고 보면, 21세기를 향한 현재는 1945년 패전으로부터 60년, 이 또한 대략 반세기가 경과한 시점이 된다. 이러한 의미에서 오늘에서 보는 전시 하의 일본 기독교는 이른바 일본 프로테스탄트 기독교회의 중간 시점으로 보는 것이 가능하다.

이 시기는 '일본 기독교단'이 성립된 시기이기도 하다.

전시 하 일본 기독교회에 대한 연구는, 예를 들어 안토(安藤肇)의 《기독교의 전쟁 경험》(1959), 이를 개정한 《어느 기독교인의 전쟁 경

---

1) 熊野義孝,《熊野義孝全集 第12卷 日本キリスト教》, 新教出版社, 1982, 119-120.

험》(1963)이 출판된 정도이지, 교회의 역사적 토론으로서는 전후 긴 시간 동안 논의된 바 없었다고 해도 좋을 정도이다. 60년대에 들어서면서, '일본 기독교단'이 전시 하 기독교에 대한 검증 논의를 깊이 나누기 시작했고, 그것이 1967년 3월 당시 일본 기독교단 총회의장 스즈키의 명의로 공표된 '제2차 대전 하 일본 기독교단의 책임에 대한 고백'으로 정리되었다. 그러나 이것은 의장 명의로 발표된 것에서 살펴지듯이 '교단' 내 교회들에 의한 신앙 이해나 교리 이해, 역사 이해를 포함한, 어떤 최소한이나마 일치된 인식의 결과가 아니었다. 그 후 70년대에 들어서 모리오카(森岡巖), 카사하라(笠原芳光)의 대담집 《기독교의 전쟁 책임 — 일본의 전전 전중 전후》(1974)나 츠카다(塚田理)의 《천황제 하의 기독교》(1981), 가네다(金田隆一)의 《전시 하 기독교의 저항과 좌절》(1985) 등 출판이 이어져 일정한 연구 성과가 나타났으나, 일본교회의 공통된 인식과 이해를 도출해 내었다고 하기에는 부족한 부분이 없지 않다.

무어라고 해도 전시 하 종교단체법에 의해 유일한 합법적 프로테스탄트 교회로서 존재했던 '일본 기독교단'의 집행부만 해도, 전시 하의 경험 자체, 당시의 책임을 진 당사자에 의한 역사적 체험을 전제하고, 전후에 이르러 그 입장을 이야기한 내용은 거의 찾아 볼 수 없고, 단지 세대 교체에만 급급했던 것이다. 전후 일본사회 전반의 풍조가 전쟁 책임을 분명히 하는 방향으로 나아가지 않은 것과 마찬가지로 교회 역시 그 시기의 적절한 태도를 찾아 볼 수 없고, 다만 당시 교회로서는 저항할 수 없었다는 무언의 상황이 지속되었던 것뿐이다.

이러한 배경 속에서 세대 교체가 진행되었는데, 어쨌든 1967년에 표명된 '고백'의 의미는 전시 하 기독교의 전쟁 책임 고백인 동시에 일본에 있어서 기독교 선교의 질과 방향성을 재고하는 의미가 있었음에 분명하다. 즉 전시 하에 있어서 교회 역시 '피해자'라고 하는 의식, 교회 역시 박해와 탄압과 통제를 받았다는 인식으로부터, 입장을 바꾸어 '가해자'로서 책임을 통감하는 것이었다. '교단' 성립에 관해서도 '교헌'(敎憲)의 전문에 기록된, "섭리에 입각하여 어의에 따른 일치"였다는 점이, 과연 그런가 하는 것을 포함한 논의가 전개된 것이다.

그러나 이 논의는 도히(土肥昭夫)의 논문 "제1편 개관"(《일본 기독교단사자료집》, 제1권, 3-29)[2]에서 보듯이 무언가 쫓기며 서둘러 확정한 것이라고 보아도 무방하다. 도히의 견해는 종교단체법의 성립이 일본 기독교단 설립의 요인이 되었고, 그 내재적 요인을 살피면, 일본교회의 교회 개념은 애매하였고, 교단은 전시 하 반(反)기독교적 풍조 속에서 자기 방어, 자기 보존을 추구하여 성립된 것이라는 견해이다. 이러한 도히의 견해를 전제로 하며, 그리고 동시에 이 전시 하 기독교를 일본 기독교의 '중간 점검'으로서 검토해 보고자 한 것이 바로 이 책이다.

즉, 단순히 피해자였다라는 관점에서만이 아니라, 또한 거꾸로 가해자였다는 관점에서만이 아니라, 실제로 전시 하라는 국가의 위기적 상황 속에서, 메이지 시대 이후 약 반세기 동안 형성되어 온 일본 기독교의 실제, 혹은 체력, 실력을 살펴보는, 더욱 분명한 관점이 필요하지 않을까 하는 점이 필자의 기본적인 입장이다. 그것을 위해 다음 장에서는 일본 기독교의 역사적 특성에 대해 개략적으로 정리하고자 한다.

II. 메이지 시대 이래 일본 기독교의 역사적 특징

메이지 시대 최초로 기독교에 입교한 이들은 억압적인 구 막부(幕

---

2) 《日本基督教団史資料集》은 일본기독교단 선교연구소 내에 1979년 설치된 교단 사자료편찬실에 의해 자료수집이 시작되고, 1997년부터 2001년에 걸쳐 전 5권으로 발행되었다. 이하 《자료집》으로 약칭.

府) 측의 젊은 무사계급들이 많았다. 여기에 일본 기독교의 원형으로서의 특징과 특질이 있다. 무진전쟁(戊辰戰爭)[3]으로 몰락한 사무라이들이었던 그들은 자신들의 재기를 노리고, 일본의 장래를 염려하는 의미에서 이른바 영학(英學), 곧 서구 문물을 수용한 청년들이었다. 경우에 따라서는 미국인을 비롯한 선교사와의 만남이 결정적인 의의를 지녔다. 거기에 공통적으로 작용한 조건은, 무사의 교양으로서 한문을 읽어야 하며, 선교사가 중국으로부터 들여온 여러 한적 서적을 탐독하는 일이었다. 이미 아편전쟁 이후 선교사들은 중국에서 전도활동을 펼치면서 성서를 포함한 기독교 문서나 다른 서양 문물, 과학기술에 관한 서적들을 한문으로 펴내었는데, 그들 일본의 청년무사들은 영학에 대한 관심에서 기독교를 포함한 서구문화에 흥미를 지니게 되었다. 따라서 그들의 기독교에 대한 접근과 입교는 기독교에 대한 개인적 입교(入敎)나 구도(求道)적 목표라는 종교적인 동기보다는 유교의 가치관이나 세계관에 근거를 두었던 그들의 국가사회에 대한 위기감에 의해 선진 구미제국의 근본이 되는 정신을 취하는 것이었다. 거기에는 기독교를 통해 국가의 구제와 미래를 구하는 것과 같은, 정신적 엘리트로서의 자기 자신에 대한 강한 긍지가 있었다.

또한 메이지 10년대[4]의 이른바 자유민권운동의 시대에는 기독교가 문명개화의 시대적 풍조와 더불어 지방도시나 농촌에도 들어갔고, 지방 호족인 농업인, 상인들에게도 영향을 주었다. 지극히 방어적인 사상으로 설득력을 발휘하지 못한다고 인식된 유교를 대신하여, 그들

---

3) 역주: 1868년부터 1969년까지 구 막부파와 막부 타도파 간에 벌어진 전쟁이다. 쇼군 도쿠가와 요시노부에 대한 은퇴와 영지 반납을 요구한 막부 타도파에 격노한 막부군이 교토에 입성, 교전하였다. 도바 후시미 전투에서부터 홋카이도의 고료카쿠 전투에까지 이르러 종료되었는데, 막부 타도파가 승리하였다. 이 전쟁으로 구 막부파는 대개 몰락하였고, 막부 체제의 붕괴와 천황제 통일국가 형성의 결정적 계기가 되었다.
4) 역주: 1870년대 후반부터 1880년대 중반까지.

은 서구문명 속에서 개화사상과 가치관, 사고방식 등을 발견하고 더욱이 그 바탕이 되는 기독교에 매력을 느끼기 시작했다. 그들에게 있어 서구문명과 기독교가 설파하는 윤리가 상업을 포함하여 새로운 시대에 실업 활동을 전개하는 데 있어 매력적이라는 것이 중요한 일이었다. 그렇게 하여 기독교는 금주, 금연을 주창하고, 일부일처제를 존중하며 가정을 지키고, 근면을 권장하는 것을 중심으로 한 선교사의 가르침, 곧 퓨리터니즘의 윤리로서, 또한 거기서부터 출발하는 새로운 생활방식으로서 수용되었다.

여기 제1세대 크리스천에게 공통적으로 발견되는 점은, 가부장제가 강하게 시행되고 있던 시대의 특징에 따라, 젊은 나이에 가문을 책임져야 할 위치에 있던 가장들이 기독교에 입교함으로써, 가족 전부가 기독교 신앙에 입문하는 경우가 자주 있었다. 그러한 경우, 이해할 수 있는 기독교 입교의 의미는 개인 영혼의 구원이라는 측면보다는, 오히려 개인의 구원이 아니라 일족의 선택, 또한 현실적인 사회생활을 변화시키는 일로서의 결단이라는 특징이었다. 메이지 시대 교회 관련 자료를 보면, 음주 문제나 연초 문제 등에 의해 많은 사람들이 교회에서 제명 처분을 받고 있다. 초기 크리스천의 생활 방식은 명쾌한 전향과 결단이 문명 개화의 시대적 배경과 함께, 기독교가 그때까지 일본의 유교 중심 문화 전통에 의한 생활태도나 윤리와는 전혀 다른 이질적 특징이라는 인식이 있었다. 기독교는 새로운 윤리로서 수용되고, 새로운 근대적 국가, 사회 형성의 바탕 정신으로서 기대되었다. 종래 가지고 있었던 '애니미즘'을 배경으로 한 '팔백만의 신(神)'으로부터, 당시 '천제'(天帝), 혹은 '상제'(上帝)라고 번역된 '유일하신 아버지 하나님'에 대한 신앙으로의 전환은 새로운 삶의 방식을 촉구하는 프로테스탄티즘, 퓨리터니즘으로 수용되었다. 여기에는 새로운 시대 국가사회에 대한 관심이 그 배경이 되었다.

1873년 '기리시단 금령고찰(禁令高札)'[5]의 철폐는, 국가가 기독교

를 공인한 것이 아니라 묵인하는 것에 지나지 않았다. 메이지 정부의
종교 행정은, 이후 많은 변화를 거치는 데, 신도(神道)는 내무성이 관
할하고, 불교를 포함한 다른 종교단체에 대해서는 문부성에 분담시켰
다. 장례의식이 각자의 종교에 따라 다른 의식으로 진행될 수 있게 된
것이 1884년이고,[6] 이 조치는 기독교인들에게 있어서 기독교식의 장
례의식이 집행될 수 있다는 의미에서 커다란 진전이 아닐 수 없었다.

1880년대 후반 이후 대일본제국 헌법의 반포, '제국의회' 의 개설,
'교육칙어', '황실전범' 의 제정은 메이지 국가의 체제를 확립하였고,
그 이후 일본의 진로를 결정짓는 계기가 되었다. 즉 근대적 법 제도의
정비와 확립, 그 정신적 기반으로, 신도를 바탕으로 하는 국가종교로
서의 천황제, 그리고 국민에 대한 종교교육, 정신교육의 골격이 가닥
을 잡기에 이르렀다.

그 일련의 과정에서 우치무라(內村鑑三)[7]의 '불경사건' 에 의해

---

5) 역주: 16세기 사비에르(F. Xavier, 1506-1552)의 가고시마 상륙 후 시작된 일본의
가톨릭 선교는 한 때 선교성과를 크게 거둔 적도 있으나, 도요토미 집권 후반 힐
문서와 기리시단 금교령 이래, 연이어 도쿠가와 정권에서도 탄압과 박해가 계속
되었다. 이와 같은 기리시단 탄압의 금교령이 공식적으로 폐지된 것은 1873년의
일이다.

6) [葬儀執行方の件](自葬の禁解除), 明治17年 10月 內務省 口達, 文部省文化局宗務
課 監修,《明治以後宗教關係法令》, 第1法規 出版, 1967, 812.

7) 역주: 內村鑑三 1861. 3. 23-1930. 3. 8. 독립전도자, 무교회주의 운동가, 도쿄영
학교, 삿포로농학교, 미국 암허스트대학 등 수학, 도쿄 제일고등학교 교원 역임,
〈聖書之硏究〉간행, 문하생 다수 양육, 한국인으로 최태용, 김교신, 함석헌 등이
그의 제자, 일본의 기독교사상사와 일제 하 한국 기독교계에 큰 영향을 미침, 이
른바 '우치무라의 불경 사건', 곧 1891년 1월 9일 그가 도쿄 제일고등학교에 교
원으로 재직 시, 천황이 하사한 '교육칙어' 에 대한 최경례를 하지 않은 사건으로
인해 그개인과 동료, 제자, 일본의 기독교인들 자체가 '비(非)국민시' 되어 수난
을 입은 사건이 발생함. 그러나 그 자신은 '일본적 기독교' 를 주장하고, 애국과
신앙을 함께 수행하고자 한 토착적 일본 기독교 신학 사상가였음.《內村鑑三信
仰著作全集》등 40여 권 출간.

'기독교'와 '일본'의 본질적인 존재 양식이, 시대 풍조 속에서 격렬하게 대립되기에 이르렀다. 그러나 이 문제에 대한 당시 교회의 일반적 인식은 대단히 둔감한 상태였다. 그동안 기독교가 공인을 받지 못한 존재에서 헌법에 의해 신교(信敎)의 자유가 보증되고, 국가나 사회가 그 존재를 인지하게 되었다는 사실을 반긴 기독교인들은 축하회를 여는 정도였다.[8] 거기에는 우리 기독교인들이야 말로 일본의 근대화와 국가 형성에 기여한다고 하는, 이른바 정신적 엘리트로서의 자부심이 있고, 구미 문화의 소개자로서, 또한 '근대'를 담당해 나갈 적임자들로서의 자각이 있었다고 이해할 수도 있을 것이다.

메이지 시대 자유 민권운동, 문명개화, 서구화주의의 풍조와 함께 전진해 나갔던 기독교인들은 메이지 20년대[9]의 국수주의, 반동주의의 시대로 접어들면서 각 교파별 교회가 협력하여 '20세기 대 전도운동'을 전국적으로 전개해 나갔다. 이는 교세 하락 경향의 상황에서 일정한 수준으로 교세 회복의 기조가 형성될 수 있었다는 의미에서 성과가 있었다. 그러나 그 결과로서 기독교는 이미 급속하게 진행된 국가 주도의 산업사회화, 자본주의화에 의해 여러 가지 면에서 모순이 증대되어 나가던 시대에 적절한 사회적 기능을 다 하지 못한 부분이 있다. 즉 이 시기 기독교에 입교하는 계층은 도회지 주민, 특히 도시 중산계층 이상의 교사, 의사, 학생층 등이 다수 입교함으로써 이후

---

8) 메이지헌법 반포 때에는 도쿄 각 교회의 연합 축하회가 열렸고, 요코이(橫井時雄) 같은 이는 기독교를 확산시킬 기회의 제1단계를 넘었다고 설파했고, 이부카(井深梶之助)는, 한 방울의 피도 흘리지 않고 신앙의 자유가 보증되었다고 기뻐했으며, 히라이시(平石愃保)는 이것으로 기독교는 일본의 한 종교가 되었으니, 금후에는 유일한 종교가 되자고 주창하여, 참석자들을 감격시켰다. "厚生館憲法發布祝賀會の景況",〈基督敎新聞〉, 土肥昭夫,《日本プロテスタントキリスト教史》, 新教出版社, 1980, 111-112 재인용. 또한 土肥昭夫, "近代天皇制とキリスト教",《近代天皇制の形成とキリスト教》, 新教出版社, 1996 참조.
9) 역주: 1880년대 후반부터 1890년대 중반까지.

일본 기독교의 사회적 성격을 규정하는 결과를 낳았다. 일본이라는 '선교현장'에 전도가 진행되고, 거기에 성립된 교회는, 제1세대 가문 단위의 입교라는 경향으로부터 서서히 '가문'이라는 제도로부터 벗어나서, 자아 확립이라고 하는 개인적 각성, 철학적 욕구, 또한 문화 교양적, 근대사상적 관심에 의해 기독교에 접근하는 경향이 강하게 대두되기 시작했다. 이것은 개인으로서, 성서를 깊이 읽고, 가까이 접하는 과정에서 그들의 신앙과 인생에 대한 깊은 성찰과 내재적 변화를 통해 침잠하여, 새로운 인격 형성에 깊이 영향을 받는 형태의, 개인주의적 성격이 강하게 나타났다. 또한 교파 교회들은 성립되었다고 해도, 곧 종교개혁 없이 설립된 일본의 '프로테스탄트' 교회는 교파에 대한 인식이 약할 수밖에 없었다. 그 결과로서 목사와 크리스천 개인의 인격적 만남, 즉 서로 만난 개인간의 인격적 감화를 통한 입교라는 성격을 띠기 때문에 역시 원래 가지고 있는 유교적 경향은 강한 채 그대로 남아 있을 수밖에 없었다. 그것은 어떤 의미에서는 깊고 확고한 교회에 대한 이해가 박약한 채 기독교인이 된 것이라고도 볼 수 있다.

다이쇼(大正)시대[10]에는, 일정 부분 자유가 허용된 시기였다. 메이지 말기부터 내무성에 의해, 교파 신도[11], 불교, 각 교파를 아우른 기독교가 함께 국민도덕을 향상시키는 데 공헌할 주요 종교로서 인정된 것으로 보는 '삼교회동'(三敎會同)[12]을 기독교는 크게 반겼다. 이것

---

10) 역주: 1912-1925년까지 다이쇼 천황 시기.
11) 역주: 메이지 시대의 종교정책의 하나로 전통종교인 '신도'를 '국가 신도'와 '교파 신도'로 나누고, '국가 신도'는 천황제 이데올로기와 결합시켜, '초종교'의 권위로 군림시키고, '교파 신도'는 하나의 종교로서 구별한 정책에 의해 비롯된 신도를 의미한다.
12) 역주: 러일전쟁 후 사회적 모순이 격화되고, 부국강병의 국민적 이상이 무너지는 상황에서, 정부는 과격한 사회주의운동을 강압적으로 억누르고, '가족국가론'을 바탕으로 한 국민교화를 진행시킬 목적으로 일본의 여러 종교를 국민도덕의 진흥에

을 일본 기독교회는 명실상부 국가로부터 시민권을 부여받은 것으로 보고, 기독교계와 이를 크게 환영하고, '일본 그리스도교 연맹'을 중심으로 '국가 사회에 유용한 기독교'가 될 것을 권면하였다. 외래종교로서의 기독교는, 메이지 시대 이후 줄곧 일본 사회 속에서 시민권을 획득하는 것이 가장 큰 과제가 되어 온 바 있다.

쇼와(昭和) 시대[13]에 들어서서, 1930년대 중국 북동부에서 시작된 전쟁으로부터, 급속히 전국이 전시 체제로 전환되고 '파시즘' 체제가 진행되면서, 천황 신격화와 함께 군부가 압도적 지배력을 강화해 나갔다. 그러한 사회 정황 속에서 이단자로 몰리는 부류는 천황제에 저촉되는 것으로 보이는 민간의 신흥종교와 '붉은 집단'(공산당), '야소'(기독교) 등이었다. 이 시대에는 어떤 의미에서 그 통제권에서 일탈하는 부류는 존재 자체가 허락되지 않았고, 종교계에서도 기독교 이외에 '대본교'(大本敎), '사람의 길'(人の道) 등에 대한 통제도 강압적이었다. 그러나 기독교회의 지도자들은 그것이 의미하는 바를 간파하지 못하고, 스스로는 문명국의 종교인 기독교로서, 이른바 종교계의 중요한 하나의 지체로 인식하고, 자신들 교회의 존재에 관한 사항들을 제대로 이해하지 못하였다. 그러나 1938년 '오사카 헌병대 사건'(大阪憲兵隊事件)[14]이나 1940년의 '구세군 스파이 사건'[15]에 의

협력하도록 노력하였다. 그때까지 정부로부터 냉담한 취급을 받았던 기독교는 다른 종교와 같은 대우를 받게 된 것을 기뻐하고, 그 참가에 적극적이었다.

역주: 이른바 '삼교회동'이란, 1912년 2월 일본 문부성이 주최하여, 신도, 불교, 기독교 대표자를 정부로 초청하였다. 이들에게 국가 시책에 적극 협조할 것과, 국가의 목표에 주요 종교로서 함께 병진할 것을 권고 받았다. 이 회동에 대해 일본 기독교 지도자들은 일본 국가가 '사교'(邪敎)시 해오던 기독교에 대한 신앙의 자유를 허용하였을 뿐만 아니라 기독교인들을 정식 일본의 주요 국민 구성원의 하나로 인정하였고, 더구나 전통 종교이자, 국가적 종교인 불교나 신도와 같은 레벨에서 취급하고 있다는 점을 크게 반긴 회동이다.

13) 역주: 1926-1989년까지의 쇼와 천황의 시대를 의미하는데, 특히 시대적 의미상, 1945년 패전 이전까지를 주로 뜻한다.

해 국가 통제가 직접적으로 교회에 가해진 때에 이르러서는 상황의 대세는 파악했으나, 교회로서 국가의 통제에 대항해 나가는 신학적 논리를 발휘하지 못했다. 그때까지 국가에 유용한 종교가 되고자 한 노력, 서구 근대문명의 담지자로서 자기존재의 위치를 잡아 나갔던 교회는 불경죄나 치안유지법과 함께, 통제법이며, 탄압법인 종교단체법이 성립되어 가는 시기에 이르러서는, 지도자 일부와 다수의 신도들은 정부가 설명하는 바에 따라 이 법에 의하여 교회가 보호받을 수 있을 것이라고 이해하였다. 그리고 '황기 2천6백년 봉축 전국 기독교 신도대회'에서 국가가 주창하는 '일본 기독교'의 수립을 선언하고, '일본 기독교단'을 설립했다.

전시 하에 있어 일본 교회는 국민의 고통과 아픔에 함께 하기보다는 국가의 전쟁 목적에 동참하여 그 일익을 감당해 나갔다.

또한 합동하여 '한 몸이 된 교회'가 되었음에도 불구하고, '교단'은 홀리네스계 교회의 탄압과 해산 명령에 어떤 항의도 하지 못했다. '국가 사회에 유용한 기독교'를 내세웠던 교회는 국가로부터 '적성종교'(敵性宗敎)로 비춰지는 것에 대해, 국책에 협력하는 형태로 존재를 인정받는 일 이외에는 아무것도 하지 못한 것이다.

이 역사를 총체적으로 말하면, 일본 기독교는 천황제 국가의 본질을 보지 않은 채, 국가 사회 속에서 시민권을 얻는 일에 몰두하여, 복음에 걸맞은, 진정한 의미의 '국민교회'가 되는 것에 실패했다고 할

---

14) 역주: 1938년 '오사카 헌병대 사건'은 일본조합교회 목사 니시오(西尾幸太郞)의 실언에 의해, 오사카 헌병대가 오사카의 주요 교파와 기독교계 학교에, 13항목에 달하는, 국체와 기독교와의 관계, 천황과 기독교의 관계 등에 대한 질문을 한 사건이다.
15) 역주: 1940년 '구세군 스파이 사건'이라는 것은 군대와 유사한 조직을 지닌 구세군이 영국에 있는 만국본영의 지휘 하에 있는 점, 군대라는 것은 천황의 군대만이 인정된다는 점에서 그 간부들을 검거하고, 구세군을 '구세단'이라고 개칭하도록 한 사건이다.

수 있다.

전후의 교회는 미국을 중심으로 하는 점령군에 의한 일본의 민주주의화를 추진하는 여러 정책이나 기독교를 우대하는 정책 등에 힘입어, 또한 미국 선교사들이 다시 일본에 들어와 활동하고, 그들을 통한 구호물자 등에 의해 그동안에는 경험하지 못한 전성기를 누렸다. 패전에 의해 군국주의와 천황 신격화라는 종래의 가치관이 붕괴되어 정신적 공백이 초래된 전후 사회의 상황 속에서 주목을 받은 것은, 전시 하에서는 엄격한 통제를 함께 받았던 공산당과 기독교였다. 공산당이 주도하는 사회주의 사상과 그 운동이 전개되는 한편, 교회는 이른바 민주주의와 평화주의의 '쇼 윈도우'와 같은 존재로 여겨짐으로, 많은 청년들이 교회로 몰려들었다. 이전부터 구미의 문화적, 교양적, 개인주의적 분위기를 지니고 있었던 교회는 전도의 호기가 온 것은 물론 국민이 기대하는 문화적 교양적 장소로서, 혹은 민주주의나 근대 시민사회의 근거를 기독교가 지니고 있다는, 자기 이해와 함께 정신적 우위를 확보하고 시대를 교도해 나가고자 하였다.

그 배경에는 특히 천황을 정점으로 하는 사회 시스템의 하부 구조를 형성해 온 '가족' 제도의 해체 과정에서 상대적으로 '개인'의 자립 욕구가 높아진 것도 중요한 요소로 자리한다고 볼 수 있다.

전후의 냉전 구조와 55년 체제를 배경으로, 한국 전쟁과 베트남 전쟁 등에 의해 급속도로 일본의 경제가 회복, 성장하는 중에 교회는 전시 하 종교 통제에 대한 비판적 입장을 그 근저에 두고, 공산당이나 사회당 등과 함께, 헌법의 옹호,[16] 평화주의의 추진자라는 자각을 강

---

16) 역주: 전후 일본의 헌법은 패전국의 조건으로서의, 이른바 '평화헌법'으로 자체적 군대를 구성하지 못하며, 전쟁 자체를 포기하는 내용을 기조로 하고 있다. 그러나 이에 대한 끊임없는 개정 움직임이 있는 것도 사실이다. 이에 대해 기독교 세력과 사회주의 세력 등은 일본의 전쟁 책임에 대한 역사적 반성을 기조로 '평화헌법'에 대한 옹호 입장을 유지하고 있다.

력히 지니고 민주주의의 기반이 되는 인권, 인도주의 등의 보루를 자처하며 그 존재감을 드러내었다.

따라서 전쟁 직후의 혼란기가 일정 부분 안정된 이후에도 전후 민주주의가 선양되던 시대까지는, 그 자체가 교회의 교세 확장에 직접적으로 연결되지는 않았다고 하더라도, 일본 사회 속에서 교회는 일정한 신뢰와 기대를 받는 존재였다고 할 수 있다.

일본국 헌법이 제정된 이후, 그 이전 국가 통제의 근간이 되었던 "제약받은 신교(信敎)의 자유 하에서의 전도"의 시대로부터 "보증 받은 신교의 자유 하에서의 전도", "보증 받은 신교의 자유를 구하는 전도"[17]의 시대가 되었고, 사회 여러 분야에서, '민주주의'의 여러 제도가 아직은 한계와 제약과 과제를 지니고 있다고는 해도 어느 정도 기능을 하기 시작하여, '기본적 인권'이나 '평화주의'가 국민의 의식 속에 정착되기 시작했다. 그러나 이것은 자기 변혁의 과정을 거치지 않은, 제도의 변화에 지나지 않았다. 거기에 근대적 시민사회나 민주주의를 기초적 바탕으로 하는, 한 개체의 자립이나 자아 확립 등에 대해서는, 일본 사회 전체로 볼 때 깊은 인식 자체가 없었다. 기독교가 지녀온 신과 인간과의 관계로서, 절대자 앞에 선 실존적 개체, 절대자로부터 소명을 부여받은 개체로서의 존엄이라는 의식은 유약했다고 볼 수 있다. 그리고 제도로서의 근대적 시민사회나 민주주의 사회가 서서히 시작되는 것을 통해 일부로부터 기대를 받아 온 기독교 역시 상대적으로는 사회 속에 매몰되어 갔다.

한편 전시 하 교회의 행적을 깊이 반성하고, 사상적, 문화적 단체로서는 전후 최초로 '전쟁 책임 고백'을 한 '일본 기독교단'은 그 후 다른 기독교회를 포함, 많은 종교단체에 영향을 주었고, '호헌' 세력

---

17) 熊澤義宜, "戰後50年の伝道-二一世紀のヴィジョンを求めつつ", 《キリスト教年鑑》, キリスト教新聞社, 1995, 45.

과 함께 평화주의를 지향해 왔다. 그리고 국가와 종교 관계에 있어서 선구적 활동을 벌여 왔다. 그러나 이것은 거꾸로 다른 면으로 보면, 전전(戰前), 전중(戰中)의 "국가 사회 속에 유용한 종교로서의 기독교"라는 목표를 거부하고, 다른 표현으로 하자면, 이미 살핀 바처럼, 구마노가 제창한 '국민교회' 의 형성이라는 방향이 아닌, '탈일본', '비일본', '반일본' 의 경향까지 지닌 것으로도 볼 수 있는 것이 아닐까 한다.

일본교회는 미국 선교사로부터 기독교 씨앗을 전수하여 설립한 교회이다. 그리고 그 신앙에 있어 교육과 교회 조직은 미국에서, 신학적 사고는 주로 독일의 영향을 받은 색채가 농후하다. 또한 일본의 많은 목사, 신학자들은 메이지 시대 이래 구미에 유학하여 신학공부를 하였다. 일본 사회는 비기독교국가이면서, 교회에는 선진적 신학 연구의 성과가 단기간 내에 소개되고, 번역 출판됨으로 세계적 신학 사조와 동향에 있어서는 민감한 편이었다. 그것은 일본 신학자와 목사들의 관심이 어디에 있었는지를 보여주는 일이다. 일본 기독교의 특징을 요약하면, '탈아입구'(脫亞入歐)이며, 메이지 국가 이후 국시(國是)였던, '화혼양재'(和魂洋才)가 아니라, '양혼양재'(洋魂洋才)를 지향해 나간 것이 아닌가 한다. 구미의 기독교는 항상 변함 없는 일본 교회의 모델이었다고 할 수 있다.

이 시대를 보는 우리의 관점의 전환, 혹은 패러다임의 전환이 요구된다고 하겠다. 동일한 구미 기독교에 의해 선교, 성립된 일본과 아시아의 교회는 역사적으로, 이른바 같은 '어머니' 로부터 태어나 아시아에 설립된 형제 교회임에도 불구하고, 우리는 이 형제 교회, 곧 아시아 교회에 대한 관심이 상당히 희박했다고 하지 않을 수 없다. 즉 같은 '선교 현장' 에 설립되었으나, 각각 서로 다른 길을 걷고, 각각 다른 성장을 해 나간 것이다. 따라서 아시아 여러 교회와 비교하는 것을 통해서도 일본 기독교의 특징이 더욱 두드러질 수 있다. 물론 그것은 아시아 여러 교회와 서로 비교하여 어느 교회가 더욱 우수하고 열등하다는 우열을 가리자는 의미가 아니다. 그것보다는 아시아의 교회들이 구미 기독교를 모델로 지향하는 것으로부터 함께 벗어나자는 의미이다. 이 경우 중요한 것은 서로 다른 역사적 경위나, '토양'(컨텍스트) 속에서 복음이라고 하는 '씨앗'(텍스트)이 발아하여 각양의 서로 다른 전개가 나타났다는 사실을 의미한다.

예를 들어, 서구 식민지 통치의 결과로서 성립된 필리핀, 인도네시아 등의 기독교 수용의 예를 보면, 그 입교의 케이스가 가족 단위의 입신, 혹은 마을 전체의 집단적 개종이 통례이다. 많은 경우에서 이것은 지역공동체와 교회공동체가 일체화되어 형성된 것이 사실이다. 또한 식민지화의 역사를 지닌 각국의 국민들에게 있어, 기독교를 포함한 서구 세계와 그 가치가 의미하는 것은 여러 가지 서로 다른 의미를 포함할 수밖에 없는 것이었다. 바꾸어 말하면, 서구로부터 생성된 이미지는 이(異)민족에 의한 통치와 수탈, 식민통치의 과정에서 야기된 민족의 분단이었다. 이에 어떤 경우에는 기독교도가 된다는 것이 민족에 대한 배신이라는 측면도 있었다.

또한 오늘 대단한 힘을 지니고 있는 한국 기독교가 지닌 역사적 특징은 일본 제국주의 지배 시대에 교회야말로 이민족의 지배와 식민통치에 저항하는 민족주의 운동, 즉 반일 운동의 거점이 되었던 것이다. 민족이 고난과 비탄에 빠져 무거운 짐을 짊어지고 있을 때, 교회가 민족과 동포의 고난과 슬픔에 동참한 역사를 통해, 해방 후 기독교가 다수 민중의 신뢰를 얻을 수 있었다고도 할 수 있다. 여기에 중요한 역사적 의의가 있다.

이처럼 아시아에 공통적으로 존재하는 기독교의 수용과 성립 과정을 일본의 경우와 비교할 때, 일본 기독교의 성격이 뚜렷하게 드러난다. 즉 그것은 지연 혈연공동체인 '촌락 사회'를 배경으로 지녔으며, 또한 종교적, 문화적 여러 요소가 '근대화' 되지 않은 채 혼재하고, 메이지 시대 이후 '복고신도'(復古神道)를 바탕으로 성립된 천황제 국가의 중심인, '개'(個)의 존재를 근거로, 다양성을 인정하지 않는 형태의 '근대' 사회를 형성한, 바로 그 '일본'이라는 역사성을 전제하여 깊이 규정할 수 있는, 그런 기독교인 것이다.

이미 살펴 본 대로, 일본교회는 130년 이상 전도의 역사와 교회 형성의 역사를 지녔으나, 결국 오늘에 이르기까지 개인을 중심으로 하는 종교에 머물렀다. 또한 민족, 국민의 고통이나, 아픔, 슬픔에 공동체적으로 깊이 참여하지 못하고 개인적 회심에 의존하여 성립된 것이 일본 기독교의 특질이다.

지금 우리는 전도지로서의 일본 사회에 대하여, 더욱 깊이 인식해 보아야 할 필요가 있다. '민족적', '국민적' 교회의 성립 가능성을, 피상적으로 '민족주의', '애국주의' 등 보수주의와는 명확히 구분하면서 모색해 나가지 않으면 안 된다.

우리 프로테스탄트에 있어 신앙과 교리의 원점은 '종교개혁'이며, 그리고 그 본질적인 의의는 예배의 개혁이다. 예배의 개혁이라고 상기하는 것 자체가 쓸데없는 첨언이 아닐까 한다. 루터가 제기한 개혁의 의의는 민중에게 있어서는 그 의미를 알 수 없는 라틴어 성서로부터 그들에게 성서를 읽을 수 있도록 길을 연 독일어 성서로 번역하는 일, 빵과 포도주를 성직자뿐만 아니라 일반 신도에게도 배찬(配餐)하는 것을 통해 신도 스스로가 하나님의 현존과 은총을 실제적으로 확인하는 일, 의례 중심으로부터 설교 중심으로 예배를 변화시키는 일, 모국어로 찬송하는 성가대 등 그 양식을 변경하는 일에 지나지 않았다. 본질적으로는 우리에게 있어 진정으로 의미가 있는 하나님 말씀의 임재로서 예배의 개혁이었다. 예배는 거기에 모인 사람들 모두에게 있어 진실로 하나님을 만나고 회개하며, 이 세상을 향한 집착이 아니라, 이 세상과 함께 고통받으며, 그리고 무엇보다도 말씀에 의해 양육되고, 새롭게 되어 기쁨과 감사 속에서 세상을 향해 파송되는 것이라는 그 본질적 의의를 찾고, 모색해 가는 것이 그 대강의 의미가 아닐까 한다. 끝없는 시행착오의 자세가 요구될 수밖에 없다. 그것은 우리의 예배인 동시에 이 세상을 위한, 즉 일본 사회를 위한 예배일 수밖에 없는 것이다.

'종교'라고 하는 말의 어원, '레리지오' (religio)가, '레 · 레게레' (re-legere), 즉 '다시 읽기' [再讀], '다시 해석하기' [再解釋]라는 의미인 것, 또한 '레 · 리가르' (re-ligare), 즉 신과 인간, 인간과 인간의 '재결합'이라고 여겨져 온 의미를 여기서 다시 한번 되새겨 보는 것도 좋으리라고 본다.

문화 교양적인 기독교로서만이 아니라 '종교'로서의 기독교, 그것을 실현하는 교회의 예배, 그리고 그와 같은 예배를 드리는 공동체를 창출해 내는 것이 과제이다. 새로운 어떤 '신학'을 추구하는 것이 아니라 원점으로 돌아가 거기서부터 다시 시작하고, 도전하는 자세가 요청된다고 할 수 있다.

III. 방법론에 관하여

본 논문은 이와 같은 과제를 염두에 두고 '전시 하'라는 농밀하고 긴축된 상황, 전체적인 의미에서는 엄격한 제약 속에 놓인 상황 하에서, 메이지 시대 이후 일본 기독교의 체질이 시험을 받고, 그 본색을 모두 드러내었으며, 그리고 그 한계가 명확해졌다고 하는 관점에 서서, 또한 더불어 이 시대의 사상적 특징이나 사회적 구조를 배경에 두고, 당시 교회의 실상을 분석하였다.

이러한 과제 수행을 위해 쇼와(昭和)시대 초기 기독교의 신학적인 사상적 상황과 그 운동에 주목하고, 전시 체제의 확립이 개별 기독교 자체만 관리통제 하고자 한 것이 아니라, 국민정신총동원 체제, 또한

'대정익찬체제'(大政翼贊體制)[18] 속에서 다른 종고 교단과 함께 기독교 역시 통제를 받고, 취급되었다는 점을 분명히 하였다. 이 시대에 성립된 '일본 기독교단' 소속 교회는 조직으로서 전시 체제에 몰두해야 했고, 동시에 전시보국회의 기능을 발휘할 것을 요청 받았다. 그리고 실제로 이 전시체제 하에서 '한 몸이 되는 교회'가 된 '일본 기독교단'의 실정과 일상을, 교단의 조직과 동시에 교구, 각 개 교회 중에서 논의해 나가고자 한다.

이는 종래의 연구 관점과 방법이 교회조직으로서 일본 기독교단의 선교 이해, 역사 인식을 탐구하는 것에 논의의 중심을 두고, 이 시대 일방적으로 교단의 중앙부의 지시에 의해 그 실상이 규정되어 온 각 교구, 각 교회, 나아가서 각 교회에 속하여 그 지역의 주민이기도 했던 일반 신도 개인의 일상적 인식에 대해서는 조사된 바 없었다는 생각에서 출발한 것이다.

---

18) 역주: 1940년 일본 정부가 발표한 '신체제 강령 및 규칙'에 포함된 것으로, 거국적으로 정부의 정책과 전쟁체제에의 협력과 지지를 강고히 하는 국가기강에 대한 캐치프레이즈인 동시에 강력한 일원체제 구축이었다. 특히 이는 일부 국수주의 운동이 국민운동으로 전개되었던 것에 반해, 이른바 '대정익찬회'의 개조를 통해 '위로부터의 파시즘 체제 강화'라는, 더욱 강력한 군국주의 체제 실행의 교두보가 되었다.

제2장
전시의 기독교 사상
－일본적 기독교를 중심으로

I. 머리말

　메이지 시대 초기 이래 일본의 기독교는 그 수용의 역사적 경위로부터 볼 때, 문화적, 사상적으로 구미에 대한 친근감을 강하게 지니고, 다른 한편으로는 일본 사회에 있어서 그로 인한 일종의 우월감을 가지고 있었다. 오하마(大濱徹也)가 그의 저서 《메이지 시대 기독교 회사 연구》(明治期キリスト教會史の硏究, 吉川弘文館, 1979)에서 일본 기독교의 역사적 성격을 진술하고 있다. 즉 "근대 일본의 기독교는 근대 문명의 선도자로서, 교육, 사회사업을 비롯, 도덕, 사상, 문화, 사회에 있어 큰 영향을 미쳤다. 그러한 역할은 '외래 종교'라는, 그리고 교세에 있어서는 보잘 것 없는 종교이면서도, 사회 인심의 향도자로서 커다란 존재가 아닐 수 없었다"고 하고, 더욱이 "일본 기독교 신학자는 일본에 있어 기독교를 일본인으로서 내재적으로 수용하는 직접적인 노력을 하지 않고, 직수입적인 목회학이나 선교학을 가르쳤고, 그로 인해 일본 기독교계는 기독교인의 일상적인 삶의 형태와는 관계없이, 마치 근대의 '선구자'로서의 환상에 빠져, 시대의 정황적

흐름에 서서 지속적인 발언만 계속해 나갔다고 본다"[1]고 했다. 이러한 지적과 비판은 메이지 시대 기독교에 대해 분석으로서 이 분석은 정곡을 찔렀다고 해도 좋을 것이다. 메이지 시대 이후 관민을 불문하고 진행해 나간 '탈아입구'(脫亞入歐)의 노선 속에서 총력을 다한 기독교인들은 우리야말로 일본이 목표하는 서구 근대의 기초로서의, 정신적, 종교적 의의와 의미의 본질을 깊이 인식하고 있다고 하며, 이른바 서구 근대에 관한 '본가 의식'(本家意識)을 기반으로 하는 자부심을 지니고 있었다고 할 수 있다. 제1장에서 논의한 바와 같이, 아주 가장 초기의 기독교 입교자들 다수가 구 막부 측의 하급 무사들이 중심이 되었고, 그 입신 계기가 기독교에 의해 일본을 구해 보자는 데 있었다. 그 위에다 일본이 목표하는 '서구 근대'를 대표하는 것은 우리라는 자의식 속에서 생겨난 사명감이 현저히 발견되며, 그것은 그때까지의 유교를 중심으로 한 일본문화에 대한 우월감을 가져다 주었다. 메이지 시대 이래 일본 기독교 지도자들의 기본적인 입장은 이와 같은 사상적 기조를 기반으로 서구 근대를 상징하는 기독교를 받아들이고, 그것을 배우며, 그것을 전하고자 하는 데 있었다.

이와 같은 역사적 성격을 지녀온 일본 기독교는 그때까지의 일관된 입장을 견지하고, 또한 일정한 자유를 향유하고, 허용되었던 다이쇼 시대를 거쳐, 쇼와 시대의 파시즘 시대, 더욱이 1931년 이후 일상적 전쟁체제의 시대를 맞아, 나아가 1941년 미일전쟁의 개전이라고 하는, 국가의 운명을 걸고 총력전에 돌입한 시기에 들어, 그 실력, 본질, 실태가 함축적으로 드러나기에 이르렀다.

일찍이 이시하라(石原謙)[2]는 일본 기독교에 대해 "복음의 가르침

---

1) 大濱徹也,《明治期キリスト敎會史の硏究》, 吉川弘文館, 1979, 1-2.
2) 역주: 石原謙 1882. 8. 1-1976. 7. 4. 기독교 사학자, 도쿄대학 수학, 도쿄대학, 도후쿠(東北)대학 교수, 도쿄여자대학 학장, 신비주의 연구,《神學史》(1933),《キリスト敎の原流》(1972),《日本キリスト敎史論》(1967) 등 저술,《石原謙著作集》출간.

을 진지하게 설파하고, 그 진리를 정중히 받아들이고 배우며, 내면적으로 깊이 그 가르침을 성찰하면서 이를 소화하여 체험과 실천으로 연결시키는 내면적인 긴장감이 결핍되었다. 신앙을 고백하고 교회에 나간다고 해도 그것을 기반으로 자기의 근본을 개조하여 새로운 인간으로 거듭나는 체험이 없다. 그래서 자기 내부에 신구 두 인간이 서로 대립한 채 존재하며, 때로 기독교인으로 기독교인다운 생활을 한다고 해도, 평상시에는 낡은 환경과 생활 속에서 일하는 사회인으로 생활하는, 이와 같은 반(半)기독교인이 종래 많이 있었다"고 말하며, 이것을 '기독교의 중간지대' 라고 부르고, "일본 기독교는 그 주변에 이 중간지대가 있고, 여기서부터 기독교의 감화 영역이 전개된다. 이를 통해 사회적 세력을 지니게 되는데, 이는 표면적으로는 기독교적이지만, 외형에 머무는 것이고, 신도들 개개인의 삶에 진정으로 함께하는 기독교가 아니며, 또한 지도적 임무를 수행하는 교직자도 그러한 면에서 억지 춘향적인 요소가 있다"고 지적했다.[3]

본 장의 목적은 오하마와 이시하라의 지적을 받아들이면서, 쇼와시대 초기에는 겨우 명맥만 유지하고 있던 자유주의자, 공산주의자의 운동이나, 언론의 자유가 엄격히 통제되는 상황으로의 급격한 시대전환, 그 후 일상화 되어 간 전시체제, 그리고 '대동아전쟁' 으로 돌입하는 긴박한 시대적 제약 속에서 일본 기독교의 지도적 위치에 있던 기독교 언론인들의 기독교 이해와 그들 내면에 내재화 되어 있던 일본인으로서의 자의식이 어떤 모습이었을까를 검토하는 것에 있다.

이 시대 풍조에 따라, 뒤에서 살피고자 하는, 이른바 '일본적 기독교' 가 제창된 것이다. 또한 바로 이 시기에 하나의 '운동' 이 전개되었다. 그것은 일부 기독교 지식인이나 학생들에게 영향을 주고, 그리고 시대적 전환 속에서 소멸되어 버린, 이른바 '사회적 기독교' 다. 이

---

3) 石原謙,《石原謙著作集 第十卷 日本キリスト敎史》, 岩波書店, 1978, 217-218.

는 1925년 가가와(賀川豊彦)⁴⁾가 기독교의 실천적 이웃 사랑을 주장하며, 시작한 청년운동이다. 급진적 신앙으로 사회적 실천을 추구하던 기독교 학생, 청년들에 의한 이 운동은 시대 상황의 변화에 따라 1931년 이후에는 마르크스주의의 투쟁사관으로 경사되어 갔다. 다른 한편, 지도적 위치에 있었던 릿쿄(立教)대학의 쿠다(管円吉)를 비롯한 여러 대학의 교수나 목사들은 이 운동을 신앙인 자신의, '신앙을 가진 자의 사회화', 즉 교회 활동에 의한 신앙의 보존이나 발전으로 보고 당시 소개되었던 '바르트 신학'으로 몰아가면서⁵⁾ 마침내 소멸, 침묵하게 되었다.

거의 같은 시기 전후에도, 그 이후 계속 일본 기독교회와 신학에 결정적 영향을 미친 바르트 신학이 일본에 소개되었다. 여기서는 이러한 움직임은 좀 미루어 두고, 주로 이 시대, 널리 주창되던 '일본적 기독교'를 검토하고자 한다. 이는 모두에서 밝힌 대로 일본 근대사에 있어 기독교의 위상이 함축되어 있고, 그 기독교 수용의 질적 문제와 관련, 이 기독교 사상운동이 일본에서 기독교 토착화의 싹으로 검토할 수 있는 가능성도 감추어져 있다고 생각하기 때문이다.

II. 전시 하의 사상적 상황 – '근대에의 초극'을 중심으로

1941년 12월 8일 미국과 영국에 대한 개전 보도는 국민들에게 극도의 충격과 긴박감을 가져다 주었다. 더욱이 계속되는 승전 소식에 급격히 국민들 간에는 전쟁 지원 열기가 높아졌다. 또한 장기간 전쟁

---

4) 역주: 賀川豊彦 1888. 7. 10-1960. 4. 23. 기독교 사회사업가. 전도자. 메이지(明治)학원대학, 코베신학교, 미국 프린스턴대학 등 수학, '하나님 나라 운동' 전개, 빈민사업, 《賀川豊彦全集》(1962) 출간.
5) 武邦保, "社會的キリスト敎", 《日本キリスト敎歷史大事典》, 敎文館, 1987, 638.

체제의 중압감에 의한 울분의 감정이 일시에 미국과 영국에 대한 적개심으로 폭발하는 모습으로 전개되었다. 이 선전포고는 사회사상적으로 보면, 메이지 시대 이후 일본이 오로지 '근대' 국가의 형성을 목표로 매진하여, 급속히 사회의 여러 부문에 걸쳐, 산업사회화, 군국주의화로 진행시켜온 정점을 의미한다. 그것은 1931년 중일전쟁 시작 이후 계속된 10년간의 일상적인 전쟁체제로 인하여 국민들 간에 만연된 폐허적 정서를 타파하는 것이었다. 사회 일반에서 논하는, 일본 근대에 대한 '행보의 결말'(마즈모토〈松本健一〉, '解題', 가와카미(河上徹太郎)⁶⁾ 다케우치(竹内好),《근대의 초극》〈近代の超克〉, 1979, iii)을 느끼는 것이기도 했다. 이 '행보의 결말'이란 일본의 자본주의화, 중앙집권화, 공업화, 합리주의화, 도시화 등을 포함한 총체적인 것으로서의 의미이며, 그것이 다이쇼 시대 말기에는 거의 한계에 도달해 있었다. 자본가 대 노동자 간의 대립 격화, 지방의 피폐, 농업의 쇠퇴, 민중의 전통적 에토스의 말살, 그리고 쇼와시대 초기의 공황이라고 하는 형태로 그 한계의 노정을 보였던 것이다. '대동아전쟁'으로 돌입한 것은 일부 지식인이나 지미파(知美派)에게는 별도이겠으나 국민 일반에게 이상할 정도로 그 기상을 고취하고, 기분을 상승시키는 작용을 하였다.⁷⁾

---

6) 역주: 河上徹太郎 1902. 1. 8-1980. 9. 22. 평론가, 도쿄대학 경제학부 수학, 음악에 몰두하여〈月刊樂譜〉에 음악 평론 기고, 우치무라 문하에서 기독교 사상에 접함,《河上徹太郎全集》8권 (1969-72) 출간.

7) 栗屋憲太郎,《十五年戰爭期の政治と社會》, 大月書店, 1995, 183. 그 실태에 대해서는 加藤秀俊, "運命その朝-十二月八日の世相"(朝日ジャーナル編,《昭和史の瞬間》下卷, 朝日新聞社, 1966); 石田雄,《日本近代史大系 八 破局と平和》, 東京大學出版會, 1968; 村上兵衛, "昭和十六年十二月八日, その日…"(《現代の眼》, 1967年 12月號); 小田切進,「十二月八日の記錄」正, 續 (《文學》, 1961年 12月號, 1962年 4月號); 山中恒,《御民ワレーボクラ小國民 第二部》, 辺境社, 1975 등 위에서 재인용.

그리고 화제가 된 것이 '근대의 초극'이었다. 이는 메이지 시대 이후 일본이 모델로서 목표해 온 서구 근대에 대해서 그 대국의 위치에 서게 된 것인 바, 일반적으로 말하면, 애국심이나 내셔널리즘의 각성과 자각을 불러일으키기에 충분한 것이었다.

'대동아 전쟁' 돌입 후의, 또한 일본의 여러 전장에서 군사적 우위를 확보한 1942년 9, 10월에 잡지 〈문학계〉(文學界)는 특집으로 좌담회를 기획한 바 그 주제가 '근대의 초극'이었다. 당시 서구로부터 지식을 전수받던 일본의 지식인의 실상이 부각되지 않을 수 없었다. 즉 '대동아전쟁'의 개시는 당시 지식인, 문화계 인사에게 큰 충격을 가져다 주었고, 바로 앞의 좌담회는 '지적전율'(知的戰慄)[8]의 분위기 속에서 열린 것이다. 이는 '대동아전쟁'에의 돌입이 새로운 시대를 향한 돌파의 의미로 받아들여졌기 때문이다. 또한 전쟁의 이념으로 주장한 한 가지는 명확히 이것은 '서구 근대'로부터 아시아(일본)의 해방이라는 점이었다.[9] 이는 일본이 그때까지 모방하고, 따라가던 '서구 근대'에 대해서 조국 일본이 저항을 시작했다는 의미가 되며, 그때까지 '서구 지성'을 지향하고, 그것에 의해 무장하고자 했던 지식인, 문화계 인사들이 이 '서구 지성'과 '일본인의 피'와의 틈바구니에서 '상극'을 간취했다는 것이다. 그 결과는 '이양(異樣)의 혼돈(混沌)과 결렬(決裂)'[10]을 가져왔다고 할 수 있다. 그러나 이 좌담회의 역사적 의의는, 이 '상극'이라는 의식을 전체적으로 두드러지게 드러내는 데에 있었다. 이는 자기를 역사적 존재로 자각하고 메이지 시대 이후 일본의 진행 과정과 방향을 스스로 규정해야 하는 시점이었다. 그리고 금후 어떠한 방향성을 설정하는 것이 좋을까 하는 점을 밝히고, 그것을 역사와 자신을 포함, 그 존재를 '일본'이라는 국가와 불가

---

8) 松本健一, "解題"(河上徹太郎, 竹內好他, 《近代の超克》, 1979, ⅴ).
9) 松本健一, 앞의 책, ⅳ.
10) 松本健一, 앞의 책, ⅴ.

분의 관계로 설정하며, 이를테면 결산의 의미로, 역사와 국가를 전체적으로 총괄해 내지 않으면 안 되는 과제 앞에 놓였기 때문이다. 그리고 동시에 이 '상극'은 문화적으로, 문명사적인 컨텍스트 속에서 다루어져야 했고, 또한 동시에 역사철학적인 과제이기도 했다.

III. 일본 기독교회의 사상적 상황과 개전(開戰)에 대한 태도

1930년대부터 40년대 전반 기독교에 대해서 도히(土肥昭夫)는 다음과 같이 언급하였다. 이 시대 기독교인들은 시대의 변화에 대해 "의문과 주저하는 망설임을 지니고 있었으면서도 대충 침묵을 지키고, 혹은 자신 스스로를 납득시켜가며, 모든 것을 끌어들이는 파시즘과 전쟁의 광풍 속에 스스로를 내어 맡겼다. 특히 하나의 조직으로서 스스로를 유지해 나가야 했던 교회나 기독교 학교는 그것을 유지하고 부술 수 없다는 일념에서 상황에 부응하고, 재편해 나가는 것을 통해 필사적으로 살아남고자 했다. 그러나 그것은 자신이 표방해 온 신앙적 사상적 기반을 상실하는 일이었고, 비참한 패배를 자초한 일이었다."[11] 조직체로서의 교회는 제3장, 제4장, 제5장에서 논의하겠으나, 파시즘 체제 속에서 전시 체제에 협력하는 목적 이외에는 허용되지 않았던 일본 기독교단의 조직과 활동을 살펴볼 수 있다. 문제는 이 시기 기독교 사상은, 이와 같은 상황을 어떻게 모색하고 탐구해 나갔는가 하는 점이다.

구마노(熊野義孝)는 이 시기의 사정에 대해 다음과 같이 지적하고 있다. 즉 '근대', '근대 정신', '현대'에 대해, "여기서도 우리는 '근대의' 신학으로부터 '현대로'의 필연적인 도정을 실감 있게 취득하

---

11) 土肥昭夫,《日本プロテスタント　キリスト教史》, 新教出版社, 1980, 331.

기는 어려웠다. '어떠한 학설'이 있으면, 두뇌 회전이 활발한 일본의 학도들은 곧 그 개략을 파악하여 재빠르게 그것을 번역하고 번안하여 내놓았다. 일본 기독교 사상사는 많은 양의 '현대신학' 전문서의 수입을 통해 다채롭고 적극적으로 수용되었다. 거기에 구체적인 내용을 정확히 고찰하는 노력이나 성찰이 부족한 채, 결론만 급하게 취하여, 무슨 무슨 주의, 무슨 무슨 학파, 어떤 어떤 사상이라는 것을 표방하는 것 자체에 진력하였다. 내거는 간판은 거창하고, 빠르게 전개, 진행되었다. 이것은 기독교회의 입장에서는 부정할지 모르지만 이는 정녕 사실이었다."[12)

여기서 구마노가 지적하고 있는 것은 구체적으로는, 이른바 '사회적 기독교'나 '위기신학', 즉 바르트 신학을 소개하고 수용하는 것을 의미한다.

간단히 요약하면, 이 기간의 사장을 정리하면 다음과 같다.

일본에 '위기신학'이 소개된 것은 1920년대 후반이었다. 30년대에 이르면 바르트, 부룬너, 고가르텐 등의 저서가 다수 번역되어 이후 일본의 신학사상에 결정적이라고 할 만큼 영향을 끼쳤다. 어떻게 하여 이 '위기신학'이 이처럼 절찬리에 소개되고 받아들여졌을까 하는 점을 도히는 다음처럼 설명했다. "바르트 신학은 30년대 지식인들이 감지한 생에 대한 불안, 허무에 대해 강력한 메시지를 전하였고, 그것을 압도하였다. 그들은 처음에는 자본주의 사회의 모순에 대해, 사상적, 실천적 해결을 구하고자 마르크스주의에 접근했으나, 권력의 탄압과 사상의 급진성으로 인해 그것으로부터도 멀어졌고, 이에 생에 대한 불안, 허무, 권태가 가중되었다. 이러한 문제 의식 속에서 그 해결 수단을 갈구하고 있던 당시의 지식인들에게, 그 인간 형성, 사상 형성에 충격적일 정도의 영향을 준 것이다. 더욱이 바르트 신학은 일본 기독

---

12) 熊野義孝,《熊野義孝全集 第一二卷 日本のキリスト教》, 新教出版社, 1982, 573-754.

교인들에게 기독교 이해의 방법을 가르쳤고, 일본 신학자들에게는 신학의 방법론을 제시했다"[13]고 개괄하였다.

그리고 도히에 의하면 그들, 바르트를 공부한 신학자들은 우선 '사회적 기독교'를 지지하는 이들과 대결하였다. 그리고 "'엄격한 신학적 사고'를 유지해 나가고자 한 이들이 하나님의 말씀과 경륜의 자유로운 활동을 교회 내부의, 이른바 협의(狹義)의 선교활동으로 국한시켜, 교회가 이러한 의미와 역할 이외에 과연 더 무엇을 위해 존재할 필요가 있을까 하는 잘못된 신학을 증거하였다는 것도 부인하기 어렵다."[14]

당시 기독교계 언론이었던 〈신흥기독교〉(新興基督敎, 62호, 1935. 11)에 게재된 좌담회는 그런 의미에서 큰 흥미를 끈다. 발췌하면 다음과 같다.

"'위기신학'대 '사회적 기독교' 좌담회"[15]

(생략)

유키(由木康)[16]: "S.C.M.[17]은 어떤 목적을 가진 단체입니까?

나카하라(中原賢治): "좌익사상이 성할 때, 교회 내의 청년들은 사회적 참여에 있어 무능한 현대기독교의 무사안일을 감지했습니다. 이에 기독교를 사회적으로도 생동력 있는 공동체로 만들기 위한 열렬한 사명감을 지니게 되었습니다. 그런데 사회적으로 나아갈 때 현대 프로테스탄티즘으로부터는 그 지도적 정신이 도출되기 어

---

13) 土肥昭夫, 앞의 책, 387-388.
14) 土肥昭夫, 앞의 책, 388.
15) "'危機神學'對 '社會的 基督敎' 座談會", 〈新興基督敎〉, 62號, 1935年 11月, 11-22.
16) 역주: 由木康 1896. 4. 16-1985. 1. 27. 목사, 찬송가 작가, 칸사히(關西)학원대학, 코베성서대학 수학,《聖歌》(1927),《讚美歌》(1954) 등 편집.
17) 역주: Student Christian Movement.

렵다는 점을 간파했습니다. 이에 자연히 예수에게는 그러한 특성이 없었을까 라고 하는 새로운 질문과 검토를 통해, 그들은 현대에 있어서의 새로운 종교개혁을 부르짖게 된 것입니다.

(생략)

오다(小田信士): "그대는 지금도 계급 투쟁을 인정하십니까?"

기요미즈(淸水義樹): "자, 어떻게 말할까… (좌중 웃음). 인정한다고 해도 객관적 상황을 잘 살피지 않으면 안 될 것인데, 그때 당시의 혁명이 지금도 도래할 것 같습니다."

유키: "저 역시 그런 느낌이 드네요."

구마노(熊野義孝): "상당히 판단이 재빠른 분들입니다 (웃음). "

(생략)

오다: "다른 이야기일지 모르지만, 저, 발전적인 형태로 보이는 '사회적 기독교'가 형성된 것은 사회상황에 의한 것이라고 생각하는 것이 옳을까요, 아니면, 이 또한 '위기신학'의 영향일까요?"

유키: "염려가 됩니다. 그리고 기독교의 본질을 잃어버렸다고 생각합니다. S.C.M.이 마르크시즘에 사로잡히고, 거기에 '위기신학'이 들어온 것인 바, 청년들은 반동적으로 거기에 기울어 진 것이 아닙니까."

(생략)

아카이와(赤岩榮)[18]: "'사회적 기독교'는 '위기신학'이 아니라도 지금 서서히 운명을 다한 것이 아닙니까."

구와다(桑田秀延)[19]: "참으로 두려운 일이라고 생각합니다. 신학 자체가 없는 것이니."

(생략)

---

18) 역주: 赤岩榮 1903. 4. 6-1966. 11. 28 일본 기독교단 목사, 코베신학교, 오사카 신학원, 도쿄신학사 등 수학, 전후 일본기독교의 전쟁책임 고백에 적극적 입장 견지, 사회주의 사상 지지, 기독교의 사회실천 강조,《赤岩榮著作全集》9권 출간.

19) 역주: 桑田秀延 1895. 2. 28-1975. 4. 16 조직신학자, 메이지(明治)학원대학 수학, 도쿄신학대학장 역임,《辨證法的神學》(1933),《基督敎神學槪論》(1941),《桑田秀延全集》7권(1976) 출간.

오다: "도대체, '위기신학'은 사회를 보는 세계관이라든가, 프로그램이 무엇입니까? 만일 거기에 사회성이 없다면, 역사적인 사명도 없는 것입니까?"

아카이와: "그렇지는 않아요. '위기신학'은 역사를 종말론적으로 이해합니다. 따라서 역사적인 사명이라는 것은 '사회적 기독교'와는 전혀 다른 측면에서 도출해 내지 않을 수 없습니다. 만약 '사회적 기독교'와 똑같은 사회적 프로그램을 '위기신학'이 제시할 때에는 곧바로 '위기신학'이 아닌 것이 되고 마는 것입니다."

오다: "(생략) 현대의 사회 상황은 정녕 자본주의 사회의 위기입니다. 그런 의미에서 '위기신학'도 '사회적 기독교'가 지닌 사회적인 측면을 겨냥해야만 그 장래성이 보이는 것이 아닐까 합니다만. '위기신학', 그것은 새로운 시대를 지도할만한 것이 없어서, 역사적 가치가 없습니다. 일종의 '반동'으로서, 미래성이 없는 것으로 보입니다."

구와다: "그렇지 않습니다. 다만 '위기신학'은 사회문제를 제일차적인 것으로 보지 않을 뿐 실제로 사회의 문제를 생각하지 않는 것이 아닙니다. 실천은 하나님에 대한 복종의 형태로 생각하는 것입니다. 지금 바르트는 나치즘에 항의하기 위해 대학 강단을 떠났습니다."

(생략)

토모이(友井禎)[20]: "(생략) '위기신학'의 입장에서 말한다면, 일반 기독교인들에 대하여 무엇을 말하고, 무엇을 실천하라고 하는데, 도대체 그것은 무엇일까요?"

구마노: "신앙이지요."

토모이: "신앙이란?"

구마노: "하나님께 복종하는 생활."

---

20) 역주: 友井禎 1889. 1. 13-1962. 2. 4 교육가, 목사, 일본 뱁티스트신학교, 미국 뉴욕주 로체스터신학교, 앤도어신학교, 유니온신학교 등 수학, 기독교학생운동(SCM) 지도자, 간토(關東)학원대학 신학부 교수 역임.

토모이: "그것은 실제의 생활에 있어서는 무엇을 의미하는 것입니까?"
구마노: "사랑이지요. 그 사랑의 실천이 신앙으로 자신의 생활을 표현해 내는 것입니다."
토모이: "사랑의 실천이란 것은, 자연히 생겨나는 것입니까, 아니면 그 사랑의 실천이라는 것이 어떤 부여된 형태를 지니고 있는 것입니까?"
구마노: "실천이라고 하는 말도, 바르트에게 있어서는 신학적이 의미를 지니고 있는 것입니다."
토모이: "그렇다면, 기독교에 있어서 실천이란, 그들 기독교인들이 모두 신학자와 같은 신학을 해야 한다는 것입니까?"
아카이와: "그렇지 않아요. 신학을 한다는 의미는, 말하자면, 이른바 신학의 변증법을 머리로 이해한다든가 하는 것이 아니라, 누구든지 겸손히 하나님 앞에 무릎을 꿇고 성서를 통해 하나님의 말씀을 이해해 나가는 것을 의미합니다."

(생략)

오다: "저는 오늘날 자유주의의 추락, 파시즘, 국가주의의 대두 등, 일본의 객관적 정세가 바르트 신학에 있어 유리한 국면이라고 생각합니다. 특히 국가가 종교에 탄압을 가하는 상황의 경우, '사회적 기독교'는 곤경에 처할 수밖에 없습니다. 오히려 '위기신학'이 국가주의와 결합되어 점점 더 번성할 수 있지 않을까 합니다."
아카이와: "아니예요. 만약 그러한 상황이 도래하면, '위기신학자'의 일부는 박해를 받는 자리에 설 것입니다."
구마노: "나 역시 그렇게 생각합니다."

(생략)

유키: "저는 일본에 있어서 '위기신학'은 독일의 경우와 크게 다른 길을 걷지 않을까 합니다. (중략)…세계 대전의 참화를 경험한 독일인은 세계라든지, 문화라고 하는 것에 대해 절망적인 상황에 빠졌습니다. 그렇다고 한다면, 바르트의 이야기가 그들의 마음을 크게 울릴 것입니다. 일본에 바르트 신학이 들어 온 사정은 그와는 전적으로 다른 경우입니다. 일본인은 그것을 관념적으로 받아들

였습니다. 이런 의미에서 이 신학이 일본에서 어떠한 영향력을 지닐까 하는 점은 의문이 아닐 수 없습니다.
(생략)

아카이와: "바르트 신학은 사실 사회적인 활동에 대한 의도를 지니고 있지 않습니다." (생략)

(이하 생략).

이상 길게 소개하였으나, 여기에 인용한 것은 좌담회 내용의 일부에 지나지 않는다. 발언자들은 당시, 그리고 그 이후, 심지어 전후에 있어서까지 기독교 언론계, 신학계에서 중진으로 활동한 인물들이다. 이것을 읽는 것만으로도 출석한 인물들의 시대 상황 인식, 나아가 교회의 신앙과 사명에 대해 사회적 기독교의 입장에서든, 뿐만 아니라 '위기신학'에 입장에서든, 어느 정도 정확한 인식을 가지고 있었다고 볼 수 있다. 도히의 지적에 의하면, "바르트의 독일교회 투쟁의 행적도 비교적 정확히 보도되고 있었다"[21]고 할 수 있다. 그렇다고 한다면 그것은 어떤 의미가 있는 것일까. 나치즘의 전개를 포함, 최신 독일의 신학적 동향에 대해 민감했으며, 그것을 직접 소개하고 직수입한 신학을 신학적으로 정확히 인식하는 일이 가능했으며 토론하는 일도 가능하여, 이성, 지성, 신앙의 입장에서 그것을 정리하는 것도 가능한 일이었다고 할 수 있다. 바꾸어 말하면 '신학하기'가 가능하면서도, 도히의 지적에 따르면 "바르트 신학을 수용한 이들은 은혜의 진리에 선 교회의 자유, 자립을 주장하고, 하나님의 말씀의 힘에 의지하여 말할 수밖에 없는 위기적 상황이었다"[22]고 할 때, 끝내 그들은 그러한 자신들의 신학적 입장에 서지 않았던 것이다.

다른 한편 일본의 기독교회는 1912년 '삼교회동' (三教會同)[23] 이

---

21) 土肥昭夫, 앞의 책, 390.
22) 위 같은 곳.

래, 국가의 방침, 곧 "국운에 부익하고 날로 국민도덕의 진흥"을 꾀하는 정책을 받아들여 일본 사회에 있어 시민권을 획득하고자 한, 그러한 형태의 국가 사회에 공헌하고자 해 왔다. 일본교회는 그 성립 이래 경제적으로도 선교부 등으로부터 자립하고자 하는 의욕이 강한 교회였다고 평가되기도 하는데, 한편으로는 구미 사회, 즉 미국교회와의 인적, 물적 관계가 밀접하고, 또한 많은 목사들이 미국이나 독일로 유학하는 등 당시 일본 사회에서는 가장 활발하게 구미 여러 나라와의 관계를 맺어 온 것도 사실이다. 이와 같은 실정에 더하여 교회는 일본 사회 일반 민중들에게 일관되게 '외래종교'라고 여겨져 왔고, 어떤 의미에서는 일종의 위화감을 지녀온 것도 사실이다. 그리고 일반적으로 기독교는 자유주의 사상, 개인주의 사상으로 이해되기도 했다. 뿐만 아니라 일본 기독교는 결과적으로 문화, 교양, 개인적 내면, 경건주의로 기울어졌다고도 볼 수 있다.

이와 같은 상황 속에서 기독교 지도자 계층은 쇼와시대 초기로부터 시작된 급격한 파시즘화로의 진행과 전개, 종교단체법의 성립, 1941년 '일본 기독교단'의 성립, 그리고 미국과의 전쟁 시작 등의 사건을 어떻게 받아들였을까 하는 것이 의문이 아닐 수 없다.

모든 일본 기독교인들에게 적용할 수 있을지는 모르지만, 당시 기독교 언론 잡지인 〈신흥기독교〉(新興基督教)의 미국과의 전쟁 개전 직후 발행 지면인 1942년 1월호에 게재된 몇 편의 논설은 주목된다. 이 논설의 논조에서 파악할 수 있는 기독교 언론인의 태도는 미국과의 개전에 대한 미래를 절망적으로 보고, 암흑 속에서 나락으로 떨어지는 마음 상태를 표현한 것이 아니라, 일종의 결연한 의지가 명확히 나타나 있다.

전형적인 것이, 다니가와(谷川貞夫)가 기록한, "世界史的創造の序

---

23) 제1장의 12) 참조.

幕"(세계사적 창조의 서막)인데, 그 내용은 다음과 같다. 즉 대(對) 미국전, 영국전의 상황에서, 특별히 대 전과를 거둠에 있어 국민의 의기가 크게 고양되었다는 것이었다. 개전 전에 비하여, "분만(憤懣)과 초조(焦燥)의 응어리는 확연(確然)이 불식(拂拭)되어 버렸고, 이제야말로 명랑활달(明朗闊達)한 기분이 일본 전토에 팽만한 느낌이다"[24]라고 하였다.

또한 아오야마(青山)학원 고등부 교수였던 오다(小田信士)는 같은 논조로 다음처럼 기록하고 있다. "지금이야말로, 대(對) 영미 전쟁인 대동아 전쟁이 시작되었다. 거침없는 일본군의 활약과 승리의 소식이 전해지고 있다. 우리는 마음 속 깊이, 민족적 자부심을 금할 길 없으며, 또한 책임과 사명의 중차대함을 크게 느낄 수밖에 없다. 생각컨대, 대동아 전쟁에 있어서 전쟁이나, 건설이나 모두 황국 일본에 살고 있는 우리 기독교인에게 부여된 십자가로 여겨지며, 이를 성스럽게 드높여 수행해 나가지 않으면 안 된다고 여긴다. (중략) (메이지유신 이래-인용자) 이번 제2의 전환기에 있어 대동아건설에 매진하는 일본의 선두에서 활동하시는 이도 하나님이시다. 우리들 하나님의 섭리 없이는 대동아공영권의 정신적 확립도 불가능한 것이다."[25]

또한 다음과 같은 시[26]도 게재되었다.

조국을 위하여

하세가와(長谷川俊)

여기에도 저기에도
타는 불꽃으로 솟아오른다.

---

24) 谷川貞夫, "世界史的創造の序幕", 〈新興基督教〉, 316, 1942年 1月 31.
25) 小田信士, "大東亞戰爭と基督教", 〈新興基督教〉, 316, 1942年 1月, 卷頭言.
26) 長谷川俊, "祖國のために", 〈新興基督教〉, 316, 1942年 1月 29.

조국이 이로써 굳건히 떨쳐 일어나 펼치는 바가
진실로 널리 이루어 떨친다면,
아, 동아시아는 멋진 시대로 접어들 것이다.
화려한 말로 꾸미지 않아도 좋다.
어떤 격한 궁지도 고난일 수 없다.
인간의 사사로운 감정에 사로잡힐 수도 없다.
찬연히 빛나는 거대한 양심 앞에
어떤 망설임도 없이
조국을 위해 이 한 몸을 던지리라.
(이하 생략)."

아사노(淺野順一)[27]도, 거의 같은 논조의 문장을 쓰고 있다. "(1941년 12월 8일 개전 보도를 듣고 – 인용자) 황공하게도 폐하의 칙어를 존망하며, 금후 우리가 나아가야 할 방향을 분명히 제시함을 알았다. 지나사변 이래 여러 가지 모양으로 각각 나뉘어 흩어져 있던 생각, 방향의 혼란까지도 이제 일본이 도대체 무엇을 위해 싸워야 하는지가 명확해진 것이다. 이를 생각하면 할수록 큰 감격에 휩싸인다. 이는 나 하나뿐만 아니라 우리 기독교인들 모두는 이제껏 일본과 미국이 어떻게든지 평화 속에서 곤경을 타개해 나갈 수 있는 길이 없을까 하는 염원으로 열심히 기도해 왔다. (중략) 그렇다면 우리는 이번 전쟁에 대해 어떻게 생각하고 어떻게 행동해야 할까. 우리는 기독교인인 동시에 일본의 국민이기도 하다. 당연히 기독교인에게는 기독교인으로서 전쟁에 대한 고유의 입장이 있음이 당연하다. (중략) (그런데 구약의 이사야의 전쟁관에 유의하면서 – 인용자) 기독교인은 어떠한 일이 있

---

27) 역주: 淺野順一 1899. 12. 12-1981. 6. 10. 목사, 구약학자, 도쿄고등상업학교, 도쿄신학사, 영국 에딘버러대학 등 수학, 아오야마(青山)학원대학, 일본성서신학교 교수, 《イスラエル預言者の神學》, 《ヨブ記註解》 4권(1965-1975) 출간.

어도 국책에 순응하지 않으면, 국가의 행위에 대한 비평적이라는 식의 비난을 면할 길이 없다. 만약 우리가 낡은 자유주의, 개인주의의 끝자락에 서서 이와 같은 조국 흥망의 일대 위기에 나 몰라라 하는 백안시적인 태도를 지닌다면, 용서받을 수 없는 대 죄악을 범하는 일이 될 것이다."[28]

여기에서 분명해지는 것은, 이들 기독교 언론인들의 반응이 앞 절에서 논의한, 당시로서는 가장 수준 높은 서구 지성을 몸으로 받아들인, 이른바 '근대의 초극' 론자들과 서로 상통하는 사고를 지녔다는 것이다.

즉 이 시대적 상황에서는 일본의 군부, 관헌을 포함하여 일본 국민 일반 대중은 기독교에는 거의 기대하지 않고, 급기야 잠재적으로는 강한 위화감을 느끼고 있다는 것을 기독교 지도자 층은 간과하고 있지 못했고, 오히려 민중들로부터 문제가 부상하고 있었다. 그렇기 때문에 국가의 존망 앞에서, 자기 변명으로, 솔직한 마음으로, 근본으로부터 일본인이라는 것을 고양하고, 그런 생각을 토로하고 있다고 볼 수 있다.

IV. '일본적 기독교' 의 의의와 문제점

'일본적 기독교' 의 사상적 특징은 명확하게 정리된 개념이 아니라, 그 논리적 근거 역시 다양하고, 그 체계 형성의 기간도 대단히 짧았다. 또한 그 내용 중에는 기독교의 기본적인 전제를 초월하는 일탈의 측면도 있고, 정리된 내용 중에는 부분적으로 염려할 수밖에 없는 우려할 만한 해석도 존재한다. 그러나 그 사상적 표현이나 언어 체계를 살필 때, 단지 '우익', '국수주의', '군국주의' 였다고, 한 마디로 일축할

---

28) 淺野順一, 「時局偶感」, 〈新興基督教〉, 317, 1942年 2月 26.

수만은 없는 점도 생각하지 않으면 안 될 것이다. 이미 살핀 것처럼 어떤 면에서는 대단히 미숙하고 조잡한 체계이다. 그러나 일본 문화나 일본 사회 속에 기독교가 어떻게 하여 그 의의를 지닐 수 있을까 하는 가능성도 그 안에 잠재되어 있는 것이 아닐까 하는 점이다.

1933년 '타키가와 사건'(瀧川事件)[29]을 계기로 '천황기관설'(天皇機關說)[30]을 배격하기 위해, 군부와 우익을 중심으로 일어난 '국체명징운동'(國体明徵運動)[31]은 1935년 3월 20일에 귀족원에서 '정교쇄신결의안'(政敎刷新決議案)을, 3월 23일에는 중의원에서 '국체명징결의안'(國体明徵決議案)을 성립시켰다. 이 움직임에 부응한 문부성

---

29) 역주: 교토대학 교수였던 타키가와의 저서가 위험 사상이 들어 있다는 이유로, 교수직을 박탈한 사건이다. 중일전쟁 직후 사상 통제가 강화되었고, 군부의 사회 통제가 극심해졌다. 또한 공산주의에 대한 탄압, 이로 인한 일본 공산당 지도자들의 옥중 전향 등이 진행되어, 사회는 점차 극우경화의 현상으로 이행되어 갔다.
30) 역주: 일본 헌법학자 미노베(美濃部達吉)가 메이지 시대 말기부터 주장하던, 이른바 '천황주권설'을 비판하면서 내세운 이론이다. 이로 인해 1912년부터 우에스기(上杉愼吉)와 격렬한 논쟁을 벌인 이론이다. 즉 이 '천황기관설'은 천황이 국가 통치권의 주체임을 부인하고, 천황은 오직 국가의 최고 기관으로서 통치권을 행사하는 것이라는 주장이다. 곧 통치권 자체는 국가에 속하며, 천황은 그 기관으로서의 수행자라는 의미로서, 통치권이 천황의 전유물이 아니라는 것과, 그 행사 역시 헌법에 의해 제한될 수 있다는 의미이다. 결국 이 헌법 이론은 천황의 권위를 이용, 대권을 행사하려는 군과 일부 관료의 획책을 억제하고, 의회의 권한과 정당내각제 확립을 추구한 것이다. 이 이론은 이른바 '다이쇼 데모크라시'의 기반이었고 또한 이 시대의 지배적 헌법학설로 공인되기에 이르렀다. 그러나 '쇼와 시대' 파시즘의 강화와 군부 반동의 총공격을 받아 크게 배격되었다.
31) 역주: 1935년 2월 19일 귀족원에서 육군 중장 기쿠치(菊池武夫)가 미노베의 '천황기관설'을 "완만한 모반이며, 명백한 반역"이라고 주장하며, 비판하고 나섰다. 이 일을 계기로 '천황기관설'을 배격하는 운동이 일어났다. 곧 이를 이른바 '국체명징운동'의 시발과 그 과정으로 볼 수 있다. 마침내 미노베를 비롯한 '천황기관설'을 주장한 학자들이 조사를 받았으며, 미노베는 우익세력의 폭탄 테러로 중상을 입기도 했다. 이 운동은 1937년 문부성이 《국체의 본위》라는 정신교육 국민교과서를 간행하면서 본격화되었다.

은 1937년 10월에 일반 국민을 향해 국체에 관한 공식적 견해를 밝힌 '국체의 본의(本義)'를 발행했다. 더욱이 1941년에는 '신민(臣民)의 도(道)'를 간행하여, 국민 생활 전반에 걸쳐 천황에게 귀속되는 구도를 만들었고, 각자 맡은 바 영역, 곧 자신의 직업을 통해 국가에 봉사하자고 하는 단계에 이르렀다.[32] 국가의 공식 견해는 그렇다고 해도 그것은 결코 엄밀한 의미에서 그 의의가 확립된 것이 아니고 또한 명쾌한 논리적 근거로 정리된 것도 아니었으며, 상당한 부분에서 의문과 애매모호한 점에 남아 있는 것이었다. 쓰루미(鶴見俊輔)는 메이지 시대 이후 강조된, '현교'(顯敎)[33]로서 '천황신격화'에까지 이르는 '국가신도'가 기독교를 모델로 형성되었으나, 다른 한편으로 국가적 종교였던 '신도'에는 '밀교'(密敎)적 부분도 존재하고 있는 점을 지적하고 있다.[34] '일본적 기독교'의 논자 역시, 각기 '국체'에 관하여 기술하고, 또한 기독교가 '일본적'이 되는 점, 혹은 '기독교'와 '일본'이 어떠한 관계를 형성해야 하는지를 변증하고 있으나, 국체 개념 자체를 명확히 규정하기가 어려운 것처럼 '일본적 기독교'도 개념 규정이 어려워, 조악하고, 애매한 부분이 많은 것으로 여겨진다.

여기에서 말하는 '일본적 기독교'를 가사하라(笠原芳光)의 지적에 의지하여, 우선 다음과 같이 규정할 수 있다. '일본적 기독교'는 일본의 전통적인 정신, 사상, 종교와 기독교와의 접합을 의미하는 사상의 총체이며, 그 명칭은 1930년대를 중심으로 하는 시대적 표기로서 '일본적 기독교'가 선택되었으나, 그 이외에도 '일본 기독교', '일본신학', '기독교 일본', '제패니즈 이스라엘주의' 등으로 표현할 수

---

32) 《日本近現代史辭典》, 東洋經濟新聞社, 1978, 212-213.
33) 역주: 표면에 드러나는 종교를 의미한다.
34) 鶴見俊輔, 《戰時期日本の精神史――一九三一~一九四五年》, 岩波書店, 1982, 43 이하 참조. 쓰루미는 메이지 시대 이후 일본의 국가종교로서, 천황제 이데올로기 속에 밀교의 부분과 현교(顯敎)의 부분이 애매한 채로 혼재되어 있다고 지적하고 있다.

있으며, 그 의미는 "기독교를 일본의 전통 사상과 어떤 의미로든 관련시키고자 하는 생각, 혹은 기독교를 일본의 정신 풍토에 토착시키고자 하는 의도, 나아가서는 앞서 살핀 바와 같이, 넓게는 일본의 내셔널리즘과 관계된 문제"로서 받아들여, "광의적 의미로 '일본'이라고 하는 것을 자각하는 기독교를 모두 '일본적 기독교'로 보는 견해"이다.[35]

이하 가능한 범위 내에서 그들 일본적 기독교를 논의한 이들의 이론을 요약 소개함으로 그 입장을 검토하고 한다.

1. 몇몇, 이마이(今井三郎),[36] 후쿠도미(福富啓泰), 츠바키(椿眞泉), 와타나베(渡辺晋),[37] 도미다(富田滿)[38] 등의 논설

비교적 빠른 시기에 논한 것이 이마이의 글이다. 그는 일본 땅에 파종된 복음의 씨앗이 정상적으로 발아, 성장하면, "필연적으로 일본

---

35) 笠原芳光, 「《日本的キリスト教》批判」, 《キリスト教社會問題研究》, 22, 1974. 3, 115-116. 또한 가사하라는 다음의 문헌을 참고자료로 선정하여 제시하고 있다. 山田益, 《國体と基督教》, 小倉日本基督教會, 1933; 原戊吉, 《日本人の神》, 福音新報社, 1934; 藤原藤男, 《日本精神と基督教》 增補再版, ともしび社, 1940; 藤原藤男, 《日本基督教》, ともしび社, 1942; 今井三郎, 《日本人の基督教》, 第一公論社, 1940; 渡瀬常吉, 《日本神學の提唱》, ほざな社, 1934; 椿眞泉, 《日本精神と基督教》, 東京堂, 1934; 大谷美隆, 《國体と基督教》, 基督教出版社, 1939; 魚木忠一, 《日本基督教の精神的伝統》, 基督教思想叢書刊行會, 1941; 《日本基督教の性格》, 日本基督教団出版部, 1943; 中田重治, 《聖書より見たる日本》, 東洋宣教會ホーリネス教會出版部, 1933; 武本喜代藏, 《日本的基督教の眞髓》, 日英堂書店, 1936; 佐藤定吉, 《皇國日本の信仰》, イエスの僕會, 1937.

36) 역주: 今井三郎 1885. 5. 31-1942. 3. 일본 메소디스트 목사, 아오야마(青山)학원대학, 미국 캘리포니아대학, 태평양신학교, 하버드대학 등 수학, 아오야마학대학 교수, 긴자교회 목사 등 역임.

37) 역주: 渡辺晋 1905. 3. 16-1980. 2.23. 일본기독교단 목사, 도시샤(同志社)대학 신학부 수학, 전후 일본기독교단의 전쟁 책임 강력히 주장, 《渡辺晋遺歌集》 (1982) 출간.

적 형태의 기독교가 성립한다"고 하고, 이것을 '일본적 기독교'라고 표현하였다. 그의 주장은 기독교가 "가족제도 및 황실중심주의의 완성자"일 수밖에 없으며, 현재 우리가 말할 수 있는 것 이상, "더욱 높이 순화시키고, 완성해 나간다는 의미로서, '일본적'이라는" 말을 사용하는 것이며, 기독교의 정신은 "여기에서 '화혼'(和魂)을 가장 순화(純化)시키고, 아니면, '화혼'을 부정적으로 긍정하는 '화혼'의 완성자이자 성취자인 것이다. 우리야말로, 절대적인 의미에서 애국자일 수밖에 없다"[39]고 했다. 여기에서는 '일본'이라는 개념을 중심적으로 탐색하여, 그 결과와 근거를 황실에 귀결시키는 태도가 스며 있고, 또한 안이하고 무비판적으로 그것을 기독교와 결합시키는 우를 범했다. 그리고 기독교라는 것이 도대체 무엇인지에 대해 명확한 정리를 하지 않았다. 이는 나무와 대나무를 그대로 접합시키고자 하는 발상이다.

후쿠도미(福富啓泰)는 "일본 정신은 민족고유의 정신인 것에 반하여, 기독교는 전 인류 공통의 보편적 원리이다. 그 기반으로 보면 도저히 일치할 수 있는 개념이 아니다. 그런데 이것이 모순관계에 놓이기 때문에 오히려 이것을 연결할 수 있는 가능성이 잠재해 있다"고 하고, "우리 국체 및 일본 정신의 근본은 절대신이며, 기독교의 근원도 역시 절대신이라고 할 때, 그 두 가지를 종합할 수 있는 근거가 도출된다고 볼 수도 있다"[40]고 썼다. 여기에는 일본이라고 하는 '개별'과 그리스도교라고 하는 '보편'을 정확히 인식해 가면서, 거기에서

---

38) 역주: 富田滿 1883. 11. 3-1961. 1. 15. 초대 일본기독교단 통리, 메이지(明治)학원대학, 미국 프린스턴신학교 수학, 한국교회 방문하여 신사참배 설득, 일본신학교, 도쿄신학대학, 메이지학원대학의 이사 및 이사장 역임, 설교집 《マルコによる福音書》(1942) 저술.
39) 今井三郎, "《日本的基督教》に就て 永橋卓介氏に答ふ", 〈新興基督教〉, 53, 1935年 4月 80.
40) 福富啓泰, 「一元的弁證法神學と日本精神」, 〈新興基督教〉, 88, 1938年 1月, 26-27.

발생하는 모순을 관념적 조작에 의해 왜곡해 나가는 '호교론'이 엿보인다.

츠바키(椿眞泉)는 "일본 정신과 기독교는 가장 밑바닥에 흐르는 근본 정신에서 하나이며, 그것은 경신(敬神)의 염(念)을 지닌"[41]것이기 때문에, "우주만물의 창조주로서, 천지를 지배하고, 다스리는 유일신은 일본 정신의 근본이며, 또한 기독교의 근본이기도 하다."[42] 그리고 "일본은 신국(神國)이며, 그것을 완성하는 것이 기독교"[43]인 것이라고 했다. 이는 곧 이마이의 것과 같은 인식을 보인다.

또한 평양 산수(山手)교회 목사였던 와타나베(渡辺晋)는 일본과 기독교의 관계에 대해, 첫째, 기독교는 서구의 개인주의 사상을 통과했기 때문에 개인주의에 가깝다고 생각할 수도 있으나 그것은 큰 오해이다. "기독교 신앙은 하나님 중심적인 것으로, 개인주의자는 도저히 기독교 신앙을 이해할 수 없다. 기독교의 신앙생활이라고 하는 것은 교회를 중심으로 하는 것으로 개인적 이해(利害)를 버리고, 대화합[44]을 이루지 않으면 안 된다. 더구나 기독교의 평화는 국제연맹적인, 평화유지를 중심으로 하는 '서양류'의 평화주의라고 할 수 없다. 기독교는 채찍을 휘둘러 성전을 더럽히는 것을 단호히 응징하는 것이다." 바울의 설교에도 그와 같은 태도가 나타나며, 이것이야 말로 "정의의 이로운 검을 휘두르는 일본의 자세"가 거기에 있다. 일본 기독교라 함은 일본 땅에서 탄생한 것으로 일본의 국풍, 미풍양속과 일치하는 것이다. "기독교는 우리나라에서 율법을 성취하기 위해 도래한 것이다"[45]라고 주장하였다. 그의 성서이해나 기독교 인식은, 기독교를 일

---

41) 椿眞泉,《日本精神と基督教》, 東京堂, 1934, 49-50.
42) 위의 책, 64.
43) 위의 책, 82.
44) 역주: 원문은 이를 '대화'(大和), 곧 일본을 의미하는 개념으로 기록하고 있다.
45) 渡辺晋, "日本の國風と基督教", 〈日本基督教新報〉, 1460, 1943年 8月 5日.

본에 매몰시켜 합리화하는 것에 지나지 않는다.

'교단' 통리자였던 도미다(富田滿)는 '교단 교사 연성회'[46]의 개회식사에서, "독일, 혹은 영미의 신학이 있듯이, 우리들 오늘의 복음해석에 있어서 일본의 것이 없으면 아니 된다. 만고불변의 기독교 복음이지만, 그 해석에서는 일본 기독교단의 해석이 세계 최고의 우수한 결과를 창출해 내지 않으면 안 된다. 그것을 위해 중요한 것은 교파주의적인 교회관으로부터 완전히 벗어나는 것이다"[47]라고 했다.

「교사 연성회 강연 제목과 강사」

" '국체의 본위'(도쿄제국대학 교수, 히사마츠〈久松潛一〉), '일본국가론'(국민정신문화연구원, 오쿠시〈大串兎代夫〉), '일본 고전의 정신'(도쿄문리대학교수, 히고〈肥後和夫〉), '일본정신사'(도후쿠제국대학교수, 무라오카〈村岡典嗣〉[48]), '일본 기독교단의 나아갈 길'(일본 기독교단 통리자, 도미다〈富田滿〉), '일본 기독교 교학[49] 문제' (교단 교학위원장, 구마노〈熊野義孝〉, 도후신학교 교수, 구와다〈桑田秀延〉), '교단의 성서이해'(신약-다카야나기〈高柳伊三郎〉[50], 구약-와타나베〈渡辺善太〉[51], 석의-무라다〈村田四郎〉[52]), '대동아

---

46) 역주: '일본기독교단'은 구성 초기부터, 목사의 명칭을 '교사'(敎師)로 바꾸었다. 이는 일제 말 한국교회에도 강요되었다. 여기서 또한 '연성회'라 함은 수련회 등을 총력 전시체제 하의 명칭으로 바꾼 것이다.
47) 富田滿, "日本基督敎団敎學の樹立-第二回敎団敎師練成會開會式辭", 〈日本基督敎新報〉, 1463, 1943年 9月 2日.
48) 역주: 村岡典嗣 1884. 9. 18-1946. 4. 13. 사상사학자, 와세다(早稻田)대학 수학, 유럽 유학, 히로시마(廣島)고등사범학교, 도후쿠(東北)대학 교수 역임,《日本思想史研究》(1930, 1939) 저술.
49) 역주: 신학을 의미한다.
50) 역주: 高柳伊三郎 1898. 4. 26-1984. 10. 21. 목사, 신약학자, 아오야마(靑山)학원대학, 미국 스탠포드대학 수학, 아오야마학원대학 교수,《新約聖書槪論》(1935),《基督敎思想史槪說》(1953) 등 저술.

건설론' (총력전문제 – 총력전연구소, 문화공작 – 대동아성, 전쟁생활 – 후생성 근로국, 종교사상 – 사법성), '간담연구회' (성서문제, 신학문제, 종교행정문제, 기타)."
-〈일본 기독교단신보〉(日本基督教新報), 1460, 1943년 8월 5일.

시기는 다르지만, 1942년의 '교사연성회'에 참석한 사바(佐波亘)[53]는 그 체험에 대해 다음과 같이 기술하였다. '교사연성회'에 출석하기 전에는 여러 가지를 억측하여 일본 정신이라든가, 황도 정신, 혹은 국가적 입장에서 강력한 압박과 공격이 있으리라고 예상하였는데, 그것은 '모두 잘못된 것'으로 당국은 오히려 '기독교에 대단한 기대를 하고 있는' 것이 느껴지고, 새로운 결의를 다져나가야 하겠다는 결심을 했다.[54]

도미다의 연설은 교단 통리자로서, 국가, 구체적으로는 문부성의 정책으로도 요청된 기독교의 일본화를 대변하고, 국가의 요청에 부응할 수밖에 없는 일본 기독교 신학의 수립을 주창했으며, 여기에 참가

---

51) 역주: 渡辺善太 1885. 12. 2-1978. 7. 26. 성서학자, 동양선교회 입교, 메이지(明治)학원 대학 신학부, 미국 나사렛신학교, 태평양신학교, 캘리포니아대학 수학, 도시샤(同志社)대학 문학박사 취득, 도시샤대학 신학부 교수, 도쿄여자대학 종교주임, 아오야마(青山)학원대학, 간토(關東)학원대학 교수 역임, 《聖書論》(1945), 《解析論》(1954), 《聖書神學論》(1963) 등 저술.

52) 역주: 村田四郎 1887. 9. 2-1971. 2. 7. 신학자, 목사, 메이지(明治)학원 대학 신학부, 미국 오버린신학교 수학, 메이지학원대학 신학부 교수 및 메이지학원대학 학장, 제5대 메이지학원 원장 역임, 《パウロ思想概說》(1933), 《ロマ書講解》(1936), 《パウロ神學の根本問題》(1947) 등 저술.

53) 역주: 佐波亘 1881. 4. 24-1958. 4. 8. 일본 기독교회 목사, 도쿄대학, 도쿄신학대학 수학, 조선, 대만, 만주 전도, '일본기독교단'의 성립에 반대, 일본 기독교회 의장 역임, 자신의 장서를 도쿄여자대학에 기증하여 동 대학 비교문화연구소에 '사바문고' 설립.

54) 佐波亘, "日本基督教団幹部練成會の所感", 〈日本基督教新報〉, 1423, 1942년 10월 22일.

한 사바는 이른바 지나친 고심이었다고 그 느낌을 술회하고 있는 것이다.

그리고 그것은 기독교에 대해 직접적으로는 교의를 포기하라는 압박은 아니었다는 것으로 이를 받아들이는 것이 당시 기독교가 취한 태도의 가장 큰 맹점이었다고 할 수 있다.

2. 후지하라(藤原藤南)의 주장

후지하라는 어떤 의미에서, '일본적 기독교' 를 가장 강하게 주장한 인물이다. 그는 그의 저서 《일본 정신과 기독교》(日本精神と基督教, 1939)에서 일본 정신을 "어떤 이는 무사도의 정신, '대역무도' (大逆無道), 애국 정신, 신(神)과 함께하는 도, 충효정신, 삼종신기(三種神器)[55]에 나타나는 정신, 조국(肇國)[56]의 정신, 고노에(近衛)가 이르는 '천지정대(天地正大)의 기개로서' 일본정신, 혹은 '무' (無)에 해당한다는 등, 논자에 따라 여러 가지 강조점이 다르다"고 하며 그 자신이 이해하는 국체정신은 "황도(皇道) 정신, 황실 중심의 정신"[57]이라고 강조하고, 이 정신은 "평범한 일본인의 이름으로, 그가 불교도이건, 신도를 믿는 이건 다름이 없다. 또한 이슬람교이건, 기독교인이건 따지지 않는다. 기독교에는 국경이 없지만, 기독교인에게는 조국이 있다, 그것을 우리 기독교인들은 절대 잊으면 안 된다"[58]고 했다. 또한 '화' (和)를 통해 귀한 정신의 기초를 세운 일본은 역사적으로 '평화애호국가' 이며, 기독교 탄압은 도요토미(豊臣秀吉)가 일으킨 일이

---

55) 역주: 신으로부터 하사 받아, 천황이 계승한다는 일본의 전통 신도적인 거룩한 물건 세 종류, 즉 '쿠사나기의 검', '야타의 거울', '야사카니의 곡옥' 을 이른다.
56) 역주: 나라를 세운다는 의미이다.
57) 藤原藤南, 《日本精神と基督教》, ともしび社, 1939, 2-3.
58) 위의 책, 11.

지, 황실이 개입한 것이 아니었다. 이번의 전쟁은 "도저히 멈출 수 없는 전쟁으로서, 청일전쟁도, 러일전쟁도, 만주사변도, 이번의 지나사변도 모두 신공황후(神功皇后)[59]의 삼한정벌(三韓征伐)에 지나지 않는 것"으로서, 그 기본적 정신으로 "실은 평화 정신이기 때문에 일본 정신이 기독교와 모순될 이유가 없다"고 하고, 기독교는 "현실 세계의 평화를 무너뜨리는 것을 인간의 죄 속에서 찾아내고, 인간과 인간 간의 평화를 위해, 그리스도의 십자가에 의한 하나님과의 화해를 이루지 않으면 안 된다고 하는데" 이는 순전한 종교적 사건이다. 그렇다고 한다면, "기독교는 일본 정신과 모순, 당착되는 것이 아니라 오히려 그 지향의 완성이 아닐 수 없다"[60]고 했다. 그리고 일본 정신 안에 있는 것은 "포용의 정신인 바, 귀화한 중국인, 조선인을 언제라도 포용하고, 동화시켜 온 편린이 있으며", 메이지 시대 이후, "우리의 제국은, 서구로부터 수용된 것임에도 불구하고 기독교에 대해 결코 이단이라고 불러 본 바 없는, 이해하기 어려운 부분"이라고 감탄하였고, "유교도 불교도 그것이 시작된 본토에서는 망하여 사라졌으나, 일본에서는 아름답게 성장해 왔다"고 했다. 곧 그 어느 것에도 비교할 수 없이 찬란한 일본 정신은 기독교에 대해서도 반드시 커다란 결실을 가져다 줄 것이기 때문에 "바로 여기에서 이 세상 어디에도 비교할 수 없는 독특한, 유일무이의 기독교가 탄생할 것을 믿어 의심치 않는다"[61]고 했다.

또한 종교 행정에 대해서, "정부의 종교 행정에 의하면, 신도는 종교가 아님"에도 불구하고, "실제로는 신사에서 여러 종류의 종교적 행사가 열린다"고 지적하고, 그것으로 인해 오해나 의심이 생기며,

---

59) 역주: '임나일본부설'에 의하면, 삼국시대 일본의 한반도 통치가 있었고, 그때 일본의 실권자로 신라왕의 항복을 받았다는 황후를 의미한다.
60) 위의 책, 18.
61) 위의 책, 38-39.

"타종교에 대한 명쾌한 입장을 결여하는 바, 이는 신사를 위해서도 아쉬운 일"이라고 전제하고, 신사가 만일 종교가 아니라면, 신사로부터 종교적인 것으로 오해할만한 것을 분리해 내지 않으면 안 된다고 주장했다. 이는 이른바 '신도국교화정책'에 대해 일정한 고언을 했고, 또한 일본 기독교는 여전히 일본의 국정을 잘 알고 이해하지 못하는 태도가 지나쳐, 이른바 '일본적인 것'을 무시하고 흘려버리고 있다[62]고 비판했다. "유대인에게는 유대인에 맞는, 율법 없는 자에게는 율법 없는 자에게 맞는"[63]이라고 하는 바울의 말을 채용하여, 지금부터 기독교는 일본의 것이 되지 않으면 안 된다고 설명하였다.

그리고 후지하라는 자신의 견해에 대해서, 이른바 '일본적 기독교'를 비판하는 입장도 밝히고 있다. '일본적 기독교'를 논하는 경우, 이는 참다운 기독교가 아니라는 것이다. 곧 '적'(的)이라는 말을 첨가하는 것에 의해, 복음은 물처럼 밍밍해 지고 만다. 십자가의 복음이 지닌 여러 문화에 대한 태도는 부정을 통한 긍정, 그 지향점의 완성으로 생각하지 않으면 안 된다. 더욱이 기독교의 '일본화'라는 것이 유행하고 있으나, 그것은 기독교와 일본 정신과의 동일성을 주장하는 것이 아니며, 양자의 직접적인 결합이 아니라고 했다. "자신은 입에 발린 일본적 기독교를 주장하는 것이 아니며, 미국, 영국, 독일의 기독교가 아닌, 성서의 기독교, 그리스도와 십자가, 성서에 의해 증거 된 십자가와 부활의 복음, 즉 일본의 민중을 구하는 일본의 기독교를 말하는 것일 뿐이다"[64]라고 주장했다.

그리고 그때까지 일본인 기독교인을 비판하여, "첫째, 일본적인 것, 일본 정신, 그러한 것들 배후에 존재하는 보이지 않는 힘 같은 것을 두려워하거나, 애써 제거하려고 하여, 자신 주변의 기본적인 것들

---

62) 위의 책, 42-43.
63) 위의 책, 76.
64) 위의 책, 77-79.

을 무시하는, 이른바 기개가 흐트러진 경원자(敬遠者) 류, 둘째, 거기에 정반대로 몰비판적인, 혹은 성급하고 경솔하게 일본 정신에 가볍게 영합하는, 소위 황도 기독교인 유형으로, 성서의 하나님과 하늘의 주신(主神)을 동일시하거나, 복음과 문화, 기름과 물을 그대로 결합시키고자 하는 '일본적 기독교' 주장자 류, 셋째, 일본 정신을 신도의 적으로 여기고, '기독교는 기독교, 일본 정신은 일본 정신', '복음은 복음, 문화는 문화' 라고 하는 이른바, '관념의 유희' 를 사족처럼 달고 있는, 이른바 고답적 기독교인 류"[65]를 지적하고, 기독교인에게도 조국이 있다는 점을 잊어서는 안 된다고 주장했다.

그는 황실중심주의 사상을 근저에 두고, 기독교 복음은 그 자체로서 명확히 하지 않으면 안 된다고 하고, 기독교 복음, 십자가의 의미를 완전히 곡해하여 이른바 일본에 매몰된 기독교를 구상하고 제창하는 것은 있을 수 없는 일이라고 했다.

3. 히야네(比屋根安定)의 주장

히야네는 자신의 저서 《기독교의 일본적 전개》(基督敎の日本的展開, 基督敎思想叢書刊行會, 1938)에서, "일본인이 곧 유태인이라든가, 일본 민족 중에 유태인의 지파가 혼재되어 있고, 이스라엘 12지파 중에 잃어버린 한 지파가 곧 일본인이며, 일본 신사가 우상숭배가 아닌 것은 유대교계통의 신앙이기 때문이라"[66]는 것과 같은 견해를 경계하고, 이른바 일본적 기독교에 대해, "기독교는 동양에서 일어난 것이기에, 서양인보다는 동양인 쪽이, 오히려 기독교를 깊이 이해할 수 있다. 말하자면, 구미의 기독교는 추락하고 말았다. 일본인은 기독교 신앙에 의해 특별히 선택받은 민족이며, 다른 민족과는 전적으로 다

---

65) 위의 책, 126-128.
66) 比屋根安定, 《基督敎の日本的展開》, 基督敎思想叢書刊行會, 1938, 196.

르다. 이와 같은 다른 것을 무시하고, 자신을 높이는 독선론, 특히 무교회주의자들 사이에서, 가장 확산되고 있는 것"⁶⁷⁾과 같은, 이 시기 다수 발견되고 있는 독선론을 비판하여, 그것을 '습합벽(習合癖)에 빠진 황홀감'⁶⁸⁾이라고 주장했다. 기독교는 보편적 종교이며, 그것이 "현실 속에서 신앙이 될 때에는, 우선 한 개인의 기독교가 되고, 또한 한 민족의 기독교가 되고, 그리고는 한 국가의 기독교도 된다. 그것은 각각 다른 개인, 민족, 국가의 기독교와는 다른 특징을 발휘할 수밖에 없다"⁶⁹⁾고 자신의 견해를 밝혔다. 이어 "즉 우리 일본인이 기독교를 믿고, 그 복음을 사랑하는 조국 일본에 전하며, 그 신앙에 기초하여 일본을 사랑하고, 일본을 이끌며, 일본에 봉사하는 것이 '기독교의 일본적 전개'의 유일한 결론이다"⁷⁰⁾라고 했다.

이와 같이 독선론을 배제해 나가는 이론에서도, 엿보이는 것은, 기독교가 일본에서 보편적인 가능성을 획득할 수 있다는 명제만을 제시하는 것으로, 이른바 '양론병기'(兩論倂記)의 형식일 뿐, 구체적인 방도, 방책, 그 내용을 제시하고 전개해 나가는 데까지는 이르지 못하고 있다.

4. 우오키(魚木忠一)⁷¹⁾의 주장

도시샤(同志社)대학 문학부 신학과의 기독교사 교수였던 우오키는 《일본 기독교의 정신적 전통》(日本基督教の精神的伝統, 基督教思想叢書刊行會, 1941)에서 다음과 같이 서술하였다.

---

67) 위 같은 책, 180-181.
68) 위 같은 책, 182.
69) 위 같은 책, 203.
70) 위 같은 책, 233.
71) 역주: 魚木忠一 1892. 7. 31-1954. 12. 10. 신학자, 도시샤(同志社)대학, 미국 유니온신학교, 말부르크 대학 수학, 도시샤대학 신학부 교수, 기독교 신앙적 체험 중시,《日本基督教の精神的伝統》(1941),《基督教精神史研究》(1948) 등 저술.

기독교는 '정신적 종교'라고 규정하고, 그것이 의미하는 것은, 생명적인 체험을 지닌 종교이기 때문이라고 했다. 유교는 예교(禮敎)적 종교, 불교는 철학적, 교리적 종교라고 하고, 이들과 구별지었다. 그 경험적 종교라고 하는 의미는, 기독교의 역동은 '영'[72]이기 때문이며, 기독교의 본질은 어떤 모방이나, 교리, 제도의 습득에 의해 계승되는 것이 아니라, '어떤 것에 부딪혀 계발(啓發)', 곧 '촉발'(觸發)[73]되는 것이라고 했다.

우오키는 대강 다음과 같이 주장했다. 일본적인 어떤 것과 기독교적인 것을 혼합하는 것으로 '일본적 기독교'를 보는 것은 옳지 않은 것이며, "혼합적인 것은 습합적 종교를 만드는 것", "건전한 발달이라는 것은 전달되지 않는다. 참다운 발달은 습합이나 혼합이 아니라 정도를 걷는 것이다." 그것은 "신도는 어떤 일이 있어서 순수한 신도가 되는 것을 통해 국체의 본의로서의 본분을 다하는 것일 것이다. 불교는 그 불교가 지닌 독특한 본질을 명확히 하는 것을 통해 국민의 종교적 교양에 공헌하는 것일 것이다. 기독교도 역시 순수한 기독교가 되는 것을 통해 국민의 종교적 정신의 배양에 일정한 역할을 해나갈 수밖에 없다. 따라서 일본 기독교라고 하는 것이 습합적인 신종교의 창시를 의도하는 것이 아니라고 한다면, 결코 습합적 종교 자체를 시인할 수 없다"[74]고 했다. 이어 기독교는 여러 가지 서로 다른 모습으로 역사사회 속에 존재해 왔음을 전제하고, "교회제도, 즉 교파나 분파로서의 유형인 그리스 정교회, 로마가톨릭 교회, 그리고 프로테스탄트 교회가 삼대 교회로 대별되고 있다. 교회의 유형보다도 더욱 심각한 대립은 신학적 유형에 있다. 그리스 신학, 라틴 신학, 종교개혁 신학, 정통주의 신학, 근세 신학 등의 구별된다." 그중에서도 "근세 독일 프

---

72) 魚木忠一,《日本基督教の精神的伝統》, 基督教思想叢書刊行會, 1941, 3.
73) 위 같은 책, 4.
74) 위 같은 책, 6-7.

로테스탄트 신학을 보면, 슐라이어마허는 감정적 체험을 중시하는데 반해, 리츨은 의지적 실천을 강조하고, 헤겔은 주지주의(主知主義)적이다." 루터와 칼빈은 "함께 종교개혁 신학을 대표"하지만, 그 양자 안에는 "그 신학사상의 현격한 차이가 인정된다"[75]고 하고, 기독교 정신사라는 것은 "신앙인의 단체로서의 교회에서 생겨나는 계시의 이해, 복음의 체득과 발전 및 변천을 원시교회로부터 현대에 이르기까지 각 시대마다의 정통성을 검토하는 영역에 서서 논구하여 기술하는 것이다. 교의나 신학을 대상으로 하지 않고, 계시의 이해, 복음의 체득을 대상으로 하기 때문에 그 방법의 여러 종류나 특징이 생겨나기 마련이다."[76] 기독교의 본질, 즉 복음을 '촉발' 시키는 다이내믹한 개념을 가지고 접촉하여 여러 민족, 문화, 역사의 속에서 오늘날의 개념으로 말한다면, '문화 마찰'을 일으키고, 다양한 전개를 가져온다는 견해를 제시할 수 있으며, 기독교 정신사에 있어서는 기독교의 일본 유형이 탄생할 수 있음은 당연한 것이다. 이에 "일본 기독교의 성립에 대해서 반드시 다른 이들로부터의 인정이나, 어떤 면허를 받아야 할 의무는 없다. 다만 우리의 주장이 구미의 교회를 수긍하는 것이 아닐 때에는 또한 참다운 독자적 유형이라는 자격을 얻을 수 없다는 점도 감안하지 않으면 안 된다." "요컨대, 기독교 정신사에 있어 6개의 유형이 등장하지 않을 수 없다. 그리스, 라틴, 게르만, 로마, 앵글로색슨의 5개 유형과 바로 우리가 주장하는 일본 유형이다"[77]라고 자신의 견해를 피력, 설명했다.

그리고 일본에 성립되어 전개되는 기독교는 그 개성으로서, 독특한 정신적 전통이 있는데, 그것은 교의사나, 신학사의 대상으로 취급될 수 있는 것이 아니라, 민족을 촉발시키는 것을 중시하여, 그 촉발에

---

75) 위 같은 책, 10-11.
76) 위 같은 책, 15-17.
77) 위 같은 책, 19-22.

의해 창조되는 유형을 계기로 삼아 복음의 본질을 파악토록 하는 것이며, 일본의 정신주의 전통을 인정하는 것을 전제로, "메이지 시대의 기독교는 유교정신주의로부터 기독교를 촉발시킴에 따라 '상제'(上帝)라는 용어가 사용되었다." "공교회에 있어서는 '데우스'로부터 '천주'(天主)에 이르는 과도적 단계로 '천제'(天帝)가 채용되었던 것에 반해 복음기독교도들은 처음부터 줄곧 '천제'를 사용하였다"[78]고 지적했다. 그리고 고자키(小崎弘道)의 기독교 이해를 예로 들어 유교와 유대교, 유교의 궁극과 천국의 교리, 유교에서 이르는 군부(君父)와 그 인애의 유사성을 말하였다. 그런 의미에서 기독교는 유교를 완성하는 것으로 설명하고, "만세일계의 천황을 받들어 봉하는 나라야말로 기독교가 이상으로 하는 '충효신일여'(忠孝信一如)가 가장 완전히 체득되는 것인바, 이것이야 말로 '일본 유형'이 다른 것에 비할 수 없을 만큼 우수한 특질"[79]이라고 했다. 이와 같은 일본 기독교에 있어 가장 중요한 것은 "명료한 국민의식에 굳건히 서는 것이다. (중략) 참으로 일본이라는 의식을 그 내면에 내장한 일본 기독교가 생겨나기 위해서는 국민의 종교 정신이 직접적으로 촉발되지 않으면 안 된다. (중략) 이런 의미에서 일본 기독교는 우리나라 고유의 종교인 신도와 밀접한 관계를 맺지 않으면 안 된다. 그러나 이것은 습합이나 예속이어서는 안 된다. 신도에 의한 습합은 잘못이며, 바로 영원히 지울 수 없는 습합의 폐악을 극복하기 위해서 일어난 것이 국학자들의 운동이었다. (중략) 기독교에 의한 습합은 치명적인 불행이 아닐 수 없다"[80]고 하고, "신유불(神儒佛) 삼교에 의해 육성된 대화민족의 종교 정신의 촉발에 의해 성립되는 것이 일본 기독교이다"[81]라고 결론지었다.

---

78) 위 같은 책, 148-149.
79) 위 같은 책, 165.
80) 위 같은 책, 167.
81) 위 같은 책, 195.

우오키의 견해는 예를 들어 오늘날의 관점에서 보면, 용어의 문제 등에 있어 많은 문제를 느끼고 지적할 수는 있지만, 오직 시대의 시류에 편승하고 영합하여, 기독교를 천황제 국가체제에 결합시키고자 한 이론은 아니었다. 우오키는 기독교가 역사 속에서 어떻게 성립하고 전개되는 것인가를 논구하기 위해, 그 의미에 있어서는 이후의 '기독교토착화'론과 같은 오늘날의 신학적 과제에도 연결되는 관점을 제기하고 있다고 볼 수 있다.

한편 '일본적 기독교'를 제창하는 논자와는 별도로 이 시기, 이를 차갑게 비판한 이들도 있다.

5. 다카야(高谷道男)의 주장

다카야는 일본 기독교단 성립에도 참여하지 않았고, "작금 기독교의 일본적 전개에 대해 논의되고 있는 실정에 있어 생각컨대, 과연 그 교의 신조가 제대로 논의되고, 명확한 일본 정신의 기반에 입각하여 기독교의 교리적 체계가 발표되지 않으면 안 된다고 보았다. 히야네와 우오키, 아리가(有賀鐵太郎)[82]와 마츠무라(松村克己)도 일본 기독교에 대하여 각각 소론을 전개하고 있다. 그것은 매우 중요하지만, 오랜 시간을 요하는 것이 아닐 수 없으며, 일본 기독교사의 역사를 통해 볼 수 있는 그 특성, 기리시단의 탄압, 메이지 시대 초기의 무사계급, 무사도 등이 기독교를 '촉발' 시킨 것이다"[83]라고 했다.

---

82) 역주: 有賀鐵太郎 1899. 4. 1-1977. 5. 교회사학자, 도시샤(同志社)대학 신학부, 미국 시카고대학, 컬럼비아대학, 유니온신학교 수학, 도시샤대학 신학부 교수, 일본기독교학회 창립 주역, 세계교회협의회(WCC) 활동, 《キリスト教思想における存在論の問題》(1969) 등 저술.
83) 高谷道男, "日本基督教の精神的地盤", 〈日本基督教新報〉, 1449, 1943年 5月 13日.

다카야는 냉정히 역사적 관점에서 이 논의를 검토할 필요가 있다고 지적하고 있다. 도쿠가와(德川) 막부는 어떤 이유에서 기리시단을 탄압하고, 그 결과로서의 쇄국에는 어떤 역사적 의미가 있었는가, 그리고 막부시대 말기 일본에 온 선교사들이 전한 기독교를 일본의 무사계급이 어떤 의미에서 수용하였을까. 그 역사적 특징을 검토할 것을 요구하였는데, 그러나 실제로는 그것을 묻기만 하고, 대답해지 않으면 안 되는 내용에 대해서는 언급을 피해 나갔다고 볼 수 있다.

6. 기타모리(北森嘉藏)[84]의 주장

기타모리는 최근 일본 기독교에 대해 의문이 있다고 비판하고, 기독교를 일본인이 주체적으로 수용할 때에 생기는 문제, 일본의 정신적 기반 위에 기독교가 뿌리 내릴 때 생기는 문제라고 한다면, 모든 일본인에게 성립되는 문제이기 때문에 언어에 있어서 절제를 지켜야 한다고 전제하고, "일본 기독교는 그렇게 이름을 붙일 만큼 그 스스로의 특징과 실력을 지닌 것이 못 된다"고 했다. 복음의 진리 자체가 일본에 들어와 새로운 형태를 만들었다고는 하나, 꼭 그런 것은 아니다. 어떻게 보아도 부정적인 대답이 나올 수밖에 없다. '일본의 기독교'는 있을 수 있으나, '일본 기독교'라고 하는 긍정적 내용을 지닌 것은 존재하지 않는다. 문제는 지금부터이다. 지금부터 오히려 '단위를 낮춘', '일본 기독교'를 생각할 것인가, 아니면 내실을 갖춘 일본 기독교를 이 조국에 기대하고, 기도로 구할 것인가 하는 양자의 문제가 걸려 있다. 후자의 바람이 만약 조국의 교회를 끌어 올리고, 약진

---

84) 역주: 北森嘉藏 1916. 2. 1-. 신학자, 일본루터신학교, 교토(京都)대학 수학, 일본 루터신학교, 도쿄신학대학 조직신학 교수 역임, '하나님 아픔의 신학' 창시, 《十字架の主》(1940), 《神學と信條》(1960), 《現代と神の痛み》(1970), 《聖書の讀み方》(1971, 서정민 역, 《올바른 성경읽기》, 예본출판사) 등 저술.

시키는 일이 아닐 때에는 다른 것은 둘째로 치고 적어도 "일본 기독교라고 하는 말만은 우선 당장이라도 사용하지 않는 것이 기독교인으로서 적절한 자세일 것이다"[85]라고 하여 시류에 편승한 말과 그 태도를 비판했으며, 나아가 다음과 같이 주장했다. 복음이 일본에서 새롭게 형태를 취하고 새로운 것을 첨부하는 것은 복음의 완결성, 절대성을 침해하는 일이 되며, 복음이나, 계시의 주권적 주장을 범하는 일이 된다. 여기에서 예를 들어 복음이라고 하는 말을 사용한다고 해도 그것은 율법적인 것이 되고 만다. "너의 하나님 여호와로라 너는 나 외에는 다른 신들을 네게 있게 말지니라"고 하는 제1계명[86]을 범하는 일이 된다. 복음은 자기와 대립하는 타자 역시 사랑하고, 살리며 그것에 의해 자신의 주권을 확립하는 것이다. 은총은 종으로서 섬기는 것으로 말미암는다. 그 근거는 십자가상의 주에게 있고, '오직 은총뿐'이라고 말하면서도 그것은 고전적인 문제일 뿐, 그것을 진정으로 해결하거나 받아들이지 못한다. 그러나 이것은 '제일의'(第一義)의 문제이다. 그 이외에 '제이의'(第二義)의 상대적 문제가 있다. 나 자신이 주의를 환기시킨 것은 "십자가의 주라고 하는 은총의 구조가 일본적 사유에 대하여 지니고 있는 관계의 문제이다. 각각 처한 위치와 처소에서, 그러한 여러 조건과 함께, 영광을 받고, 자신을 전혀 희생하지 않은 채, 정녕 자신의 주체성을 지키고자 하는 것, 그것은 우리들의 조국을 위해서도 결코 적용될 수 없는 보물에 지나지 않는다"[87]고 비판했다.

이러한 기타모리의 지적은 중요하다. 그런데 기타모리는 십계명의 제1계명을 어떻게 신앙적 사건으로 받아들여 천황제 국체, 혹은 일본과의 관계를 형성해 나갔는가 하는 것을 질문하지 않을 수 없다. 여기

---

85) 北森嘉藏, "日本基督教への途(一)", 〈日本基督教新報〉, 1452, 1943年 6月 3日.
86) 北森嘉藏, "日本基督教への途(二)", 〈日本基督教新報〉, 1453, 1943年 6月 10日.
87) 北森嘉藏, "日本基督教への途(三)", 〈日本基督教新報〉, 1454, 1943年 6月 17日.

에 대해서는 명쾌한 답을 주지 못하고 있는 것이 사실이다.

V. '일본적 기독교'에 대한 평가

앞 장에서 이른바 '일본적 기독교'에 관한 주장을 편 여러 논자들과 그 논설을 살펴 보았다.

총괄적으로 정리할 수 있는 것은, 많은 주장자들이 '일본 기독교'에 대해 논하는 내용 중에, 이른바 '국체론'과 같은 모양의 '일본적이 되는 것'에 대한 개념 정리, 혹은 개념 규정을 하고자 했으나, 그것의 명쾌한 정리는 발견하기 어렵다. 견강부회(牽強附會), 아니면 논리의 비약이 많은 경우가 대부분이었던 것을 부인할 수가 없다. 실로 다카이(高井貞橘)가 지적하고 있는 것과 같이 "일본주의, 일본 정신이라는 말은 말하기는 쉬워도 설명하기는 어려운 말"[88]이기 때문이다.

이 '일본적 기독교'에 대한 선행 연구로는 이미 지적한 바대로 카사하라(笠原芳光)와 구마노(熊野義孝)의 논문이 있다.

카사하라는 '일본적 기독교'에 대해서, 각각의 논점이나 용어, 강조점은 다르지만, 이를 주장한 논자들이 속한 교파적 배경에서 그 일관적 체계가 없는 점을 지적하면서, 여러 논자들의 공통적 특징을, '혼효'(混淆),[89] '양립', '촉발'이라는 개념으로 정리하여 비판했다.[90]

'혼효론'(混淆論)은, 그 접합의 상태가 '혼효', '절애'[91](折哀), 합체이며, 종교사적 용어로 말하면, '습합'이라고 해도 좋을 만큼 밀접한 상태이다. 그리고 '양립론'은 '혼효론'과는 달리, 혹은 '혼효론'

---

88) 高井貞橘,「日本文化と基督教」,〈新興基督教〉, 88, 1938年 1月 9.
89) 역주: 서로 뒤섞여 혼재하는 것을 의미한다.
90) 笠原芳光, 앞의 논문, 121-134.
91) 역주: 꺾이고, 잘려 애절한 상태를 표현하는 일본식 단어이다.

을 비판하면서 주장된 입장이라고 했다. 한편 '촉매론'은 우오키가 주장한 '촉발론'을 '촉매'로 규정하고 앞서의 여러 설들이 모두 전도적, 평론적인 것에 반하여 학문적 견해라는 것을 평가하였다. 또한 앞서의 모든 주장의 대부분이 전도자, 목사의 저술인 것에 반해 신학자에 의한 역사신학적인 논고라는 점, 내용적으로도 일본 정신과 기독교와의 '혼효'를 배격하고, 그렇다고 '양립'도 아닌, 독자적 방법론에 의한 것이라고 평가하며, 우오키의 《일본 기독교의 정신적 전통》을 높이 꼽았다.

그리고 카사하라는 '일본적 기독교'를 어차피 방법론이나 일정한 입장에 서서, "일본의 전통 사상이나 국가주의와 기독교와의 접합을 꾀한다는 의미에서, 그것이 순수한 기독교라고 인정할 수는 없지만, 그럼에도 불구하고 그것이 전통 사상과의 안이한, 무비판적인 결합이거나, 국가 권력에 무조건 순응하고, 유착하는 것"[92]은 비판했다. 그러나 카사하라는 거기에서 말하는 '순수한 기독교'는 도대체 무엇인지에 대해서는 설명하고 있지 않다.

구마노도 '일본적 기독교'를 우선 "일본 풍토에 정착하는 기독교 사상에의 탐구"[93]라고 규정하고 우오키의 이론에 대해 단순하고 피상적인 비판은 하지 않는다. 《기독교대사전》(キリスト教大事典)에 '일본적 기독교' 항목을 서술하면서, 즉 "우오키는 기독교를 '복신'(僕神)[94], '신신'(臣神)[95]이라고 부르고, 기독교와 황국신민의 도를 일치시키고자 하였다"[96]라는 문장에 대해서, "이 기술이 나의 잘못된 기록이라고는 생각지 않지만, 다만 세심한 부분에 대한 해설이 부족하다

---

92) 笠原芳光, 앞의 논문, 136.
93) 熊野義孝, 앞의 책, 649.
94) 역주: 하나님의 청지기라는 의미이다.
95) 역주: 하나님의 신하라는 의미이다.
96) 《キリスト教大事典》, 教文館, 1963, 752.

고 여긴다. 그래도 우오키에 대해서는 평가할 수밖에 없다. 나는 지금 생각해도, 당시 이러한 훌륭한 교수의 고심을 재평가할 수밖에 없다고 생각한다. 그것은 결코 우리를 반동화하는 것이 아니다"[97]라고 했다. 곧 우오키의 진정한 뜻을 잘 살펴, 평론을 첨가하고, 결론적으로는 우오키가 당시의 이른바 황도주의자, 일본주의자보다는 훨씬 깊고 넓게 일본정신을 이해하고 있는 것에 감탄하며, '일본적 기독교'를 다음과 같이 정리하였다.

1) 잡다한 요소가 중복되고 합해져 있으나, 자신의 땅에 정착하고자 하는 기독교의 현실적 힘을 촉발시키고자 하는 요망을 근저로 하여, 호교론적 변증이 결합되고 정리되어 있다. 그렇기 때문에 외래종교로서가 아닌, 일본의 토양에서 꽃 피우는 기독교라고 하는 기본적인 목적은 '건강한 교회의 지향'인데, 다만 거기에 지나친 변증과 호교적 노력에 몰입한 결과를 낳았다.
2) 재정적 자립을 해나가고자 했던 일본교회가 준전시체제 하에서 영국과 미국이 적성국으로 분류되는 상황에 조급하게 자립을 이룩해 내지 않으면 안 되는 시대적 배경을 지니고 있다.
3) 이 사상운동이 언제 시작되고, 끝이 났는지에 대해 상세하게 살피지 않은 점이 있다.

이와 같이 기술하고, 총괄적으로는 일종의 사상 평론의 입장에 서서, "실제에서 이것이 교회 형성력이 되지는 못했다"[98]고 논평했다.

---

97) 熊野義孝, 앞의 책, 650-651.
98) 熊野義孝, 앞의 책, 695-698.

VI. 본 장을 정리하며

지금까지 전시 하의 사회 사상과 기독교를 사상운동의 관점에서 논하고, 여기에 '일본적 기독교'에 대해 여러 논자들의 논평을 살펴보았다.

그 시대 속에서, 기독교인으로서, 동시에 일본 국민으로서, 압박해 들어오는 여러 상황 속에서 어떤 태도를 취하였을까, 또한 어떻게 여기에 대처했을까, 국가 존망의 위기에서 이른바, 실존적인 종말론적 위기가 아닐 수 없었을 것이다. 그리고 그러한 상황 속에서 일본 기독교의 실태와 실상이 드러날 수밖에 없었을 것이다.

일본에서 기독교의 성립, 즉 토착화를 겨냥한 '일본적 기독교'에 대해서는 결론적으로 카사하라가 지적한 것과 같이, '혼효'(混淆)[99]의 입장에 서면, 기독교의 본질을 다 상실하고, '양립'의 입장에 서면, 그 대항 관계를 해소하지 못하며, 유일하게 우오키가 전개시킨 바, '촉발'이라는 입장만이 일정한 가능성으로 검토해 볼 수 있는 내용을 지녔다고 볼 수 있다.

그리고 전체적으로, 이 시기의 기독교계 언론인들은 '사회적 기독교'의 입장, '위기신학'의 입장, '일본적 기독교'의 입장 등 각각의 입장에 서서, 시대 상황 속의 기독교에 대한 질문을 하고 있으며, '일본'이라는 것을 또한 지목하고 있다.

이 시대의 기독교 사상을 총괄적으로 살피면, 다음 몇 가지 항목으로 정리된다.

> 1) 이 때의 공통적 단어로서, '복음', '십자가'라는 말의 개념이 예민하게 사용되며, 기독교의 입장을 설명하고 강조하고 있으며, 기독교의 의의를 변증하고는 있으나, 그 본질은 정작 명확히 설정되고 있지 못

---

99) 주 88) 참조.

하다. 오히려 일본의 위기 상황 속에서 소박한 애국심의 근거를 일본을 중심으로 한 천황제 이데올로기 한 가지에 집중하여, 복음과 천황제 이데올로기 양자를 어떻게 하든지 연속시켜 보고자 하는 이들이 있었다.
2) 정통적 복음주의 기독교를 신학적으로 수용하고 이해한 것으로 보이는 이들은 '일본적 기독교'에 대해 일정한 거리를 두고, 비판적으로 보는 듯 했으나, 그들 정통적 복음주의 입장에 선 이들의 신학적 평론은 기독교의 제일의성(第一義性)을 강조하는 것 같이 보인다. 그렇지만 일본의 역사나 문화전통, 또한 사회에 대해 거리를 확실히 두고, 실제로 신앙인으로서의 저항선을 형성하지도 못하고, 거기에 대한 결단도 하지 못하는 이들이었다.
3) 이러한 와중에서 성실하게 고군분투하며 새로운 모색을 꾀하는 논자들도 있다.

이상의 세 가지로 분류할 수 있을 것이다. 예를 들어 우오키의 주장에는 구미 기독교 자체를 상대화시키는 관점이 나타나고, 이는 동시에 일본의 문화와 그 특성도, 그리고 일본에 성립하는 기독교 자체도 같은 의미에서 상대화시키고자 하는 입장이 엿보인다. 바꾸어 말하면, '일본적 기독교'를 둘러싼 논점의 한 가지, 혹은 평가의 가능성은 1960년대 화제가 된, 어떤 의미에서는 지금도 중요한 신학적 과제가 되고 있는 '토착화론'에 대한 공헌이 있을까 하는 점이다.

또한 이들 모든 논자들에게 공통적으로 드러나는 문제로서 검토해 보지 않으면 안 되는 점이 신학적 구조의 문제이다. 그것은 '일본적 기독교'를 주장하는 이들이 천황제 국체와 기독교를 대립과 대항이라는 비교의 축으로 논한 것과 같이, 이들을 비판적으로 보는 이른바 정통 복음주의 입장에 선 신학자들의 기독교 이해도 역시 일본교회와 신학을 서구 기독교 신학의 기준으로 생각하고 있는 의미에서 역시 대항의 비교 축으로 살피고 있는 점이 아닐까 한다.

거기에 공통적으로 드러나는 점은 연역적 방법론의 관점과 입론(立論)이며, 귀납법적인 사고는 찾아 볼 수 없다. 또한 다른 한 편 그들 스스로가 그러하며, 또한 그 구성원의 하나인 복음 선교의 대상으로서의 일본 사회의 서민, 대중, 그리고 그들 중 소수파, 또한 일본이 지배하고 있던 다른 문화와 전통을 지닌 식민지, 군사통치 하에 두었던 지역의 주민, 즉 타자라고 하는 존재에 대한 인식 관점, 즉 기독교 신앙을 하나님과 자신, 그리고 자신과 타자, 다시 말하면, '이웃'과의 '관계성' 속에서 형성해 나가는 신학적 논리가 전적으로 결여되어 있다고 지적할 수 있는 것이다.

따라서 일본 기독교가 메이지 시대 창립 이후의 특징으로 지속된, 일본교회만의 시대적 배경이나 제약이 있었다고는 해도, 구마노가 지적한 '건강한 교회적 지망(志望)'을, 어떻게 해서 성실히 추구하지 못하였던가 하는 문제점은 남을 수밖에 없는 것이다.

제3장
'일본 기독교단'과 파시즘 시대

I. 머리말

  '일본 기독교단'은 1939년 4월에 공포된 '종교단체법'에 의해 1941년 6월 24일 성립되었다. 이 '교단'의 성립에 대해서는 그동안 두 가지 관점에서 논의되어 온 바 있다. 하나는 '교단'의 '교헌'(敎憲) 전문(前文)에 기록된 것과 같이, '교단'은 "모두 섭리에 따라, 성령에 의해 일치된 하나의 교회로" 성립되었다는 인식과, 다른 한편으로는, 국가의 종교통제를 근간으로 하는 종교단체법의 결과에 의한 것[1]이라는 인식이 그것이다. 지금까지 어느 정도의 차이는 있다고 할지라도 대개 이들 두 가지 인식의 폭 사이에서 이 문제가 논의되어 온 것이 사실이다. 그러나 최근에 출판된 일본 기독교사, 혹은 '교단사'와 관련된 저작을 살피면, 단적으로 '교단'의 성립이 종교단체법이

---

1) 石原謙,《石原謙著作集 第十卷 日本キリスト敎史》, 岩波書店, 1979, 227. 이시하라는 '교단'의 성립을 솔직히 "군국주의적 국책의 압력에 의해 이것이 선인지 악인지에 대한 기독교적 입장이 감안, 적용되지 않은 사실을 확인할 수 있으며, 우리는 이 사실을 변명할 수가 없다"고 한 바 있다.

계기가 되었다는 사실, 그것이 '교단'을 포함하여 일본 프로테스탄트 기독교의 전쟁 책임이라고 하는 역사 인식의 기초가 되었다는 사실, 그리고 그것을 통해 일본 기독교회의 진상을 자각적으로 인식하고자 하는 것이 주류가 되고, 이러한 논의는 도히(土肥昭夫)의 「제1편 개관」(《日本基督教団資料集》제1권, 3-29)[2]에서 확정되어 있다고 해도 틀림이 없다.

도히의 견해는, 종교단체법의 성립이 '일본 기독교단' 설립의 직접적 요인이 되었다고 보고, 또한 그 내재적인 요인으로는 이시하라의 지적을 받아들여, "일본교회의, 전통적인 복음주의, 성서주의, 정신주의에 유래한 교회개념의 애매함"을 지목하였다. 그리고 전시 하의 반(反)기독교 풍조 속에서 '자기 방어, 자기 보존'[3]을 꾀하는 과정에서 설립되었다는 견해를 피력했다. 그렇다고 한다면, '교단' 설립의 직접적인 원인이 된 종교단체법을 성립시킨 배경으로서의 사회 전체의 움직임, 즉 여기에 작용한 파시즘의 진행과 전개, 그리고 그 완성이 의미하는 것에 대해 정확한 인식이 필요하다고 아니 할 수 없다.

또한 종교단체법이 지목되는 것은 개별적으로 기독교만을 대상으로 하는 것이 아니라 신도계 제 교파, 불교, 그 밖의 다른 종교도 모두 포함하여 그 대상으로 한 법이며, 이는 파시즘 시대 국가에 의한 종교 통제였기 때문이다. 따라서 이 장에서는 '일본 기독교단' 설립의 의미를 파시즘의 진행과 전개에 있어 사회사상사적인 면에서 살피며, 다른 한 편으로 이 시대의 흐름에 있어 법제사적인 측면을 검토해 나가며, '교단'이 여기에 저항하지 않고 체제 순응을 하지 않으면 안 되었던 행보, 즉 그 이외의 선택의 여지는 없었는가 하는 점을 검토해

---

2) 《日本基督教団資料集》은 일본 기독교단 선교연구소 내에 1979년에 설치된 교단사자료편집실에 의해 자료수집이 시작되어 1996년부터 2001년에 걸쳐 전 5권으로 간행된 바 있다. 이하 《資料集》으로 약칭한다.

3) 《資料集》제1권, 1997, 8-9.

보고자 하는 것이다.

II. '일본 기독교단' 의 성립과 합동교회

　일본 기독교의 역사적 특징은 메이지 시대 초기 교회 설립 이래 극도로 국가의식, 아니면 사회의식을 지닌 이들에 의해 기독교가 수용되었고, 바로 이들에 의해 교회가 형성되어 온 것에 있다. 이는 곧 일본에서 기독교에 입교하는 중요한 동기가, 기독교에 의해 근대 국가 사회 건설에 공헌하고자 하는, 말하자면 넓은 의미에서 국가의식, 사회의식을 지니고, 그 배경으로서 기독교를 통해 서양문화에 접근하고자 하는 문화교양주의적인 것이었다고 할 수 있다.[4] 거기에는 그들이 소속한 교회가 어떤 교파에 속한 교회라는 것은 중요한 관심이 될 수 없었으며, 만일 그러한 것을 의식하고 기독교인이 된 경우가 있다면 그것은 극히 예외적인 경우가 아닐 수 없었다. 그와 같이 교파의식이 애매하였던 점이, 파시즘시대라고 하는 시대적 상황, 곧 사회 전체의 급격한 전환과 격변 속에서 일본 기독교회가 하나의 조직으로서, 혹은 하나의 신앙적 체계로서 일본 사회 속에 일정한 정체성을 지니고 존재하기가 어려웠던 이유였다고도 할 수 있지 않을까 한다.

　일본 선교단체의 연합조직이었던 '일본미션동맹' 은 1925년 연회

---

[4] 熊野義孝,《熊野義孝全集 第一卷 日本キリスト教》, 新教出版社, 1982, 28-29 참조. 구마노는 일본기독교 신학사상사의 일반적 특징으로서, 첫째, 기독교사상의 급속한 수용과 적용이 일본의 근대화 과정에서 유용하였던 점, 둘째, 그 결과로서, 그러한 노력이 변질되고, 적용이 잘못되는 경우에, 즉 '신학적인' 혼란이 조성되었다는 점, 셋째, 종합하면, 이렇듯 '사상' 에 더욱 치중한 결과로서 당연한 것이지만, '청년 지향' 의 특징적 경건을 초래하여, 이른바 교회사적인 연령으로 살피면, 미숙한 상태의 일본기독교를 형성해 온 것이라고 지적했다. 그 방향성 중에 결국 국민적인 자유교회의 형성이 진행되었다고 기술하였다.

에서 합동 촉진 문제를 협의하고, 합동 촉진을 위해 일본교회와 접촉하기로 하고, '일본 그리스도교연맹'[5]에 이를 위한 활동을 요청하였다. 이를 받아들인 '일본 그리스도교연맹'은 '연맹' 내부에 '교회합동운동촉진에 관한 조사회'를 설치하고, 1938년 1월에는 '일본 기독교공회규약(시안)'을 작성하였다. 해외에는 몇몇 지역에서 교회합동운동이 진행된 바 있다. 1908년 남인도합동교회, 1924년에 북인도합동교회, 1927년에 중국에서 중화기독교회, 1929년에 필리핀 합동교회, 1934년에 타이의 샴 기독교회 등이 각각 설립되었기 때문이다.[6]

그러나 이 운동에 대해 '일본 복음 루터교회'는 자파의 '아우스부르크 신조'에 의해 교회일치 원칙에 반대한다는 명분으로 참여하지 않을 것을 결정하였고, '일본 기독교회'는 교회의 합동이 아닌, 그 전단계로서 각 교파의 연합조직으로서 교회동맹을 제안했으며, 다른 한편으로 '일본메소디스트교회', '일본조합교회'는 적극적으로 합동운동에 앞장 섰다. 이와 같은 각 교파의 움직임 중에, "연맹을 모태로 한 합동운동은 혼란스럽고, 파행 상태였다", "어느 교파도 합동에 대해 반대하지 않았다. 다만 합동의 방법적인 문제, '교파 합동론', 나아가서는 교회론이 다른 것이 문제였다."[7]

종교단체법의 공포를 받아들여 '연맹'은 합동준비위원회를 설치하고 1940년 10월 제1회를 시작으로 1941년 6월 23일까지 준비위원

---

5) 역주: 이하 '연맹'으로 약칭, 번역함.
6) 역주: 한국에서도 1905년에 '재한복음주의선교사공의회'의 결의로 한국에서 교파구별 없는 단일교회 설립운동이 추진되었고, 마침내 '한국기독교회'의 성립이 결의되었다. 이 운동은 언더우드(H. G. Underwood)를 비롯한 초기 선교사들이 적극 추진하고, 대거 참여하였다. 그러나 이 운동은 선교본부의 반대, 그 밖의 여러 상황에 의해 전체적인 실효를 거두지 못하고, 다만 교회설립 이외의 여러 선교활동, 곧 문서, 교육, 의료, 사회활동 등에서의 교파간 협력과 연합 사업은 적극적으로 추진되는 결과를 낳았다.
7) 土肥昭夫,《日本プロテスタントキリスト教史》, 新教出版社, 1980, 346-348.

회를 계속 개최하였다. 이 과정에서는 우선 '블록' 제를 주장한 '조합
교회', '루테루교회'[8]와 완전 합동을 주장한 '일본 기독교회' 등 여
러 의견이 교차하였으나, 최종적으로는 "'부제'(部制)를 택하는 것을
통해 문제의 핵심을 피하였다."[9]

그리고 이미 지적한 바와 같이, 이교(異教) 사회인 일본 사회에서,
더구나 일본 기독교가 소수 종교인 상황에서, 크리스천들은 교파교회
라든가, 그 신학에 대해 깊이 자각하지 못하고, 일반적인 의미로서의
소박한 합동을 기대하고 대망하였다. 즉 종교개혁을 경험하지 않고
교파교회가 성립된 일본에서는, 그와 같은 일정한 교파교회의 신도인
것을 자각하고, 인식하는 일이 희박할 수밖에 없었다. 이러한 교파합
동, 그 자체를 좋은 것으로 보는 '에토스'가 1940년 10월 아오야마(青
山)학원에서의 '황기 2천 6백년 봉축 전국기독교신도대회'[10]에 결집
되어, '우리는 전 기독교회 합동의 완성을 기한다'는 선언이 나오고,
이것을 하나의 가속적 계기로 삼아 교단 합동에 박차를 가하였다. 그
것은 다만 일반 신도들의 분위기나 풍조에 머물지 않고, 교파 지도자
들 중에서도, 이 '종교단체법'의 성립을 환영하고, "이 일로 인해 기
독교는 교파 신도나 불교와 법적으로 동등한 위치에 서며, 문부성의
보호를 받고, 일본인의 국민들 간에 존재하는 기독교에 대한 배격 풍
조를 없애는"[11] 계기로 기대하는 분위기가 분명히 팽배되었음을 볼
수 있다. "또한 기독교 지도자의 대부분은 이 법에 의해 기독교가 다
른 종교와 동급의 위치에 놓이며, 문부성의 보호에 의해 관헌들의 개
입을 막는 일이 가능하다고 기대하여 이를 환영했다. 일부 인사들은
이 법에 의해 기독교가 국가의 보호를 획득하고 전도의 편의를 제공

---

8) 역주: 루터교회의 일본식 표현이다.
9) 土肥昭夫,「第1篇 概說」(《資料集》第一卷, 1997, 280).
10) 都田恒太郎,《皇紀二千六百年と教會合同》, 基督教出版社, 1941 참조.
11) 《資料集》第一卷, 8-9.

받을 수 있다고 생각하는 것은 지나치게 낭만적으로 생각하는 것이 아닌가 하는 우려를 표하기도 했으나, 이는 단지 종교단체법에 반대하는 것이 아니라, 다만 거기에 지나치게 의존하는 태도에 대한 경계에 지나지 않았다"[12]고 할 수 있다.

본래 복수의 교파교회가 합동할 때에는 합동교회는 어떤 것이어야 하는가 하는 문제를 중심으로 기초적인 인식의 일치가 꼭 필요한 일이다. 즉 본질적인 것은 신앙고백을 어떻게 할 것인가, 그 의의와 위치는 어디에 둘 것인가, 교회와 교구의 관계, 교회의 권능, 목사의 위치나 직무를 포함한, 이른바 교회론에 있어, 신앙직제의 일치를 도모하지 않으면 안 된다. 그 뿐만 아니라 선교단체나 선교사와의 관계, 또한 관련 학교나 병원, 사회복지시설 등을 포함한 사회적 관련단체들과의 적합성 등과 관련된 조정, 검토, 합의, 결단 등이 따라오지 않으면 안 된다. 살펴 처리하지 않으면 안 될 일들이 헤아리기 어려울 정도이다. 그중에서도 무엇보다 교회에 있어 중요한 과제는 그 교회가 성립한 근거로서의 신앙직제 상의 일치와 더불어, 새로 성립하는 교회가 그 교회가 속한 사회, 국가 속에서 어떤 교회가 될 것인가 라고 하는, 이른바 합동교회의 목적론에 관한 공통 인식 형성과 관계된 논의가 있어야 할 것이다. 말을 바꾸면, 일본 프로테스탄트 교회는 어떻게 하여 '국민적 교회'[13]가 될 것인가 하는 과제를 지니고 있다고 할 수 있다. 교회는 여러 가지 형태로 사회로부터 보이는 존재인 동시에, 또한 여러 가지 문화적 전통과 지역성 속에서 성립한다. 더구나 프로테스탄트 교회는 역사적으로 가톨릭 교회와 달리, 그 성립과 전개의 경위 자체가 교파교회로서 보존되어 온 신앙과 교회의 근거 중에, '교회와 국가'의 문제, 즉 신앙 공동체와 세속 국가와의 관계에 대한 설정을 어떻게 할 것인가 하는 문제를 과제로 지니고 있다. 게다

---

12) 土肥昭夫,《日本プロテスタントキリスト教史》, 349.
13) 熊野義孝, 앞의 책, 119-120.

가 비(非)기독교 사회에 서구 선교사들에 의해 전해져 성립된 기독교는, 복음이 그 자체로서 명백한 보편적 진리로서 수용되는 사회적 인식을 획득할 수 없다. 기독교에서 믿는 복음은 전달하고자 하는 사회, 즉 문화, 전통과의 관계 속에서, 서로 다른 문화와 전통을 지닌 지역사회의 '컨텍스트' 속에서 수용되어, 고백되고, 그 사회 안에서 성립하는 교회인 것이다.

여기서 상세히 다루기는 어렵지만, 비기독교 세계에 서구 선교단체에 의한 선교사와 선교기금이 보내지고, 다양한 문화적, 종교적, 사회적 관계 속에서 성립한 아시아 여러 나라의 교회에 내재하는 과제를 염두에 두고, 일본 기독교의 독특한 역사적 성격을 비교, 검토하는 것이 큰 의미가 있다고 볼 수 있다. 거기에는 여러 가지가 함께 작용하는 다이나미즘과 패러다임이 있다. 바로 거기에서 선교지에 있어서 교회가 지니는 주체성을 문제를 제기할 수 있다. 그 하나는, 제8장에서 다루겠지만, 예를 들어, 인도네시아 교회는 네덜란드 식민지 통치의 결과로 성립되고, 그 교회의 특징은, "민족적 교회, 지방적 교회, 혹은 영토(지역적) 교회로서 성립했다"[14]는 것을 통해 알 수 있다.

더 나아가 다른 교회와의 합동을 목표할 때 교회 상호간에 어떤 방식으로, 그리고 어떤 과제를 중심으로, 다른 전통을 지닌 교회와 합동할 것인가, 그 목적은 어디에 있을까 라는 신학적 인식, 교회로서의 인식이 요구된다. 그리고 거기에는 특별히 자각적, 주체적 결단의 동반이 되어야 함은 당연한 일이다. 그러나 '일본 기독교단'의 성립 경위는 그와 같은 방식을 취한 것이 아니다.

일본은 메이지 국가의 성립 이래 '신사비종교론'을 중심으로 천황제 국가를 형성하고, 그것이 천황제 이데올로기로 진행되고, 더욱이 식민지주의, 제국주의를 지향하였다. 이와 같은 일본 사회 속에서 항

---

14) フリドリン ウクール, 「インドネシアのキリスト教」(《アジア キリスト教史[二]》, 教文館, 1985, 90).

상 소수파에 지나지 않으면서, 또한 그 안에서도 여러 교파로 나누어 존재하던 일본 기독교회는 어떤 모양으로 존재하고, 또한 나아갈 것인가 라는 것을 질문하지 않을 수 없다. 그러나 이러한 점을 미처 자각하지 못한 채 1939년에 공포된 종교단체법에 의해, 일본 프로테스탄트 기독교 각 교파는, '일본 기독교단'으로의 합동에 매진했다. 그것은 '연맹'이 합동을 모색하는 운동의 연장선상에 있었던 것이 아니라, '합동 정세의 급변'15)에 의한 결과였다. 이 '급변'이라는 것은 무엇을 의미하는 것일까. '연맹'은 종교단체법의 성립을 받아들여 "차제 기독교가 신도 불교와 함께 완전히 동등한 지위와 입장을 지니고 국가의 법제상 공인되는, 곧 우리 기독교에 있어서는 일대 획기적인 일이 되었다"고 하고, 또한 "이러한 기회에 종래 국민들 간에 혼동을 준 오해를 일거에 해소하는 노력에 매진하지 않으면 안 된다"고 하였다. 이어 종교단체법의 성립에 대해서 그때까지 법안 심의가 완전히 종료되지 못한 것을 중시하며, 이 법안이 금번에 성립되어야 하는 이유와 과정을 다음과 같이 규정했다. "첫째, '위헌론'(違憲論)이라는 용의점에 대해 '종교법'을 '단체법'으로 다루지 않는다는 점, 둘째, 제도 조사회를 통해, 정계, 종교계의 일반적인 의식을 살펴, 수정을 거듭한다는 점, 셋째, 종교단체의 자치 문제를 주의하여, 법조문을 간략히 하고, 그 대강을 정확히 정리한다는 점"16) 등을 설명했다.

'연맹'은 한편 그동안 교회의 합동을 모색해 나가면서도, 그 합동 운동은 금방 유야무야 되어 왔고, 다른 한편으로는 그때까지 종교단체법에 대해서는 "각지의 진종(眞宗), 기독교 세력은 자주 여기에 저항해 왔다"17)고 했으나, 이번 종교단체법 추진에는 그렇지 않았다. 제

---

15) 「聯盟敎會合同委員會報告」중에 고자키(小崎道雄)의 보고, 《資料集》第一卷, 27.
   역주: 원문은 일본식 표현인 '急轉化'로 되어 있는데, 이를 '급변'으로 번역했다.
16) 《資料集》第一卷, 188.
17) 제1차 종교단체법에 대해 기독교회는 강력히 저항했다는 견해가 있다. 赤澤史

17회 '연맹' 총회의 《총무부기록》(總務部記錄)에 의하면, 어떤 위원이 법안의 수정을 요구했으나, 아베(阿部義宗) 의장이 그렇다면, 이 법안의 의회 통과를 희망하는가 여부를 따지는 바람에 만장일치로 의회에서의 법안 통과를 희망하는 안을 정리하였다. 또한 다가와(田川大吉郎)는 이 회합에서 의견 대립이 있으면, 문부성이 설치한 제도 조사위원회의 위원으로 위촉된 도미다(富田滿) 역시 곤혹스럽게 된다. 현재는 문부성도 기독교를 보호하고자 하고 있으나, 만약 의회에서 반대 의견이 대두되고, 기독교 내부의 대립이 생기면, 문부성 당국에 악 영향을 주게 된다. 우리가 법안 통과를 희망한다면, 일치단결해 나가야 한다고 주장하고, 1939년 1월 19일 상의원회(常議員會)에서는 연구위원들이 '전폭(全幅)의 찬의(贊意)'[18]를 표했다는 것으로 보고를 승인했다.

여기에서 분명해지는 것은, 각 교파교회도, 또한 '연맹' 도, 교회로서의 합동이 이것을 자율적으로 제기하여, 여기에 대해 교회 스스로, 주체적인 결단을 한 것이 아니라 시대의 분위기에 의해 압박을 가하는, '급변'하는 상황에 의해서 '교단' 합동까지 이른 것으로 볼 수 있다. 곧 '합동 문제'를 재촉하는 '급변'하는 사회분위기에 의한 타율적 결과가 아니었는가 하는 느낌을 지울 수 없다. 국가에 의한 종교의 보호라는 명분 하에, 또한 사회일반이 지니고 있는 기독교에 대한 오해를 해소하고 시민권을 확보한다는 미명 하에, 이 파시즘 시기의 급격한 변화 속에서, 그 이전에 계속적으로 축적되어 온 종교단체법 반대운동의 전통을 모두 상실해 버리는 결과를 낳은 것이다. 이처럼 '교단'의 성립이 신학적인 검토와 자율적 결단, 합의 도출의 과정을 거치지 않고 이루어졌다는 점에 주목할 필요가 있다. 이는 곧 자신들의 교회 성립 자체가 치욕으로 가득 찬 패배와 굴욕의 역사이며, 또한

朗,《近代日本の思想動員と宗教統制》, 校倉書房, 1985, 163.
18) 土肥昭夫,「解題」(《資料集》第一卷, 186).

타율의 과정으로 진행되었다는 것을 확인할 수밖에 없는 일이다. 즉 '일본 기독교단'의 성립이 '섭리'에 의해 이루어진 것이라고 고백할 경우, 그 근거와 정합성에 있어, 신학적 문맥으로는 이해하기 어렵다. 다만 다른 관점, 즉 국가신도를 중심으로 한 천황제와 파시즘이라고 하는 시대적 사상 통제, 즉 국가에 의한 종교 통제 상황을 배경에 둔 다면 충분한 이해가 가능하다.

III. 종교 탄압과 종교단체법의 성립

상세하게는 제5절에서 다루어지지만, 종교단체법이 의도한 것은 개별 기독교에 대한 통제를 염두에 둔 것이 아니라 종교 일반 전체를 대상으로 한 것이었다. 이것을 바르게 이해하기 위해서는 메이지 시대 이후 종교정책에 관한 체계적 인식이 필요하다. 이 점에 대해서는 아카사와(赤澤史朗)의《근대 일본의 사상 동원과 종교통제》(近代日本の思想動員と宗敎統制, 校倉書房, 1985)에 상세히 기술되어 있다. 이하 그 책을 참고하여 정리해 주고자 한다. 메이지 정부는 1868년(메이지 초기) 4월에 '신불판연령'(神佛判然令)을 공표하여, 신사로부터 불교적 요소를 제거, 전 신사를 정부의 직접적 지배 하에 두고자 하였다. 이에 '신기관'(神祇官)[19]을 설치하고 이어 1871년에는 이를 '신기성'(神祇省)으로 승격시켰으며, 더욱이 1872년 4월에는 '신기성'을 폐지, '교부성'(敎部省)을 설치하였고, '신기제사'(神祇祭祀)[20]는 '궁내성식부료'(宮內省式部寮)[21]로 이관시켰다. 이는 제정일치,

---

19) 역주: 신도의 행정을 살피는 관청을 의미한다. 후에 '신기성', '교부성' 등으로 명칭이 변경되고, 기구가 확대, 승격되기도 했다.
20) 역주: 신도의 제사 의식을 의미한다.
21) 역주: 황실 행정 중 의전, 의식을 집행하는 부서다.

즉 종교적 의식과 정부 행정과의 일치를 목표한 것이다. 그 결과 '신사신직'(神社神職)[22]은 대우받는 관리로서 공적 신분을 부여 받고, 신사 경영에는 정부나 도(道), 부(府), 현(縣), 시(市), 정(町), 촌(村) 등 행정자치 단위로부터 '공진금'(供進金)[23]을 지원 받았다. 그러나 신도의 '관치적'(官治的) 측면과 '씨자'(氏子)[24]에 의해 유지되는 '자치적' 측면이 혼재하였는데, '관치적' 측면이 강한 '관국폐사'(官國幣社)와 전국 대다수 지방민에 의해 운영되어 온 '자치적' 측면이 강한 전국의 신사를 통합하고자 하는 정책은 특히 후자의 신사, 곧 자치적 측면이 강한 신사를 중심으로, 형식과 실질 모두에 있어 벽에 부딪쳤고, '자치방기'(自治放棄)의 형태가 대두되면서 반대론에 직면하였다.[25] 한편 불교를 포함한 다른 종교에 대해서는 1900년에 내무성이 칙령에 의해 사회국을 폐지하고 새로이 신사국과 종교국을 설치, 신사행정을 일반 종교행정으로부터 분리시켰다. 이에 의해 종교국은 메이지 헌법 하에서 공인된 교파신도, 불교의 여러 종파, 그리고 사실상 공인된 기독교를 장악하기에 이르렀다.

그 후 국가에 의한 종교단체에 관한 법률은 1899년, 1927년, 1929년에 종교법안으로 제출되었으나, 진종(眞宗)이나 기독교계의 반대에 의해 심의가 종료되지 못하고, 폐안되고 말았다. 새롭게 1935년 12월 10일 제1차로 종교단체법 요강이 자문에 붙여졌으나, 2·26 사건[26]으로 오카다(岡田) 내각이 붕괴되고, 그 후에도 수차례 내각이 교체되면서,

---

22) 역주: 신사의 고위 관직을 의미한다.
23) 역주: 신사에 공적으로 지원되는 재정을 의미한다.
24) 역주: '우지코'라고 부르는데, 씨족의 조상신으로 제사의 대상이 되는 '씨신'(氏神, '우지카미')의 직접 대물림을 받은 자손을 의미한다. 이어 씨족의 조상신에게 제사 지내는 땅에서 태어난 모든 자손을 의미하기도 한다.
25) 赤澤史朗, 앞의 책, 83. 시마네(島根)현 국폐중사(國幣中社) 신직(神職)인 기요미즈(淸水三郎)의 견해를 들어 소개하고 있다.
26) 역주: 1936년 2월 26일 일본 육군 황도파 청년 장교들이 중심이 되어 일으킨 친위 쿠데타인데 실패하였다.

결국 1937년 12월 제1차 고노에(近衛) 내각의 키도(木戶幸一) 문부상이 종교제도 조사회 석상에서 이 자문안의 철회를 성명한 바 있다. 이 종교단체법안 초안(마츠다〈松田〉안)의 내용은, 제1차 종교단체법안과 유사성이 짙고, 그 일부 수정의 성격을 지녔다. 두 번째는 이 종교단체법 자문안 철회 1년 후인 1938년 11월의 일이며, 제1차 고노에 내각의 아라키(荒木貞夫) 문부상이 신법안을 종교제도조사회에 자문 의뢰하였다. 이 자문안은 11월 14일부터 12월 10일까지 약 1개월간 심의를 거치며, 수정한 내용을 담은 수정안이 제출되었다. 종교제도 조사회의 회신이 나간 약 1개월 후인 1939년 1월 5일 제1차 고노에 내각이 해산되었으나, 아라키 문부상은 유임되었고, 더구나 종교제도 조사회 회장으로 임명되었던 히라누마(平沼騏一郞)는 후계 수반으로 선임되어, 이 제2차 종교단체법안은 모두 37조의 간명한 법안으로 같은 해 1월 18일 제74회 제국의회 귀족원에 상정되었다. 마침내 의원 중에 비판적 질문이 없고, 의회 밖의 반대 운동도 없이, 2월 19일 귀족원에서 일부 수정의 조건으로 가결되고, 나아가 3월 23일 중의원에서 가결되어 4월 8일에 공포되었다. 제1차 종교법안의 의회 상정으로부터 계산하여 40년 후의 일이었다.

이 과정에서 분명하게 드러났지만, 이전의 법안의 경우, 진종(眞宗)을 중심으로 불교계의 반대운동과 함께 일본 사회에서 소수파인 기독교계도 "일본 그리스도교연맹을 중심으로 기독교계 55개 단체가 '신사문제에 관한 진언'을 발표"[27]하는 등의 행동을 전개, 그 폐안을 위해 노력한 것처럼, 기독교도 진종 등과 함께 일정한 역량을 발휘하며, 일본 사회에서 발언권을 행사했으나, 이 종교단체법의 성립 시기에는 이미 살핀 바처럼 반대운동 자체가 없었다.

종교단체법이 성립된 최대의 이유는 그 법안 자체가 이전에 비해

---

27) 赤澤史朗, 앞의 책, 161.

간명하게 축약, 정리되었다. 그러나 그 내용의 문제보다는 시대의 급격한 변화에 따른 분위기의 변화로 보인다. 즉 파시즘 체제의 확립이야말로 종교단체법의 성립 요인이었다. 이미 존재하던 '불경죄'에 더하여 치안유지법의 개정으로 조문의 확대 해석이 진행된 1936년의 '사상범보호관찰법'이 제정되었고, 이것이 종교인에게도 적용되기에 이르렀다. 그리고 1935년의 '대본교'(大本教)[28] 제2차 탄압에는 이 파시즘 체제에 대해 한 차라도 어긋날 경우 즉각 제제를 가하고 탄압을 가하겠다는, 곧 국가에 의한 종교정책이 크게 변화된 것을 보여주었다.

또한 기독교와 관련된 종파 교단, 교회에 대해서도, 1939년 '등대사'[29], 1940년 구세군에 대한 탄압이 가해졌다. 더욱이 '교단'의 성립 이후에도 1941년 '야소기독지신약교회'(耶蘇基督之新約教會), '플리머드형제단'에 대한 탄압, 1942년에는 '교단'의 제6부, 제9부를 구성했던 '홀리네스계 교회들'[30]에 대한 탄압, 1943년에는 '제7일 예수 재림교회'에 대한 탄압이 가해졌다. 기독교 이외에는 1936년 '신정용신회'(神政龍神會), '히도노미치'(人の道),[31] '천진교'(天津教), '신흥불교청년동맹', '대일본관음회'('세계구세교'의 전신), 1938년에는 '혼미치'(本道)에 대한 제2차 탄압, '여래교'(如來教), '대자연천지일지대신교단'(大自然天地日之大神教団), 1942년에는 '대일교'(大日教), '본문불입강승천본부'(本門仏立講勝川本部), '창가교육학

---

28) 역주: 근대 일본 불교계 신흥종교인데, 교주 데구치가 자신이 미륵불이며, 또한 재림예수라고 주장하며 일으킨 민중불교종파이다. 그 사상이니 전파의 과격성, 또는 당시 일본 파시즘과의 충돌로 수차례 정부에 의한 수난을 당하였다. 후에 이 대본교 포교사이던 오카다가 '메시아교'를 만들어 분파되기도 하였다.
29) 역주: '여호와의 증인' 종파를 의미한다.
30) 역주: 일본에서의 성결교 계통의 교단들이다.
31) 역주: 1925년 창립된 일본의 신흥종교, '사람의 길'이라는 의미인데, 현재의 이른바 'PL교단'의 전신이다.

회'(創價敎育學會, 후에 '창가학회') 등이 탄압을 받았다.

이것이 의미하는 것은, 신도든, 불교든 그 배경을 불문하고, 천황제 국체와 파시즘 체제에 적응하고 적절한 태도를 취하지 않는 한 어떤 종교도 탄압에서 제외될 수 없다는 것이다.

IV. 국가의 종교 통제에 대한 사회사상사적 의미

파시즘 시대의 일본에 관해, 이를 법제사적으로 정리한 연구로는 와타나베(渡辺洋一)의「일본파시즘법체제 총론」(日本ファシズム法体制,《戰時日本の法体制》, 東京大學出版會, 1979)이 있다. 이 책에 의하면, "천황제 하 전전(戰前)의 일본의 근대법은 원래 중층적 다원구조의 복잡한 상호관계로 성립되어" 있고, 그것은 "절대주의적, 반(半)봉건적, 근대 시민법적, 현대법적인 성격과 측면이 상호 대립해 가면서도, 동시에 또한 상호 보완적 형태로 존재하는 복잡한 관계의 총체로서 만들어 진 법"[32]이며, 더 나아가 종교적인 측면, 즉 신교(信敎)의 자유를 포함하는 측면에서든, 사회사상사적 측면에서든, 그리고 법률적 측면에서든 이렇듯 각각의 국면을 나누어 논한다고 할 때는 물론 전체적인 면에서도 일정한 부분에서 무리한 면이 있다고 할 수 있다. 따라서 이에 대해서는 이른바 전체적, 포괄적 증후군으로서 인식할 필요가 있다. 그런 의미에서 이데올로기가 된 일본의 천황제 파시즘, '만세일계'(万世一系)라는 천황제 시스템, 그리고 종교체제에까지 이르는 그 전체를, 오늘의 관점에서의, 근대적 시민법의 원리, 즉 권리로서의 '신앙의 자유'론, 정교분리론에 의해 비판하고 문제의 본질을 해석하는 일은, 이와 같은 근대적 시민법, 제 권리가 인정되지

---

32) 渡辺洋三,「日本ファシズム法体制 總論」,《戰時日本の法体制》, 東京大學出版會, 1979, 12.

않았던 그 시대에 있어서는 곤란한 일이며, 한계가 있는 일이라고 할 수 있다.[33]

1937년 제1차 '고노에 내각'은 '거국일치'(擧國一致), '진충보국'(盡忠報國), '견인지구'(堅忍持久)를 삼대 목표로 국민정신총동원 운동을 개시할 것을 결정하고, '전국신직회'(全國神職會), '전국시장회'(全國市長會), '제국재향군인회', '일본노동조합회의' 등 47개 단체(1938년 11월에는 49개 단체)의 참가를 얻어, 운동을 시작했다. 이것은 그 이전부터 착착 진행시켜 온 국민조직화에 대한 신도(神道)의 도입을 일거에 전면화하는 일이었다.

이미 지적한 바와 같이, 정부는 메이지 시대 초기부터 신도의 국교화를 진행시켜 왔다. 그러나 국가의 정책과는 별도로 신사의 실질적인 지위나 대우의 열악함, 또한 진종 등 다른 종교와의 관계에 따른 여러 가지 요구가 있었고, 그로 인해 일어난 '신기관'(神祇官) 부흥을 목표로 하는 운동은, '특별관위'(特別官衛) 설치운동으로 전개되고, 최종적으로는 황기 2,600년이 되는 1940년 11월에 '신기원관제'를 공포하여, 종래의 내무성 신사국을, 내무성 외국(外局) 신기원으로 승격시키는 결과에 이르렀다. 이 일의 정치적 사상적 의미는 "첫째, 이것이 '익찬체제'(翼贊體制) 하의 공인사상을 담당하는 국가적 교화기관"이 되며, 둘째는 "치안유지법의 개정에 의해 일층 엄격해진 종교탄압이나 사상통제의 강화에 있다"[34]는 사실이었다. 이렇게 하여 "'신기원'은 내무대신을 총재로 하고, 신궁, 관, 국폐사(國幣社) 이하,

---

33) 지금까지의 논의는, 이러한 수준 정도에서 논의해 온 것이 대부분이다. 이에나가(家永三郎)는 자신의 저작 《太平洋戰爭》(岩波書店, 1987, 150)에서 "전전(戰前)의 국어사전에 의하면, '인권'은 우선 채권(債權)을 의미하는 말이며, 오늘날 이르는 기본적 인권의 의미로 쓰이던 말은 '인권유린'이라는 숙어로 표현되었다는 경우로 한정하여 회고해 보더라도 전전의 일본 국민에게 '인권'이 '유린'된 형태가 존재하지 않았다는 것을 이해하는 것이 충분하다"고 기술하고 있다.
34) 赤澤史朗, 앞의 책, 231.

신궁 및 신직, 경신사상의 보급이라는 네 항목을 관장하였던"[35] 것이다. 이에 의해 국가신도는 절정에 도달하였고, 천황의 신성을 절대적으로 하는 국체의 교의가 국민교화의 중심에 서기에 이르렀다.

와타나베(渡辺治)는 자신의 논문, 「파시즘기의 종교통제」(ファシズム期の宗敎統制, 《전시 일본의 법체제》〈戰時日本の法体制〉에 수록, 東京大學社會科學硏究所 編, 1979)에서 다음과 같이 기술하였다.

"내무성, 사법성은, 1939년 중일 전면전에 돌입하기 전에는 주로 신도계의 교단에 한하여 손을 대 왔다. 그 이유는, 첫째, 그들의 무기로서의 치안유지법, 불경죄가 가장 효과를 발휘하는 것이 만세일계의 천황지배 신화에 직접적으로 관계를 지닌 교의를 갖추고 있는 신도계 제 교단이라는 것, 또한 둘째는 유사 종교단체 중에서 주목되는 활동력을 지닌 것이 신도계 교단이라는 점이라는 데 있었다. 그러나 내무성은 천황제 국가 내의 이질적 집단, 국가 권력의 손아귀를 벗어나는 조직을 진멸하는 것을 통해 천황제 국가 인민의 일원적 동원을 지상 목표로 삼는 것을 정책목표에 첨가하고, 국민총동원을 향한 종교단체의 활동력을 전면적으로 발휘하는 것을 요청하기에 이르렀다. 거기에 더하여 종교단체는 물론 종교인 개인의 반전(反戰), 반 군사적 언급을 진압하고자 하였다. 이렇게 하여 내무성의 종교단체에 대한 정책의 대상은 신도계 교단에 머물지 않고, 불교, 기독교계 단체까지 확대되기에 이르렀다."[36]

그리고 전쟁협력이라는 점에 있어서는, "불교 각파가 가장 활발한 활동을 벌이고 있다는 인식, 여기에 비해 신도 각파는 그 적극성이 부족하다고 여겼으며, 나아가 기독교 각파는 아직 그와 같은 협력 활동 자체를 제대로 시작하지 않은 것으로 인식, 어떤 구체적인 방안이 강

---

35) 《日本近現代史辭典》, 東洋經濟新報社, 316.
36) 渡辺治, 「日本ファシズム期法の宗敎統制」, 《戰時日本の法体制》, 東京大學出版會, 1979, 151-153.

구되지 않은 것"³⁷⁾으로 상황인식을 하였다. 이에 수적으로는 소수였으나, "기독교 단체의 전쟁협력 활동 동원, 그리고 전제로서 기독교 단체들이 서구와 밀접한 관계를 맺고 있는 단체이므로, 그 '자주권'의 확립, 즉 '일본화'가 당면한 당국의 정책 목표"가 되기에 이르렀다. "다른 한편, 반전반군(反戰反軍)적 언론으로 내무성이 주목하고 있었던 것은 많은 기독교계 개인이었으며, 이러한 점에 따라 기독교 교단에 대한 정책적 비중이 높아졌고", "또 다른 면에서는 같은 시기 반전반군 책동을 처단한다는 목표에서 군부가 교단, 곧 기독교 교단을 직접 통제하고자 하는 '이상한 관심'을 보이기 시작했다", "기독교 단체, 또한 그 성직자, 신도들의 '반국가적 언론'이 명쾌히 정리되지 않은 점에 주목, 군부는 문부성, 내무성에 손을 써서 이 문제에 관여하고, 직접 종교단체에 대한 개입을 시작한 것이다."³⁸⁾

그러한 분위기를 전형적으로 엿볼 수 있는 것이, '오사카 헌병대 사건'이었다.³⁹⁾ 주지하는 바와 같이 1938년 3월 3일 오사카 헌병대 특고과장의 명의로 오사카부 내의 기독교 주요 교파와 기독교계 학교에 '기독교의 하나님이라 함은', '8백만 신에 대한 견해', '천황과 기독교, 교육칙어와 성서' 등 13개 항목에 걸친 질문서가 제시된 사건이다. 군부는 기독교가 '반국체'(反國体)⁴⁰⁾라는 인식을 가지고, 앞서와 같은 공격을 가했고, 그때까지 단순히 반전반군 언론과 관계가 있는가 하는 문제로 취급하던 기독교 단체를 비롯한 전 종교 교단을 그야말로 '국체'와 모순이 되지 않는 것을 전제로서만 존재를 용인할 수 있다는 태도를 보였다. 이것은 종교인뿐만 아니라 국민 일반 전체가 이 '국체'의

---

37) 위의 논문, 152, 재인용, 출전《特高外事月報》, 1937. 7.
38) 위의 논문, 152-153.
39) 위의 논문, 152-153. 상세히는, 同志社大學人文科學硏究所 キリスト教社會問題硏究會 編,《戰時下のキリスト教運動 一》, 新教出版社, 1972, 94 이하 참조.
40) 역주: 당시 일본의 국가중심 주의에 반하는 정신과 태도를 지닌 개인이나 단체를 지칭하는 의미이다.

정신적 범위 안에서만 존재할 수 있다는 것을 의미하였다.

이렇게 하여 "천황제 국가의 이데올로기는 민중의 풍습, 습관이나 생활양식에 일정한 기초를 두고, 일련의 장치와 제도 위에 구체적인 형태를 갖추고", "그것들이 구체적으로는 공교육, 사회교육기관, 재향군인회, 청년단, 부인회, 종교 문화 단체, 지역공동체, 가족제도, 나아가서는 매스 미디어를 비롯한 정보 문화 기관 등",[41] 사회의 전반적인 분야에서 이것을 통합하고, 완성해 나가고자 했다.

V. 종교단체법 – 법제사적 관점으로부터

종교단체법은 1939년 4월 8일 공포되어 1940년 4월 1일에 시행된 것으로 일본의 파시즘 시대에 제정된 법이다. 이미 앞에서 논의한 바와 같이 일본 파시즘의 특색은, 일본사회 그 자체가 중층적(重層的) 다원구조의 복잡한 상호관계 속에 이루어져 있고, 절대주의적, 반(半)봉건적, 근대 시민법적, 현대법적인 성격과 측면이 서로 대립하면서, 또한 동시에 서로 보완의 측면도 보인다는, 그야말로 복잡한 제 관계의 총체인 것에 있다. 그 법으로서의 기능이 지닌 의미를 살피는 것이 본 절의 탐색 과제다. 이 주제를 먼저 논한 선행연구로는 와타나베(渡辺洋三)의 「일본 파시즘 법체제 총론」(日本ファシズム法体制, 《전시 일본의 법체제》〈戰時日本の法体制〉, 東京大學出版會)이 있다. 다음에서 그 연구를 중심으로 정리해 나가고자 한다.

와타나베는 이 시대 법제사에 대하여 시기를 다음과 같이 구분하였다.[42] "다이쇼기 후반(1912년 이후)을 전사, 1927(쇼와 2)년부터 1931(쇼와 6)년까지를 제1기, '파시즘 법의 터 닦는 시기'"로 보고,

---

41) 栗屋憲太郞,《十五年戰爭期の政治と社會》, 大月書店, 1995, 96.
42) 渡辺洋三, 위 같은 논문, 16-17.

제2기를 "1932(쇼와 7)년부터 1937(쇼와 12)년까지"의 "금본위제 정지로부터 국가총동원 제정 이전까지"의 기간으로 '파시즘 법의 형성기'로 규정했다. 또한 제3기를 "1938(쇼와 13)년부터 1940(쇼와 15)년"으로 "국가총동원법의 제정을 출발점으로 하는 이 시기를, 파시즘 하의 총동원제가 전면적으로 확립되는 시기", "파시즘 법의 확립기"로 보았으며, 제4기를 "1941(쇼와 16)년부터 1945(쇼와 20)년", 즉 "파시즘 법 체제가 완성되는 동시에 그것이 내포하는 모순도 심각화되고, 파시즘 법으로서 통일성도 유지하지 못하게 되며, 붕괴되는 시기"로 보았다. 그리고 "국가총동원법은 법 형태론의 관점에서 보면, 철저한 수권법(授權法)이라는 점에서 메이지(明治) 헌법에서는 불충분하지만 그래도 어느 정도 존재했던 의회주의의 요소를 완전히 부정하는 것이며", "메이지 헌법의 절대주의적 측면도, 입헌군주적 측면도 모두 함께 부정하고, 중층적 다원구조에 다다라 파시즘 권력이 장악한 행정권력 **일원적**(인용 원문에서 강조) 지배를 관용적으로 전제하여, **제도적**(인용 원문에서 강조)으로 지원하는 것이며", 이러한 상황에서 법 제도적인 것도 의회로서는 컨트롤의 여지가 존재하지 않는 것이었다. 또한 "이는 총동원법을 포함한 총동원체제(국민통합)가", "천황대권을 기반으로 하는 긴급 칙령과 같은, 절대주의적 의미에서 반(反)법치주의로서가 아니라, 정녕 법의 수권을 기반으로 하는 형태를 취하여, 법치주의의 형식을 갖추는 것이기는 하지만, 이는 그것을 전제로 다시 법치주의의 실질적 해체라고 하는 점에서 새로운 단계의 체제였던 것"[43]이다.

이것이 의미하는 것은 국가총동원법이 단순히 천황이 발하는 절대적 대권, '칙령'에 의해 국민의 제 권리를 빼앗는 것이 아니라, 법에 근거하여 국민이 일본 제국의 헌법 하에서, 예를 들어 제한이 있고,

---

43) 위 같은 논문, 38-39.

한계가 있다고는 해도 보증된 국민들의 제 권리를, 이른바 '대정봉환'(大政奉還)[44]했다는 것이다.

더욱이 와타나베는 그 대요를 다음과 같이 사회전반에 미친 영향에 대해 서술하고 있다. 즉 국민총동원법 성립의 결과로서 이 시기 농촌에서는 1938년 농지조정법이 성립되었다. 이는 "지주와 소작인의 대립을 부인하고, 농촌평화를 회복하여 농민통합을 위함"이라는 것인데, 이에 의해, "전쟁수행에 불가결한 식료의 자급자족, 그를 위한 증산과 통제정책"이 실시되었다. 나아가 이 시기에 "낙농조정법(酪農調整法), 어업법 개정, 삼림법 개정 등"에 의해 제1차 산업 입법이 거의 정비되었다. 노동자에 대해서는 "국민총동원체제의 일환으로 노동력동원체제가 중심이 되고", "전시 국민경제 재생산에 필요한 인적 자원 확보를 위해 노무통제법으로 전환"되고, "군수산업이나 중화학공업에 집중적, 조직적으로 노동력을 동원하기 위해 고용, 이직, 해고, 임금, 노동시간에 대한 노동시장의 통제입법이 국민총동원법 하에 통제를 받고, 계약의 자유는 대폭 제한되기에 이르렀다."[45]

또한 지역사회의 통합에 있어서는 "1938년 농촌지치제도 개정 요강을 기점으로 전기(前期)까지는 농림성과 내무성의 대립을, 내무성이 관할하는 형식으로 조정하여, 부락회, 마을자치회를 국민통합의 최전방 조직으로 만드는 것이 정해지고, 1939년에는 '부락회, 미을자치회 정비 충실에 관한 건', 1940년에는 '부락회, 마을자치회 등 정비에 관한 훈령' 등 행정적 조치가 진행"[46]되었다.

제4기, 즉 '태평양전쟁' 시기에는, "1941년 국가총동원법의 대 개

---

44) 역주: 국민들 스스로가 지닌 당연한 권리를 큰 틀의 정치 하에서 되돌려 반납한다는 의미이다. 즉 국민들이 자신들의 기본권을 나라를 위해 자진해서 제한, 반납 한다는 논리이다.
45) 위 같은 논문, 40-41.
46) 위 같은 논문, 42-43.

정이 시작되어, 이 신법의 하에서 국민의 근본부터가 총 동원되는 시기"였다. "근본부터의 동원이라 함은 파시즘 법의 완성을 의미하는 것인데, 그것이 완성된 시점은 이미 붕괴의 징후가 보이는 때이며", "통제가 거듭 증대되고, 강화되어 생산이나 국민생활 및 사상 전 분야에 걸쳐 통제가 확산되는 것과 함께 관료기관과 행정사무도 또한 확대되어 나갔고", 그 결과로서 "행정의 일체화가 곤란해졌으며, 거꾸로 관(官)과 군(軍) 간, 혹은 관 상호 간, 군 상호 간에 대립이 격화되기도 했고, 통제행정 및 동원체제의 강력한 일원적 지도가 잘 진행되지 못하는" 상황이 전개되었다. 또한 "통제의 증대에 따라 통제행정 사무가 혼란을 거듭하고, 능률의 저하를 초래했으며, 전쟁 수행에 필요한 신속, 간소한 행정 요청에 부응치 못하는"[47] 상황에 이르렀다.

이 시기의 노동자 문제에 대해서는, "징용령의 개정, 국민근로동원령, 학생근로령, 여자정신근로령 등에 의해 시민법적 계약법에 의하지 않은 국가행정권의 발동에 의한 노무제공 강제의 범위가 걷잡을 수 없이 확대되고", 또한 1941년 물자통제령에 의해 "일상소비생활에 있어서 시민법적 계약의 제 규제 효력은 정지되고, 필수품도 '절부제'(切符制)를 기반으로 배급 통제로 체제로 급박히 전환되었다. 게다가 1941년 금속류 회수령이 시작되어 귀금속, 알루미늄 등의 공출 강제와 냄비, 솥 등을 중심으로, 지역에 따라서는 학생들의 도시락까지 공출하여 빼앗는 철저한 정책이 수행되었고, 거기에 협력하지 않으면 '비국민'(非國民)으로 취급받았다. 여기에서 국가=행정 이라는 논리는 시민사회의 논리를 완전히 압도하였고, 파시즘의 국민생활 지배가 관철되는 데에 이른"[48] 것이다.

1941년 단계에는 치안유지법이 준비결사죄를 신설하고 전면적으로 개정되어, 종교인, 무당파(無黨派) 문화인, 민족주의자, 자유주의

---

47) 위 같은 논문, 47-48.
48) 위 같은 논문, 49-51.

자에 대한 적용이 추인되고, "예방 구속제도도 창설되어", 같은 해 "국가 기밀을 방위하기 위한 특별법으로서 국방보안법이 제정되는 것과 함께 기초법인 형법 자체가 국방국가체제의 옹호를 법익(法益)으로서 일부 개정되었다. 그 밖에 신문지 등 게재 제한령에 의해 총리대신의 기사차지명령권(記事差止命令權)이 인정되고, 언론 출판 집회 결사 등 임시 취체법에 따라 그것들에 대한 제한이 강화되는 등", "전시 파시즘 사상, 표현의 억압체제는 전면적으로 정비되어 보강되기에 이른"[49]것이다.

이상이 와타나베의 지적이며, 분석이다.

이와 같이 그물망과 같은 눈만으로 모든 것을 막아 내기가 불가능한 일이듯이, 법으로 제도는 완성했는지 모르지만, 그러나 실태를 보면, 법이 법으로서의 자율적 기능을 상실하는 상황이 아닐 수 없었다. 즉 제도로서 법의 정비는 그 자체로서의 정합성을 지니고 완성되었으나, 법 집행의 유효한 상황을 파괴하고, 법으로서의 기능을 무너트리며, 자가당착의 상태가 되고, 스스로 자멸, 자괴되는 시대였다는 것을 의미한다.

1936년의 시점에서는 내무성 경보국(警保局)이 종교단체 규제의 영역을 그렇게 중시하지 않았다. 와타나베 나오루(渡辺治)는 다음과 같이 해설, 지적하였다.

> "'내무성 경보국이 종교단체 규제를 그렇게 중심하지 않은 이유로서-인용자' 치안이라고 하는 관점으로부터 종교단체의 활동은 그렇게 명백하게 부상되는 문제는 아닌 것으로 보았다고 할 수 있다. 더불어 종래 내무성의 전권적 영역이었던 종교단체에 대한 규제는 1914년에 내무성 내의 부서인 종교국, 그리고 문부성으로 일부 이관되면서 크게 두 부서의 관할 하에 놓이게 되었다. 즉 신도 13개 파,

---

49) 위 같은 논문, 53-54.

불교 11개 종 56개 파와 기독교의 제 교파는 이른바 공인종교 단체로서 그 규제는 문부성으로 이관되고, 종교행정상, **종교**로서 인정되지 못한 비공인 교단, 이른바 유사 종교단체의 규제는 경찰 규제 영역의 일부로서 내무성 경보국의 관리 하에 남겨 둔 것이다. 중앙에서 취체 관청의 분립에 따라, 부(府)나 현(縣)의 수준에서도 공인종교 단체의 보호, 감독은 학무부 사사과(社寺課)가, 또한 종교단체의 경찰 규제 부분은 경찰부가 분담하는 형태로 정리되고, 더욱이 그 경찰 규제 부분에 있어서는 부나 현의 고등과가 일괄 관할하는 것으로 하되, 공인교단의 경찰 취체는 고등과가, 유사종교의 취체는 보안과가 담당하는 경우도 있어 일정한 형태를 갖춘 상황은 아니었다. 이렇듯 취체 기관의 분립 상황 자체, 내무성 경보국이 종교 경찰 영역을 경시한 일 등은 다음과 같은 이유로 설명할 수 있다. 사실 그리하여 '종교경찰은 경찰의 제 영역 중에서 가장 한가한 분야였다'."[50]

이와 같은 종교경찰의 활동에 대하여 와타나베 나오루는 나아가 다음과 같이 서술하였다.

"내무성이나 사법당국은 중일전쟁의 전면적인 전개 이전에는, 불교계, 기독교계 여러 단체의 경우에는 종교단체 취체 대상에 반드시 포함시키지 않았다. 중일전쟁이 그와 같은 취체 대상의 변경을 재촉하는 계기가 되기는 했지만, 그러한 경우에도 당처 그들은 불교, 기독교 단체의 위험성은 신도계 교단의 위험성과 구별을 지어 보았다." "후자, 즉 신도계의 '사교'는 '교의, 교설 중에', 근본적으로 '불경, 불령(不逞)의 의도'[51]를 내장하고 있는 것에 비하여 전자, 곧 불교나 기독교의 경우는 전시의 특수한 상황에서 그 교의가 문제시 될 수 있

---

50) 渡辺治, 앞의 논문, 118, 또한 水野若松, 「宗教警察に就て」, 《戰時日本の法体制》, 東京大學出版會, 1979, 17-18.
51) 역주: 천황과 국가에 삼가 경건치 못하고, 무뢰한 무리로서의 의도라는 의미이다.

다는 것으로 구별한 것이다. 그렇지만 특별히 기독교계 교단의 일부 지도자들에 의해 진행되는 반전반군적(反戰反軍的) 언론이 지속되는 상황, 이와 함께 이미 앞서 살핀 바대로 군부의 움직임에 압박을 받은 내무성, 사법성도 기독교의 교의에 대해 주목하기 시작했다. 사법성 서기관 오다(太田耐造)의 1939년 3월 사상 실무자 회동에 관한 발언은 그때까지의 태도와는 확실히 다른 입장을 공식적으로 표현한 것이라고 할 수 있다. 즉 그에 의하면, '기독교, 혹은 기타 자유주의적 사상은 민주주의적 사상과 대단히 밀접하게 결부되어 있는 종교인데, 이러한 종교사상이 이번의 사변 하에서는 여러 면에서 여러 가지 문제를 나타내 보이고 있다.…그것이 단순히 반전적, 반군적인 것에 머물지 않고, …… 불경이라든가, 혹은 국체와 관련된 여러 가지 논의를 진행하는 과정에서 점점 확대되는 형태로 문제를 발전시키고(원문에서 강조), 그 밖에도 여러 문제가 생기지 않을까 염려하고 있습니다' 라고."[52]

이렇게 하여 성립된 종교단체법은 불경죄, 치안유지법과 함께 모든 종교단체를 통제하였다. 덧붙여 종교단체법의 성립 의미에 대해 와타나베 나오루는 다음과 같이 분석하였다.

"천황제 국가의 정치적, 이데올로기적 지배의 성격을 그 전체적 재편성의 일환으로 파악하지 않으면 안 된다고 한다면, 이 분석은 파시즘시기에 있어 지배의 특징을 명확히 밝히는 데 있어 어떤 의미를 지닐 수 있다고 본다. 이 시대에는, 그것이 계급적 이해를 바탕으로 성립된 것이든, 그렇지 않든 사회 각 영역에 존재하던 자주적 조직은 국가에 의해 해체되거나, 혹은 재편되어야 하는 전향을 강요받았다. 동시에 국가에 의해 새롭게 설정되고 재편된 조직의 회로(回路)를 통해, 국민은 국가목적에 동원되기에 이르렀다. 이와 관련 구조적 재

---

52) 渡辺治, 앞의 논문, 155부터 인용.

편과정에서 종교부문에 대한 진행으로서 종교단체에 대한 '섬멸'(殲滅) 정책의 전개를 촉구한 것으로 생각할 수 있다."[53]

1933년 기독교의 이른바 방계 소종파인 '도다이샤 [燈台社][54] 간부가 불경죄 용의자로 체포된 사건이 일어난 것은 이와 같은 맥락으로 볼 때, 기독교 단체 전체의 궤도 수정을 촉구하기 위한 일종의 시발적인 의미를 지닌 사건이었다고도 할 수 있다.

즉 메이지 시대 이후 변화를 거듭해 온 국가에 의한 종교행정은, '신도의 국교화'를 추진하여, 완성시키는 한편, 본래 문부성이 관할해 온 종교단체의 관리통제에 대해서도 내무성, 군부가 개입하여 통제하는 시대로 접어든 것이다.

VI. 치안유지법과 종교단체법

치안유지법은 국체의 변혁이나 사유재산제도를 부정하기 위한 목적의 결사, 운동을 금지할 목적으로 1925년 4월 22일 공포되고, 그 후 "1934년에 전면 개정법이 의회에 제출되었을 때, 사상범 보호관찰제도와 함께 예방구금제도의 창설이 시험적으로 추진되었다."[55] 그리고 이미 살핀 바대로 이 법률은 1935년에 '대본교'에도 적용되어 이후 종교계로도 그 대상이 확대되었다. 그리고 치안유지법은 1941년에 전면적으로 개정되어 예방구금도 제도로서 도입되었다.

이 개정은 이미 그 활약이 약화된 무당과 문화인, 민족주의자, 자

---

53) 渡辺治, 앞의 논문, 114.
54) 역주: 여호와의 증인을 의미한다.
55) 奧平康弘, "治安維持法における予防拘禁-その成立についての準備的考察",《戰時日本の法体史》, 東京大學出版會, 1979, 165.

유주의자 이외에 남아 있던 종교인들에게도 종교단체법의 적용과 함께 일층 강화된 법으로 사용되는 변화를 보였다.

와타나베 나오루는 이 부분에 대한 상황을 다음과 같이 기술하였다.

"사법당국은 치안유지법의 개정에 의해 '사람의 길'[56]과 같은 형태의 종교에 대한 섬멸도 사법으로 가능하고, '국체변혁'에 해당하는 요건을 확장하고자 했다. 동법 개정이 처음 의제로 상정된 1940년 5월 20일부터 23일 제17회 사상 실무자 회동에서 검찰당국은 여러 관련된 요구에 기초한 법 개정을 이미 제안하고 있다. 그에 의하면, '유사종교운동의 처벌을 강화하기 위해, 국체변혁의 목적이 아닌 경우라고 해도 일정한 새로운 처벌 규정을 설치할 필요가 있습니다.…그 이유로는,…국체변혁이 명백한 것은 물론 처벌을 하지 않을 수 없지만, 그 정도에 미치지는 않는 결사활동을 처벌하지 않으면 안 될 필요가 감지되는 경우가 있습니다. 예를 들면, 천진교, 사람의 길, 신정동신회 등은 앞서의 위험한 결사로서 활동이 예상되지만, 그들을 처벌할 조문이 마땅치가 않습니다. 그래서 가능성은 있으나, 불경죄 등의 죄명으로 기소하기가 어려웠습니다'라고. 이러한 제안을 낸 것은 도쿄지역 검사국의 사상검사 히라노(平野利)였는데, 그의 제안은 사법성 수뇌부와 이미 교감한 것이었다. 왜냐하면, 그가 구체안으로 제시한 법의 조문은 '황실의 존엄을 모독하고, 기타 타인의 마음을 미혹하거나 혼란케 하는 사항(원문에서 강조)을 선전 유포하는 목적으로 대중을 결사하는 자' 등의 처벌을 주창한 것으로, 이 문안은 대심원 검사국 안과 같은 내용이었다. 이 안에 의하면, 거의 모든 종교단체의 활동이 치안유지법의 발동 대상에 포함된다고 해도 좋은 정도 이다. 이 방향은 개정 치안유지법 7조, 8조에 의해 실현되었다. 이 법 7조는 '국체를 부정하거나 또는 신궁과 황실의 존엄을 모독할 수 있

---

56) 역주: 일본의 신종교 '人の道', 1925년에 창설되었고, 현재의 이른바 'PL교단'의 전신이다.

는 사항을 유포하는 것을 목적으로 하는' 결사를 조직하거나 또는 그런 조직에 가담하고, 같은 목적을 수행하기 위한 행동을 한 자를 처벌하고, 8조는 같은 목적을 위한 '집단'을 조직한 자 등을 처벌하는 것이었다. 과연 '사람의 마음을 미혹하는 사항을 선전 유포하는' 등을 운운함은 삭제하였으나, 그렇다고 해도 '사람의 길'과 같은 형태의 교단에 치안유지법을 발동하는 것은 충분하다고 판단한 것일 것이다."[57]

더 나아가 계속하여 이렇게 기록했다.

"동 법안의 심의과정에서 동법과 종교단체법이 상호 임무 분담을 함에 있어 다음과 같이 제시한 바 있다. 이르기를, '국체에 집적 관계되는 일, 혹은 국체의 기초에 직접 관계를 미치는 일, 대단히 불령한 것들은 본안(치안유지법 – 인용자)에 의해 취체하고, 그 이외의 것들은 대체로 종교단체법을 운용하여 행정적으로 처리하는 것으로 나눈다. 예를 들어 한 종교단체의 교사가 대단히 불경한 태도를 보였을 때, 즉 그 내용이 그 단체의 교의 자체가 직접적으로 불경한 바탕을 지니고 있을 때, 그것은 근본적인 문제로, 치안유지법 제7조와 8조에 따라 처리할 수밖에 없을 것이다. 그러나 그 단체 자체의 교의나 근본이 국체에 위반되지는 않으나, 그에 소속된 교사나 종교인이 교의를 왜곡, 그 빌미로 국체에 어긋나는 내용을 선전한 경우 등에서는 종교단체법 제16조를 적용, 앞서의 해당 교사의 행동에 의한 영향을 파악하여, 결국은 그 종교단체를 해산하는 행정처분을 명할 수 있다. …대체로 종교단체법의 운용에 의해, 상당부분 처리할 수 있다'."[58]

이렇게 하여 파시즘기의 고유한 종교단체 규제 정책은 치안유지법

---

57) 渡辺治, 앞의 논문, 161부터 인용.《思想硏究資料特輯七九號》, 104-105.
58) 渡辺治, 앞의 논문, 162부터 인용.《思想硏究資料特輯七九號》, 134.

과 종교단체법 등 양법에 의해 '법'적으로 정착되기에 이르렀다.

이 제1차 종교단체법안과 1939년에 성립된 종교단체법의 다른 점에 대해서, 아카사와(赤澤史朗)는 《근대 일본의 사상 동원과 종교통제》(近代日本の思想動員と宗教統制, 校倉書房)에서 다음 세 가지로 정리했다. 즉,

1) '시세'에 뒤떨어진 '낡은' 의식에 기반을 둔 기성종교단체의 교화 활동을 더욱 강화한다.
2) 종래, 국가가 반복해서 촉구하였으나, 각 종교단체가 반대운동을 전개해 온 중요한 사항의 하나인 종교교사의 자격을 국가가 정하여 채용하는 것을 통해, 더욱 '자유주의적'인 법안으로 한 점. 또한 지난 법안이 99조였던 것에 반해 이번 법안은 37조라고 하는, 간명화를 강조하였다. 그러나 이 법안의 본질은 단지 신사참배의 거부만을 이유로 종교단체를 탄압할 수 있는 법률이 없었다는 것을 보충, 보강하는 것이기도 했다.
3) 종교단체의 통합을 촉진시켰다는 점. 입법할 당시 정부 당국자는 종교단체의 통합을 요망하고 합병을 가능하도록 규정을 두었는데, 분파는 영원한 진리에 기초한 것이 아니라 역사상의 여러 사정과 명분 없는 갈등으로 인한 것이라는 것을 강조하고, 강하게 합병할 의도를 답변토록 하고, 각각의 교규나 종교의 제도에 있어서도 그 '근본정신'은 현재의 상태로 유지하되, 형식적 요건을 잘 갖추면, 자동적으로 인가하는 것을 강조했다. 이는 기독교에 대해서도 다름이 없었다.[59] 그러나 실제는 '일본 기독교단'의 경우에서도 분명히 드러나듯이 이러한 설명은 행정지도라고 하는 형태로 변하여 전개되었다.

와타나베 나오루는 이러한 전개에 대해 다음과 같이 서술했다.

---

59) 赤澤史朗, 앞의 책, 239-240.

"이 법은 모든 종교단체를 그 대상으로 놓고, 그것을 '종교단체' 와 '종교결사' 로 양분하였다. 전자는 그 설립에 대해 주무 대신의 인가를 요하는 것이며, 종래의 공인단체에 해당하는 것이었다. 후자는 종래 형식적 의미에서 유사종교단체(=비공인 교단)에 해당하는 것인데, 이 법은 그 설립에 있어 지방장관의 허가를 요했다. 게다가 '종교단체' 이든, '종교결사' 이든 동일한 규제 하의 것이다. 즉 그것이 단체이든, 결사 자체이든 관계없이 그 종사자가 교의선포 등에서 '안녕질서와 신민으로서의 의무에 반하는 것' 에 대해서는 주무대신이 제한 금지하여야 하고, 종교인의 업무를 정지시킬 수 있으며, 설립인가를 취소할 수 있는 권한을 지닌다(동법 16조, 25조). 같은 형태로 주무대신은 단체 등의 직원에 관한 교규, 종제 등의 위반행위에 대해서도 삭제, 정지, 금지 또는 재임면권을 지닌다(18조, 25조). 이러한 법은 그때까지 종교행정 밖에 위치하고 있던 유사종교단체(=비공인 교단)도 포함하는 법적 규제 하에 두고, 마침내 모든 단체에 대하여 그 '사형' 에 해당하는 설립인가 취소처분까지 문부성의 행정처분권으로 규정하는 것을 통해 모든 종교단체의 활동을 엄격히 행정규제의 범주 안에 두게 된 것이다. 물론 행정처분의 기준이 되는 '안녕질서' 나 '신민으로서의 의무' , 그리고 '공익' 의 내용은 1939년 이후 종교단체에 대한 통제에서 작성한 것으로 충분하였다. 즉 '국체관념에 융합되지 않는 것' 이라든가, '황도정신에 반하는 것' 과 같은, 특수한 파시즘기에 나타나는 '안녕질서' 관념은 종교단체의 교의, 활동규제의 기준이 되는 것이다. 이 법은 문부성이 비공인교단을 포함한 전 종교단체에 대한 통일적 종교행정을 관할하기 위한 무기가 되었다. 그 의미는 1935년 이후 치안유지법을 수단으로 종교단체 규제 부분에 개입해 온 내무성이나 사법성에 대항하는 수단으로서, 요컨대 문부성이 앞서 손을 쓸 수 있게 되었다고도 할 수 있다. 오랜 기간을 통해 끌어 오던 이 법이 바로 이 시기에 제정된 배경은 문부성의 넘치는 의욕이 작용하였다고도 할 수 있다. 그렇지만 이 법으로 운용할 수 있는 종교행정의 내용은 내무성을 중심으로 적용해 온 종교단체 통제 구상을 사실상 대신하는 것에 지나지 않다고 할 수 있다."[60]

긴 인용이 되었으나, 파시즘 시기에 있어 종교단체법이 어떤 의미를 지니고, 치안유지법과의 관계는 어떤 것이었는가에 대해서는 명확해졌으리라고 여긴다.

VII. 종교단체법이 기초가 된 일본 기독교단

이상의 의미를 기초로 만들어진 종교단체법에 의해 일본 기독교단은 1941년 6월 24일에 걸쳐 창립 총회를 개최하고 성립되었다. 그리고 '교단'은 같은 해 11월 24일 문부성으로부터 설립인가를 받았다.

전시 하 '교단'의 발자취를 알 수 있는 몇 가지 특징적 항목을 정리하면 다음과 같다.

전시 하 '교단'은 설립인가를 받은 후, 1942년 1월 11일 '교단' 발족 보고를 위해 도미다(富田) 총리가 스즈키(鈴木) 총무국장을 대동하고 이세신궁(伊勢神宮)[61]을 참배하였다. 또한 '교단'은 '황국신민'에 걸 맞는 훈련을 수행하기 위해 1942년 6월 이후 '교사'[62] 연성회,

---

60) 渡辺治, 앞의 논문, 159-160.
61) 역주: 미에현(三重縣) 동부 이세(伊勢)에 있는 신궁이다. 도쿄의 메이지신궁(明治神宮), 오이타(大分)의 우사신궁(宇佐神宮)과 함께 일본의 3대 신궁으로 불린다. 신궁의 총면적은 5,500ha로, 이세시의 3분의 1을 차지할 정도로 넓으며, 이세시 전역에 걸쳐 있다. 일본 각지에 걸쳐 있는 씨족신을 대표하는 총본산이다. 신궁으로 줄여 부르기도 한다. 《일본서기》(日本書紀)에 따르면 기원전 2년에 일본 천황 가문의 선조인 여신 아마테라스 오미카미(天照大御神)의 명을 받아 내궁이 세워졌다고 한다.
62) 역주: 教師는 당시 목사를 이르는 호칭이다.

간부 연성회, 여성 성직자와 교계 여성지도자가 함께 하는 부인 지도자 연성회, 교구 혹은 지교구 연성회 등을 각지에서 개최하였다. 그리고 1942년 10월 10일부로 '대동아 전쟁 목적 완수', '종교보국', '일본 기독교의 확립'을 목표로 하는 '전시포교지침'을 하달하고, 이어 같은 해 11월 26일에 다른 종교단체의 대표들과 함께 천황을 '배알할 수 있었다는 것'을 기념하여 1943년 4월부터 7월에 걸쳐 '성지봉대 기독교대회'(聖旨奉戴基督教大會)를 개최했다. 1944년 8월에는 전 '교단'을 전쟁에 하나로 총 매진하는 결전 태세 하에 두는 전시교단으로서의 기능을 발휘한다는 취지의 '일본 기독교단 결전 태세 선언'을 발표하는 등,[63] 문자 그대로, 전시 하 국가의 전쟁 방침에 추종하여 충실히 그것을 수행한 것으로, 여기에 대한 이의를 말하거나, 항의, 저항하는 일은 절대로 허용되지 않았다.

이 '교단'의 합동이 자율적인 것이 아니라, 신앙직제에 따른 일치를 구현한 것이 아니며, 국가총동원법, 치안유지법에 의한 파시즘 체제에 공헌하고, 오직 그것만을 위해 존재한 것, 그것을 목적으로 종교단체법에 따라 창립된 것, 그 종교단체법에 의해 규정된 것이라는 것은 이미 지적한 바 있다. 다음에서는 종교단체법에 따라 설립된 교회라고 할지라도 어쨌든 교회로서 중요한 요소인 신앙과 직제, 즉 '교단'의 기구와 '부제'(部制)[64]의 해소, 그리고 '교의의 대강'에 관한 점을 살펴보고자 한다.

'교단'의 기구는 "종교단체법에 준거하여, 통리자제를 근간으로

---

63) 예를 들어,「教団の記録」,《日本基督教団年鑑》. 또한 상세한 내용은《資料集》제2권을 참조할 것.
64) 역주: '교단' 성립 초기, 종래의 각 교파가 지닌 서로 다른 교의, 신학, 직제, 그리고 그 전통과 역사를 일시에 화학적으로 융합하기 어려운 점을 감안, 같은 '교단' 내에 일원적인 조직으로 합동되기는 하여도, 이른바 내부적으로 부(部)를 나누어, 종전 각 교파가 지닌 특성과 정체성을 일부 존중해 준 제도이다. 그러나 이는 교단성립 초기부터 문부성의 강력한 해체 요구에 직면, 곧 사라졌다.

했다. 통리자는 교단을 대표하고 이를 관리, 통제한다. 통리자는 교의의 제정, 교단규칙의 변경, 교회의 존부, 교사의 임면, 교회 인사의 결정적 권리를 보유한다. 교단은 집행기관으로서, 국, 상설위원회, 회의기관으로서 교단 총회, 상위원회, 교구와 역원, 교구회, 상치위원회가 설치되었지만, 이들은 모두 통리자의 관리통제 하에 놓인 것이다. 교단 규칙 제3장의 구성 편은 이것을 명확히 하고 있다." 물론 이 통리자는 교단 총회에서 선출되지만, 문부대신의 인가를 얻지 않으면 취임할 수 없었다. "교단은 법적으로도 정치적으로도 국가 권력 하에 놓인 통제기구였던 것이다."[65]

종교단체법의 법안 취지 설명에서는, 정부 당국자가, 분파는 "오랜 기간의 서로 다른 역사 연혁"에 기초한 것이라는 인식을 표하고, 따라서 강제로 그것을 합병시킬 의도가 없음을 밝히는 취지의 답변을 한 바 있으나, 실제로는 '교단' 성립에 이르는 교섭과정에서, 종교단체법 성립 이후 1940년 6월 12일 일본 그리스도교 연맹 대표와 문부성 측으로부터 교회 수 50 이상, 신도 수 5천명 이상에 이르지 않는 소종파의 인가는 곤란하다는 뜻이 전달되었다. 더욱이 조건을 충족하는 대교파의 독립마저 인정하지 않는 방침으로 전환되고, 그리고 그 결과로서 '부제'를 기초로 하는 형식으로 '교단'은 성립되었다. 그러나 문부성은 '교단'에 대해 성립 당초부터 부제의 해소를 요구하고, 이어 1942년 11월 24일부터 25일에 걸쳐 개최된 제1회 교단 총회에서 '교단'은 '부제'를 해체하였다. 이 '부제' 해소에 관해 남아 있는 자료 중 흥미를 끄는 내용으로, 당시 문부성 교학관보 모리(森東吾)의 증언에 의하면, 도미다 통리로부터의 '상신서'가 제출되었다는 것이다. "금번 설립인가 신청을 한 본 교단의 규칙 중 부에 관한 규정은 단지 참가하는 여러 교파들에 대한 잔무 처리를 위해 필요한 일시적인

---

65) 土肥昭夫, "第二篇 槪觀", 《資料集》 제2권, 1998, 3-4.

조치로서 교단 설립과 인가가 확정되면 최선의 노력을 다해 최대한 빠른 시기에 부제를 폐지하여 본 교단의 활발한 활동에 방해가 되지 않도록 할 것을 약속하는 바입니다"라는 내용이다. 창립 당초부터 부제 해체는 당국의 요구였으나, 실제로는 이 '상신서'에 의해 이른바 '밀약' 되어 있었던 것이다.[66]

신조를 둘러싼 문제로는, 합동교회로서 자율적인 과제로서가 아니라, 종교단체법을 기초로, 곧 교회가 존재하는 방식으로서 논의되었다. 교단에서는 제1회 총회에서 신조특별위원회를 설치하고, 이듬해 1943년 3월 제1회 신조위원회에서 "식문적(式文的), 선언적, 교육적, 신앙준칙적 등의 구별"이 있으나, "우선 교육적인 부분인 교리문답부터"[67] 손을 대는 작업을 진행하기로 하였다. 이것이 의미하는 것은 교회의 본질적 논의를 보류하고, 비교적 용이한 부분을 먼저 취급하자는 것이다.[68] 이렇게 하여 신조특별위원회에서 작업이 진행되어, 1944년 12월 12일 제1회 특별상의원회에 전체 43개의 질문과 대답으로 구성된 '일본 기독교단신앙문답'이 보고되었다. 그 구성은, (1) 총설, (2) 성서, (3) 하나님, (4) 예수 그리스도, (5) 성령, (6) 죄와 사함, (7) 거듭남과 소망, (8) 교회와 성례전, (9) 성직과 신도, (10) 신도의 의무, (11) 일본 기독교단 등으로 이루어졌다.[69]

이 '일본 기독교단신앙문답고'를 확정하고, 발표할 때, "신중하고, 경건한 자세로 하되, 발표는 신속히"[70]라는 입장에 서서 문부성과 교

---

66) 森岡嚴, 笠原芳光, 《キリスト敎の戰爭責任―日本の戰前 戰中 戰後》, 教文館, 1974, 83-84.《資料集》제2권, 1998, 19.
67) 《資料集》제2권, 1998, 73.
68) 「信條委員會報告(二)」에는 "교리문답과 이와 함께 신조의 작성을 필요로 하는 바 이를 위해서는 더욱 깊이 연구할 수 있는 시일이 요구된다. 이에 새로운 위원을 더 선발하여 그 기준 마련을 위한 작업에 착수할 때"라고 되어 있다. 《資料集》제2권, 1998, 73.
69) 《資料集》제2권, 1998, 74-81.
70) 《資料集》제2권, 1998, 81.

섭하기로 하고, 도미다 통리와 무라다(村田四郞) 교학국장과 함께 문부성과의 교섭을 계속해 나갔다.

> "교단의 '교의의 대요'는 예수 그리스도의 계시, 성서의 증언, 삼위일체 하나님, 그리스도의 속죄, 의인(義認), 성결, 영원한 생명, 그리고 교회에 관해서는 프로테스탄트의 교리를 표방하였다. 또한 교단은 성서를 '교전'(敎典)[71]으로 하고, 사도신경 등을 신앙고백의 준거로 함을 명확히 하였다. 나아가 교단은 기독교 복음을 전하고, 두 가지의 성례전을 집행한다고 밝혔다. 그와 함께 문부성 관료와의 절충으로 생겨난 '생활강령'에는 '황국의 도에 따르고', '황운의 부익에 봉사하는' 일, 그것을 기반으로 하는 교회생활, 사회생활에 충실하지 않으면 안 된다는 것을 명시했다. 또한 국가의 축제일이나 '황실 국가의 경조'에는 존봉(尊奉) 또한 제창해야 한다. 교단은 이 '교의의 대요'와 '생활강령'[72]을 편의에 따라 분리하여 적용시켰고, 양자를 교묘히 연결시켜 사용하기도 했으며, 교직, 신도의 훈련, 사회에 대한 자기 입장의 변명에 사용하였다."[73]

이 시대는 제6부, 제9부의 홀리네스계 교회에 대한 탄압과 해산명령, 또한 기독교인, 목사 개인 등에 대한 탄압이 계속되었으며, 국가

---

71) 역주: 한글로는 '경전'(經典)으로 번역하는 것이 더욱 합당하다.
72) 문부성이 허가한 '일본기독교단규칙' 제7조가 '생활강령'으로 내용은 다음과 같다.
　1. 황국의 도에 따라 신앙을 철저히 하고 각자 맡은 분야에서 황운의 부익에 봉사한다.
　2. 성실이 교의를 받들고, 주일을 준수하며, 공(公)예배에 참예하고, 성찬에 참여하며, 교회에 대한 의무에 복종한다.
　3. 경건의 수행에 적극적으로 참여하며, 가정을 성결히 하여 사회풍조를 개선하는 일에 진력한다.
73) 土肥昭夫, "第二篇 槪觀", 《資料集》제2권, 1998, 3.

로부터의 통제는 일방적으로 지속되고 있었는데, 아무튼 '교단'으로서의 이른바 최후의 저항선으로 평가할 수 있을지도 모르는 사건이 일어났다. 그것은 당사자인 무라타의 회고담으로서 《도쿄교구사》(東京敎區史, 1961)에 수록되어 있다.

'신앙문답'에 관한 것으로 1945년 5월 도미다 통리와 다무라 교학국장이 그 내용을 내시(內示)하고 해량을 구하기 위하여 문부성을 방문했을 때의 일이었다.

> "그 초안의 제2조의 내용 중, 일본 기독교단의 본령은 어디에 있는가 하는 질문에 대해 본 교단의 본령은, 황국의 도에 의거하여 기독교 입교의 본의에 따라 국민을 교화하는 것을 통해 황운의 부익에 봉사하는 것이라는 내용, 나아가 제4조의 내용 중, 황국의 도에 의거한다 함은 무슨 의미인가 하는 질문에 대해, 그 답으로 예수 그리스도에 의해 계시되고, 성서를 통해 증거 되며, 교회를 통해 고백된 하나님을 믿고, 그 독생자 예수 그리스도를 구세주로 받들며, 성령의 지도에 따라 마음을 다하여 하나님과 인간에 봉사하는 것을 통해, 신민으로서의 도리를 실천하여, 황국에 보국하는 것이다. 교단은 여기까지 양보하였으나, 문부성 교학국장은 다음의 두 가지 점을 지적하고, 정정을 요구했다. 즉 첫째, 창조신과 천황과의 관계, 현인신인 천황을 그리스도교의 하나님에 의한 피창조자로서 하나님과 그리스도의 밑에 위치시키는 것은 천황의 신성성을 모독하는 천황에 대한 불경이다. 천황의 신성을 인정하지 않는다고 한다면, 그리스도교의 일본화라는 것은 말도 안 되는 것이다. 일본화하지 않는 종교는 일본에서 인정될 수 없다. 둘째, 그리스도 부활의 신앙, 부활신앙은 유치하고, 기묘한 것으로 미신이기 때문에, 이것을 신앙문답으로부터 삭제하라. 도미다와 다무라는 근본적으로 그러한 요구에 응할 수는 없었다. 두 사람은 진실을 토로하며, 신앙의 본질로부터 그 의의를 설명해 나갔다. 그리고 '저희는 오늘날까지 일본의 국민으로서 마음으로부터

일본을 사랑하고, 일본의 비상체제에 부응 협력해 왔으나, 신앙 최후의 선으로까지 물러날 수는 없습니다. 그러니 거기까지 요구한다면, 저희들은 최후의 각오가 되어 있습니다' 라고 의미 있는 말을 하였다. 그때 두 사람은 마음속에서 순교의 각오를 하였다. 교학국장은 그러한 결사적 태도에 압도되었던 것일까, 일부 타협적인 태도로, '그러면, 이쪽에서도 생각해 볼 터이니, 그쪽에서도 잘 연구해 주시오' 라고 했다. 돌아오는 길에 두 사람은 '드디어 순교일지도 모르겠네' 라고 이야기를 나누었다."[74]

그리고 이 문제에 대해서는 문부성으로부터 어떤 연락도 없는 채 패전을 맞았다.

일방적으로 추궁을 받고, 공격을 받아, 최후의 저항선까지 밀렸을 때, '교단' 집행부는 처음으로 '순교' 라고 하는 말을 입에 올렸던 것이다.

VIII. 본 장을 정리하며

몇 차례나 인용했듯이, 그리고 와타나베(渡辺洋三)가 지적했듯이, "우리나라의 경우, 원래부터 시민사회의 다원성을 인정하지 않고, 천황 아래 통합(국체)을 이념으로 하는, 메이지 헌법체제가 전제되어 있

---

74) 東京敎區史編纂委員會,《東京敎區史》, 日本基督敎団東京敎區, 1961, 90-91. 또한 土肥昭夫, "解題",《資料集》제2권도 참조할 것. 당시 교학국 주사였던 기마타(木俣敏)에 의하면, 신앙문답개정위원회 초안이 작성되고, 1945년 8월 2일에 문부성으로부터 거부되었기 때문에, 도미다는 이미 타협을 할 수 있는 상황이 아니라는 것을 알고, 위원회의 해산을 요구했다고 한다. 그렇다고 한다면, 신앙문답개정위원회가 설치되고, 작업이 진행되었다고 하는 것은 자료적 뒷받침이 없다.

었기 때문에 파시즘 권력은 그 이념을 채용하여 파시즘적 통합을 추진하는 것이 가능하였다. 즉 일본 파시즘은 메이지 헌법체제를 바깥에서 부술 필요 없이 오히려 메이지 헌법체제 그것에 의거하여 도출된 것이며, 게다가 나치즘과 같은 사회 내부의 운동도 역시 필요 없었다. (중략) 파시즘은 권력 장악 후에도 메이지 헌법 체제(원문은 방점)를 파괴하지 않고, 그것을 전제로 한 다음, 내부적으로는 이것을 파시즘 지배에 적합한 것으로 변형시키는(혁신) 것을 통해 공권력에 의한 동원과 통합을 진행시켜 나갔다."[75] 쇼와 파시즘 체제의 강화가 예를 들어, '쇼와 유신'이라고 불릴 정도로 혁신운동으로서 다루어진 것의 역사적 의미를 깊이 인식할 필요가 있을 것이다.

다른 한편 일본 기독교회도 또한 메이지 시대 이후 천황 하에서의 통합(국체)을 이념으로 하는 메이지 헌법 체제, 그것을 본질적으로 비판하지 않고 국가사회 속에서 어느 정도 유용한 존재로 인정을 받을까, 바꾸어 말하면, 기독교의 '일본화'의 방향을 모색하고, 거기에 협력해 왔다.

거기에 따른 기독교 신앙과 그 이해, 실천은 하나님 앞에서 '자기부정'이라고 하는 신앙고백으로부터 성립하는 '개인'의 바로 섬과, 그것을 근거로 하는 자유, 평등이라는 기독교 윤리로의 직결을 통한 전개가 아니었다. 그보다는 오히려 앞서와 같은 국민의식, 사회의식을 기반으로 하여, 일본사회에서 소수파(이단자)인 기독교회가 어떻게 하여 일본사회 내의 시민권을 얻을까 하는 주요과제에 몰두한 것이다. 이러한 과제에 급급한 것은 당시 교회 지도자나 일반 신도들의 기독교와 국가에 대한 이해의 결과이며, 이것이 '국민적 교회'를 형성한다고 하는 전망이었다. 신흥종교나 '도다이샤'[76], 홀리네스계 여

---

75) 渡辺洋三, 앞의 논문, 58-59.
76) 역주: '여호와의 증인'을 의미한다.

러 교회가 천황제에 대항하는 것으로 이해되어 배제되는 것과 같은 파시즘 강화의 과정에서도 자신들의 신앙이해, 기독교 이해가 과연 어떤 것인가에 대한 성찰이나 자각 없이, 국가가 강제한 통합에 매진하며, 이러한 자기 성찰 부족 상황을 경과해 나간 것이다. 따라서 이 '교단'의 성립과 전쟁 중의 여러 활동에 대해, 전후 일본 헌법에 명기된 신앙의 자유, 정교분리, 평화주의의 관점에서 비판하는 것은 당연한 일이 되는 것이다.

일본이 적으로 삼았던 구미로부터 외래종교로서 들어온 기독교는 일본에게 있어서는 일관되게 이단자이며, 소수파였던 바, 일본의 기독교가 희구해 온 '일본화'와 천황제 파시즘이 요구한 '일본화'가 여기에서 충돌하고, 천황제 파시즘 구조 속에서 갈등했던 것이다.

그 의미는, 도미다와 무라다가 문부성과의 '신앙문답' 교섭과정에서, 이어 입에 올렸던 '순교'라고 하는 말의 의미를, 그 역사적, 시대적 '컨텍스트' 속에서 해석하는 것을 통해 이해가 가능하다. 즉 국가가 요구한 천황을 신으로 하는 것을 통한 기독교의 '일본화'와 기독교의 본질적, 근본적 신앙 근거인 부활신앙을 부정하고, 거기에 개입하는 것에 대해, 그것이 최후의 저항선, 명확하게 하나의 마지노선을 긋는 생명선, 분수령이 될 수밖에 없었다는 입장 차였다. 그러나 그것이 패전에 의해 멈추어지고, 거기까지 나아가지는 않게 된 것이다.

제4장
전시 하 종교정책
— 전시보국회와 일본 기독교단

I. 머리말

이 장에서는 15년 전쟁 하에서 국가전체의 종교정책 추진에 주목해 가면서, 전시 하 프로테스탄트 교회로서는 유일하게 합법적 종교단체가 된 '일본 기독교단'의 발걸음, 종교정책과 종교전시보국회를 중심으로 고찰해 나가고자 한다.

뒤에서 논의하겠지만, 종교단체법에 의해 성립된 '교단'은 문자 그대로 문부성의 관리통제 하에 있었고, 일본 유일의 합법적 프로테스탄트교회가 되었다. 이것이 의미하는 점은 바로 국가의 요청에 부응하는 것 이외에는 '교단'의 존재이유가 없다는 별로 없다는 것이다. 이러한 상황은 곧, 기독교뿐만 아니라 그 밖의 여러 종교단체 모두가 지니고 있는 교리, 신학, 신앙, 전도 등 고유성이나 독자성을 기대하거나 요구할 수 있는 것이 아니라, 국가가 요구하는 정책, 구체적으로는 국가총동원 체제를 기반으로 하는, 어떻게 전쟁수행을 위해 국민을 동원할 것인가 하는 것이 지상 명제가 된 것이다. 그리고 거기에 순응하지 못하는 종교단체는 철제하게 배제되고 말살되었다.

1931년 9월 '만주사변'을 계기로 1933년 '국제연맹'으로부터 탈퇴, 1936년에는 '일독방공협정'(日獨防共協定) 체결을 거쳐, 1937년 6월 고노에(近衛) 내각의 성립과 그 다음달 '노구교사건'에서 일본과 중국 군대 사이의 충돌 이후, 일본은 전쟁체제를 강력히 확립해 나갔다. 1925년 가결되어 1928년에 개정된 치안유지법과 나란히 1938년 4월 1일에 공포된 '국가총동원법'은 그 하나의 정점이 되었다. 이는 "전시에 국가의 총력을 발휘하기 위한 위임 입법"으로 "인적 물적 자원을 통제 운용하는 것을 목적으로 평시에도 직업 능력의 신고, 기능자 양성, 물자보유, 시험연구, 사업조성의 통제 규정, 전시에 있어 노무, 물자, 자금, 시설, 사업, 물가, 출판에 대한 필요한 명령, 처치를 할 수 있다"[1]는 국민의 권리, 재산을 제한할 수 있는 포괄적 법률이었다. 그 이후 국민징용령, 가격등통제령, 전력조정령 등 국내 전체가 전시체제 일색으로 정리되어 갔다.

또한 이미 시행되고 있던 "'치안유지법'에 의한 '요주의 인물' = '이단자'의 강제적 배제가 진행되었다. 이미 중일전쟁 시기에 '치안유지법'에 따른 탄압 대상이 확대되어, 의식적인 공산주의자 및 사회주의자는 물론, 신흥종교, 기독교 관계자와 조선독립운동가까지 탄압의 희생자가 되었다. 1941년 3월 치안유지법의 전면개정에 의해 결사 정도에 미치지 않는 집단이나, '유사종교단체'에 관한 처벌규정이 채용되어 적용대상의 확대가 추인되고 '국체변혁'에 관한 벌칙이 강화된 것과 함께 새롭게 예방구금제[2]가 도입되었다."[3]

본 장에서는 각 종교 고유의 신앙적 실상을 파악함에 있어, 그 교단의 신앙이나 교의, 교리의 내용을 조명하는 것을 통해 보는 것보다 종교단체가 전시체제 속에서 어떻게 존재하고, 혹은 존재할 수 없었

---

1) 《日本近現代史辭典》, 東洋經濟新報社, 1978, 228.
2) 역주: '예비검속'이라고도 불리었다.
3) 栗屋憲太郎, 《十五年戰爭期の政治と社會》, 大月書店, 1995, 189.

는가 하는 관점을 통해, 다시 말하면, 종래에는 별로 논의되지 않았던 관점으로부터 이 시대의 교회 문제를 고찰하고자 한다. 구체적으로는 종래에는 사용되지 않았던 자료를 토대로 '전시보국회'라고 하는, 이 시대 고유의 체제에 가담했던 교단의 실태를 조명하고자 한다.

이 장에서는 주로 전시 하 종교행정과 교단중앙과의 관계에 대해 기술하겠지만, 각 교구, 각 지역의 각 개교회의 경우도, 종교단체법에 기초하여 상의하달(上意下達)의 조직구조상 일상생활에까지 그 영향이 미치고 있는 것을 발견할 수 있다. 이처럼 종교를 통제하는 전체적인 구조를 이해하지 않으면 전시 하 각 개교회의 현실과 실상을 논하는 것이 불가능하다. 그 같은 중에 나타나는 각 개교회와 교단의 신앙과 신학이야말로 다시 평가하고 검토해 보지 않으면 안 된다고 여기기 때문이다.

II. '국민정신총동원운동', '대정익찬회'(大政翼贊會)에 있어 종교정책

1937년 10월 12일 '국민정신총동원중앙연맹'이 창립되었다. 제1차 '고노에 내각'은 '거국일치(擧國一致), 진충보국(盡忠報國), 견인지구(堅忍持久)'를 삼대목표로 삼고, 전국신직회(全國神職會), 전국시장회(全國市長會), 제국재향군인회, 일본노동조합회의 등의 참가를 기초로 이 운동을 조직했다. 초기에는 '일본정신 발양, 경신(敬神) 사상 발양' 등 정신운동을 중심으로 전개 했으나, 후에는 '총후봉공(銃後奉公), 헌금품(獻金品), 국채응모, 저축장려, 물자애호' 등, 국민생활 전반에 깊이 규제를 가하는 전시체제가 구축되어 나갔다. 기구상으로는 총리대신 관리 하에 국민총동원위원회, 지방에는 도부현(道府縣)에 '국민정신총동원지방실행위원회'를 두고, 운동의 주무과가 설치되는 등, 관민, 지방을 통 털어 이를 강화하는 방책이 강구되었다. 국민정신총동원운동은 국내의 모든 방면, 부분에 걸쳐, 또한 모든 각도에서 빈틈없이 거미줄처럼 조직화되었다.[4] 《국민정신총동원운동 민중교화운동사료집성 2》(國民情神總動員運動 民衆化動員史料集成 II, 復刻版, 明石書店, 1990)에는 이 국민정신총동원운동에 가맹한 74개 단체가 수록되어 있다. 종교단체로는 '전국신직회', '신도교파연합회', '불교연합회'와 함께 '일본 그리스도교연맹'이 가입하고 있다. 그런데 가톨릭교회의 이름은 찾아볼 수 없다. '가맹단체 활동상황' 중 '일본그리스도교연맹' 부분에는, 국민정신총동원연맹 주최자 측으로부터 기독교계에 대한 과제, 즉 요망사항이 직접적으로 기록되어 있다. 거기에는 "기독교가 세계평화를 부르짖고 인류애를 높이 주장하고 있는 바, 그 모든 것이 일본 정신과는 거리가 있는 것이므로, 일본 그리스도교연맹 전국 15만 신교 신도는 황국 일본의 이상 선양, 거국일치, 기독교운동의 혁신 강화 등의 강령을 드높이고, 기독교도의 조국애 운동에 총력 매진하는 실천의 제 일보로서 새해 원단에 궁성 앞에서 신년기도식을 거행한다"[5]는 내용이 있다. 국가가 기독교를 어떻게 인식하고 또한 기대하고 있었는가 하는 점이 잘 파악된다. 즉 보편적 세계평화와 인류애를 '심증'(心證)으로 활동하는 기독교를 '개혁 강화'하여, 조국애, 그리고 일본의 이상을 위해 활동하는 기독교로 만들고자 하는, 그것이야말로 기독교가 일본에 존재하는 이유가 된다는 것을 지적하고 있는 것이다.

이미 살핀바 대로 1938년 4월 1일 '국가총동원법'이 공포되고, 그 이듬해 1939년 3월에 중의원에서 종교단체법이 가결 성립되었으며,[6]

---

4) 長浜功, 「'國民情神總動員運動'について」, 《國民情神總動員運動 民衆化動員史料集成 II》, 復刻版, 明石書店, 1990, 1314. 그 밖에 예를 들면, 澁澤幸一, 《大東亞共榮圈の思想》, 講談社, 1995도 참고할 것.
5) 《國民情神總動員運動 民衆化動員史料集成 II》, 287.

같은 해 국민징용령이 공포되었다. 그 9월 29일에는 문부성 종교국 초청으로 '국민정신총동원종교가 간담회'가 개최되었다.[7] 여기에는 신도에서 6명, 불교에서 12명, 기독교에서 6명(가톨릭 대표 1명으로 우치노〈內野作造〉, 프로테스탄트 대표는 5명으로 도미다〈富田滿〉, 고자키〈小崎道雄〉, 쿠기미야〈釘宮辰生〉, 미우라〈三浦豕〉와 연맹 대표로 에비〈海老澤亮〉)이 출석했다. 테마는 '총후후원'(銃後後援), '은진(殷賑)[8]산업관계자의 교화', '공사생활의 쇄신', '물자활용 및 소비절약', '근로정신의 존중' 등이다.[9] 이런 것들을 살펴 알 수 있듯이, 문부성 당국의 입김이 직접적으로 각 종교의 교의나 그 전도 포교 활동에 대한 관리통제보다는 전시 하에 있어 국민생활 통제에 집중되어 있었음은 명확한 사실이다.

이 시대 종교계에는 '종교 삼파'라고 불리는 조직이 있었다. 앞서 언

---

6) 앞서서는 야마아카다(山縣)내각에 의해 상정되었다가 부결되었고, 이어 1926년 기독교 대표자들도 참가한 '종교제도심의회'를 경유하여 다음해 와카츠키(若月) 내각 시대에 상정되었다가 폐안되었다. 나아가 1929년 제2차 종교단체법이 재 제안되었으나, 위원부탁(委員付託) 상태에서 다시 폐안되었다. 일본 그리스도교 연맹은 여기에 대해서는 반대운동을 전개했다. 이마이즈미(今泉眞幸)는 종교법도 제정하지 않은 채 종교단체법을 제정한 것은 "종교단체를 통제하고자 하는 것"이라는 것을 지적하고, 종교단체를 "국책에 따라, 민심을 조작하기 위한" 것이라고 인식했다. 「國家と宗敎」, 《基督敎世界》 제2896호, 1939. 9. 28.
7) 9월에 시작된 간담회는 매월 한 차례 그 후 다섯 차례 계속해서 열렸다. 「國家と宗敎」, 《基督敎世界》 제2896호, 1939. 9. 28.
8) 역주: 흥성흥성하여 매우 성하다는 사전적 의미의 말인데, 여기서는 생산적이지 못한 유흥, 쾌락의 일을 의미한다.
9) 《國民情神總動員運動 民衆化動員史料集成 II》, 318. 이 내용 중에 종교관계로서 '종교단체의 국민정신통동원신전개의 기본방침'(쇼와 14년(1939년) 7월 21일 국민정신총동원 문부성 실행위원회 결정)이나 '국민정신총동원 강화진전과 종교가'(문부대신 자문에 대한 답신, 쇼와 14년 9월 8일, 종교단체대표자 협의회 결정), '국민정신총동원종교가 간담회의 절미운동 신고사항'(쇼와 15년(1940년) 1월 20일 문부성에 신고 결정) 등의 문서가 대표적이다. 이러한 자료를 보면, 각 종교가 그 총력을 다해 국책에 협력했던 자세를 엿볼 수 있다.

급했지만, '신도교파연합회', '불교연합회', 그리고 '일본 그리스도교 연맹'이며, 이들 모두는 국민정신총동원운동에 적극적으로 나섰다.[10]

이 '국민정신총동원운동'은 1940년 10월에 해산되고, '대정익찬회'로 바뀌었다. '대정익찬회'는 1940년 제2차 고노에 내각에 의한 각의 결정 '기본국책요강'을 기초로 모든 정당의 해산을 받아들이고, '대정익찬의 신도(臣道)실천'을 근간으로 하여, 경제신체제(통제회), 근로신체제(대일본산업보국회) 등과 함께 '고도국방국가건설'을 조직, 창설하였다. 총재는 고노에 수상이 되고, 5국 23부가 설치되었는데, 정부 조직 전체가 여기에 관계되었고, 전국의 도 부 현, 군, 시, 정, 촌에 각 지부가 설치되어, 각급 행정관청 간에도 상설 연락위원회가 설치되었다. 최 말단 지부조직으로는 정내회(町內會), 곧 이웃 인근 관련 조직의 지도자가 그 책임을 맡았다.[11]

국내조직의 일원화를 목표한 대정익찬회 운동과 이 조직은 대정익찬회를 조직한 기획원과 정부 행정조직에 의한, '이중 조직', '이중 지배'가 되었으며, '지역적 조직'과 '직능적 조직'이 공존하는 것에 의해, 저변에 있어서는 '무조직체', '무체계'가 되었다는 지적도 있는데,[12] 그러나 국민 일반에 있어서는 정녕 그물망 같은 조직을 통해 관리 통제되는, 문자 그대로 '고도국방국가'가 형성된 것이다.

기독교를 포함하여 모든 종교단체도 이 체제 밖에 존재하는 것은 허용되지 않았고, 이와 같은 전시국내 체제 안에서 그 일익을 감당할 수밖에 없었다. 1939년 4월 8일 그 통제법의 하나인 종교단체법이 공포되고, 그 이듬해 4월 1일 시행되게 된 것이다.

도히는 이러한 상황에 대해, "일본 기독교계는 이러한 상황에 대한

---

10) 이 경위에 대해서는 赤木須留喜, 《翼贊·翼壯·翼政》, 岩波書店, 1990에 상세한 설명이 있다.
11) 「宗教団体法制定の理由」, 《文部時報》, 644), 日本國會圖書館 所藏.
12) 赤木須留喜, 앞의 책, viii.

의문과 문제점을 느끼면서도 결국 침묵으로 일관했고, 혹은 자기 스스로를 납득시켜 가며, 이미 강고하게 전개된 파시즘과 전쟁의 도가니로 스스로를 몰아갔다. 특히 하나의 조직으로서의 자신을 유지해 온 교회나 학교는 그 체제를 염려하여, 상황에 더욱 부응하였고, 스스로를 재편해 가면서도 필사적으로 살아남기 위한 노력을 계속하였다. 그러나 그러한 태도가 자신들이 목표해 온 신앙적 사상적 기반을 잃는 것이며, 결국은 패배의 길을 걷는 것이었다"[13]고 기록하였다. 명확한 분석이 아닐 수 없다.

그러나 동시에 국가의 입장에 본다면, 기독교는 일면 거북한 존재가 아닐 수 없었다. 메이지 시대 초기의 '폐불훼석'(廢仏毀釋)[14] 이래 종교에 관한 포고, 포달(布達), 성령(省令), 훈령(訓令) 등의 법령은 300건 이상에 달하였다.[15] 게다가 신도에 관한 종교행정은 신기성(神祇省)을 시작으로 교부성(敎部省)을 경유하여, 내무성 사사국(社寺局) 관할이 되었고, 1900년에는 신사국과 종교국이 분리되었으며, 1913년에 종교국은 문부성으로 이관되었다. 이렇듯 기본적으로 신도에 관해서는 '비종교론'의 입장을 취하여, '국가신도'를 국민 전체의 종교로 하고, 이를 별도로 하는 종교행정이 전개된 것이다. 이러한 국가의 입장으로서는 '유사종교'와 다른 전통종교와의 구별된 관리통제가 필요했던 것이다. 다른 한편 그와 같은 상황 속에서 기독교는 국내에 존재하는 여러 종교 중의 하나에 지나지 않은 것이었으나, 역사적으로는 구미로부터 수입된 적국의 종교이며, 그 각각의 교파는 구

---

13) 土肥昭夫,《日本プロテスタント・キリスト教史》, 新教出版社, 1980, 331.
14) 역주: 메이지 시대의 '폐불훼석'이라 하면 메이지유신 이후의 신정부가 1868년, 메이지 1년 3월에 발포한 '태정관포고'(太政官布告)의 '신불분리령'(神仏分離令)과 1870년, 메이지 3년 조서(詔書)인 '대교선포'(大敎宣布) 등의 '신도국교화'(神道國敎化)와 제정일치의 정책으로 시행된 불교시설에 대한 파괴를 의미한다.
15) 文化廳文化部宗務課,《明治以降宗教制度百年史》, 224.

미, 특별히 미국의 선교단체와 깊은 관계를 맺고 있으며, 또한 바로 서구의 근대사상, 즉 개인주의, 민주주의, 자유주의, 평등사상의 상징으로 존재한 것이다. 국가, 그리고 그것을 관할하는 문부성의 입장에서는 '신흥종교'를 포함하여, '유사종교', 또한 기독교를 국가의 여러 종교적 부류나 위치에서 어디쯤에 두고 관리 통제해 나갈 것인가가 시대적인 중요한 정책과제가 아닐 수 없었다.

15년 전쟁기에 있어서 '유사종교'나, '신흥종교'에 대해서는, 1931년 이후, 니와테(石手)현 '숨은 염불집단'에 대한 탄압, 1935년 제2차 대본교 탄압, 1936년 '신정용신회', '사람의 길', '천진교', '신흥불교청년동맹', '대일본관음회'(세계구세교의 전신), 1938년에 '혼미치' 제2차 탄압, 1939년 일본 도다이샤(여호와의 증인) 탄압이라고 하는 수순으로 국책에 어긋난다고 본 종교에 대해서는 철저한 탄압정책을 폈다.[16] 그 이외에 모든 종교단체는 역으로 국가신도를 정점으로 하는 천황제 파시즘 하에 국민 각계각층을 전시체제로 통합하는 장치로 이용하도록 추진되고, 또한 각 종교들도 여기에 응답하는 것으로 스스로의 존재의식을 드러내지 않으면 안 되는 상황에 놓이게 된 것이다.

1939년 4월 8일에 공포되고, 이듬해 4월 1일자로 시행된 종교단체법 하에서 각 종교의 교단은 정비 통합을 급히 서둘렀고, 문부성 종교국 종무과(그 이듬해 1942년 2월에는 교화국 종교과로 개편)의 인가 사무가 진행되었다. 그리고 그 결과의 하나로 1941년 5월 31일 시바메이쇼(芝明照)회관 강당에서 '대일본종교보국회'(大日本宗教報國

---

16) 小池健治, 西川重則, 村上重良編,《宗教彈壓を語る》, 岩波書店, 1976. 그 이외에 同志社大學人文科學研究所編,《戰時下抵抗の硏究-キリスト者, 自由主義者の場合》全二卷, みすず書房, 1968-1969 및 同志社大學人文科學研究所キリスト教社會問題硏究會編,《戰時下のキリスト敎運動》全三卷, 新教出版社, 1972-1973 등 참조.

會)¹⁷⁾가 결성되고, 1941년 6월 14일 제1회 종교보국회 대회가 개최되었다. 동시에 각 종교 교단별로도 각각의 보국회 결성이 추진되어, 전시에 대처하는 종교단체 측의 체제가 확립되었다. '대일본종교보국회' 활동의 구체적인 목표는, (1) 종교 교학(敎學)¹⁸⁾의 쇄신, (2) 종교 국책의 확립, (3) 종교보국 활동의 종합적 전개, 그리고 (4) 긴급히 추진해야 할 사항으로, 예를 들어 대정익찬회에서 종교를 담당하는 부분에 대한 독립 설치를 건의하고, '신도교파연합회', '대일본불교회', '일본 그리스도교 연맹' 간의 상호 조직적적인 협력체제 확립을 건의하며, 그리고 이러한 것을 통해 전개되는 활동을 실제의 하부 조직까지 침투, 효과적으로 추진할 수 있는 '정신대'(挺身隊) 창설¹⁹⁾ 등이 주창되었다. 이 종교보국회는 구체적으로 대정익찬회가 문부성과 협력하여 종교계의 신체제 확립을 목표로 각 종교의 대표자와 간담회를 시작한 것²⁰⁾을 계기로 준비가 진행되어 발족한 것이다. 그리고 문부성과 대정익찬회가 후원자가 되고, '신도교파연합회', '일본 그리스도교 연맹'의 협찬으로 개최되어 야나기가와(柳川) 익찬회 부총재, 문부성의 아오도(靑戶) 종무과장 이하 관계자가 출석하고, 의장에는 나가이(長井眞琴), 부의장은 기독교 측에서 치바(千葉勇五郞)가 선출되었으며, 국체의 본의에 기초한 종교 교리의 선양 강화, 종교보국의 적극적 확립을 목표로 하고, 그것을 위해 내각 직속으로 종교 특별 관위(官衙)를 설치할 것을 결정했다.²¹⁾ 여기에서 일 수 있는 바와 같이, 그 부의장을 일본 국내에서는 소수파에 지나지 않고, 이미 지적한 것

---

17) 〈中外日報〉第12531号, 1941年 6月 1日.
18) 역주: 각 종교의 교리체계를 의미한다.
19) 〈中外日報〉第12531号, 1941年 6月 1日.
20) 〈中外日報〉第12419号, 1941年 1月 16日.
21) 〈中外日報〉第12544号, 1941年 6月 17日, '간가'(官衙)의 의미는 《廣辭苑》에 의하면, 정부 기관, 관청의 뜻으로 내각이 직접 종교를 관리 통제 지도하는 것을 뜻한다.

처럼 구미 여러 나라와 깊은 관계를 맺고 있는 기독교에서 선출했다는 사실을 주목해야 할 것이다. 국내에서는 양적으로 묵살해도 좋을 정도로 극히 소수파에 지나지 않는 기독교를 이처럼 중시한 것은 기독교에 체제의 일익을 감당시키는 것을 통해 대외적 선전에 이용하고자 한 것이 아닐까 한다.

종교단체법 성립 이후 각 종교단체, 그리고 기독교회는 총력전 하의 일본사회의 한 부분을 감당하고, 신도 한 사람 한 사람을 관리 통제하는 종교적 상부 조직으로 기능하기에 이르렀다.

또한 대정익찬회의 조직 이전부터 국가는 각 성이 관할하는 분야에 있어, 예를 들어 문부성은 대일본청년단 관계 단체의 통합을 기도하여 문부대신을 단장으로 하는 '대일본청소년단'을, 후생성은 '산업보국회'를, 농림성은 '농업보국회'를, 상공성은 '상업보국회'를 그리고 육군성은 '재향군인회' 조직을 지니기에 이르렀다.[22] 이미 지적한 바와 같이 종교행정은 문부성의 관할을 받는 것과 함께 체제 안으로 편입되어 갔고, 그 일환을 담당하게 된 것이다.

III. 전시 하의 종교보국

본 절에서는 이 시기 문부성의 지도에 의한 전국적 종교보국 단체의 조직과 운동이 어떻게 전개되었는지를 살펴보고자 한다.

이미 앞의 절에서 '대일본종교보국회'의 설립에 대해서는 논한 바 있다. 그 후 일본이 1941년 12월 8일 미국과 영국종교단체의 선전포고를 한 이후 '대일본종교보국회'는 12월 23일 종교단체의 전시 '대

---

22) 赤木須留喜, 앞의 책, viii-ix, 거기에는 형식적인 측면에서 표리일체(表裏一體)를 표방하면서도, 행정조직과 신국민조직 간의 조직적 모순이 내재하였다고 지적되고 있다.

정익찬회'를 강화하고, 교계와 관청이 일체가 되어 '종교단체전시중앙위원회'를 결성하였다.[23] 이 조직은 1944년 9월 30일 재편된 '대일본전시종교보국회'까지 약 2년 반 동안 존재한 조직이었다.

대략 '대일본종교보국회'로부터 '대일본전시종교보국회'로 변천되는 과정은 전황의 악화와 궤를 같이 하였고, 최종적으로는 국민생활을 극한상황까지 관리 통제하고, 더 이상 어떻게 할 수도 없는 상황까지 완전히 전시총력의 국내체제를 완성하는 시기였다.

1941년 12월 23일 '신불기' 삼교에 의해 성립된 '종교단체전시보국회'는 '중앙연락위원회'를 조직했다. 매월 1회 회합을 가지고, 연락사무와 제휴를 긴밀히 하였으며, '삼교전시연락사무국장연석회의'를 실시하였다.[24]

그리고 새해가 시작된 1942년 2월 8일 '신불기' 삼교는 '대조봉대일'(大詔奉戴日)을 기해 2,000명을 모으고, '종교보국전국대회'를 열었다. 사회는 신도 대표자가 맡고, 불교 대표자가 '조서'(詔書)를 낭독했으며, 기독교 대표자 아베(阿部義宗)가 주최자를 대표하여 축사를 했고, 군대에 대한 '감사문'을 채택, '선언'을 결의하였다.[25]

1942년 4월에는 '흥아종교동맹'(興亞宗敎同盟)이 결성되었다. 이는 신도, 불교, 기독교에 이슬람교까지 포함시킨 단체이다. 일본 역사 중에서 문화적으로나 사회적으로 거의 그 존재가 인식되지 않았던 이슬람교를 포함시킨 의미는 '대동아공영권'이라고 칭하며, 군사적으로 점령한 지역이 이슬람 교도가 많은 지역이었기 때문이며, 전쟁수행 과정에서 국제적으로 필수불가결한 캠페인을 의도한 것이었다. 예를 들어 이슬람 교도 주민이 압도적으로 대다수를 점유하고 있는

---

23) 〈中外日報〉第12695号, 1941年 12月 2日.
24) 〈中外日報〉第12695号, 1941年 12月 2日.
25) 〈中外日報〉第12319号, 1942年 2月 10日(역주: 원문은 12319호로 기록되어 있으나, 발행 날짜로 보아 오기인 듯, 上記 12695호가 1941年12月 2日 발행).

인도네시아에서의 선무공작을 목적으로 '하지' 라는 칭호를 지닌 일본인이 선무요원으로 파견되어 활동한 것은 잘 알려진 사실이다. 이는 공영권 지역 내의 정치적 군사적 과제를 국내의 운동을 통해 전개시키고자 한 사례의 하나인 것이다.[26]

더욱이 1942년 5월 15일 '대정익찬회' 의 개조가 결정되었다. 이 조직은 국내의 각 차원, 각 방면에서 전개되던 국민운동이 하나로 규합하고, '정내회' (町內會)나 그 이하 단위의 작은 지역 조직까지를 모두 통괄하는, 더욱 강력한 조직으로 개편된 것이었다.[27] 이어서 6월 9일에는 '대정익찬회' 부총재 안도(安藤紀三郎)가 국무상으로 입각하여, '익찬회' 와 정부와의 관계가 한층 더 강화되기에 이르렀다.[28]

또한 예를 들어 '대일본불교회' 가 교토(京都)의 '치에인' (知惠院)에서 '성지봉대호국법요' 를 개최한 것과 같이 국내 모든 종교 교단이 각자의 방법과 절차로 전시 하 교단의 길을 걸어 나갔다.[29]

그리고 그 1년 후인 1943년 3월에는 '종교단체전시활동실시요항'

---

26) 제1회 '흥아종교협력회의' 는 1년 후인 1943년 6월 28일, 29일에 개최되어 '종교세계선언' 을 채택했다. 그 대의는 '만방공영' (万邦共榮), '민족협화' (民族協和), 국제정의의 구현은 일본의 이상이며, 미국이나 영국은 박해, 인도를 주창하며, 아시아의 제 민족을 압제하고, 억압하는 이반의 길을 걸었다. 아시아는 세계문화의 발상지이다. 이와 같은 정신문화를 계승발전 시키는 것이 종교인들의 사명이라고 하였다. 〈中外日報〉 第13155호, 1943年 7月 1日. 또한 이슬람권에 대한 종교 선무공작에 대해서는, 예를 들어 倉澤愛子, 《日本占領下のジャワ農村の変容》(草思社, 1991, 368 이하)를 참고할 것, 일본인 선무공작 요원은 메카 순례를 마쳐 하지라는 칭호를 지녔던 압둘라 무님, 稻田, 압둘라 무닐, 渡辺, 모하메드, 佐佐木 등이었다. 그 밖에 小林哲夫의 이름도 알려져 있다.
27) 각의는 '대정익찬회' 의 개편을 결정하고, 각종 국민운동을 통괄하여, '정내회' 등에 대해 지도를 강화할 것을 결의했다. 昭和史硏究會 編, 《事件 世相 記錄 昭和史事典》, 講談社, 1984, 293.
28) 《官報》, 國會圖書館所藏.
29) 《近代日本總合年表》, 岩波書店에 의하면, 1943년 2월 14일에 '대일본불교회' 가, 4월 15일에는 '일본기독교단' 이 이를 행했다고 기록되어 있다.

이 결정되었다. 그 세목으로는 (1) ㄱ. 교화활동의 강화, ㄴ. 특별포교 실시, ㄷ. 가정생활과 신앙의 융화, (2) ㄱ. 종교시설의 활용, ㄴ. 연성도장의 개설(전국 500 개소), ㄷ. 탁아소(보육소)의 전국 1만 개소 설치 등이 결정되는 등, 전쟁수행의 지상과제로서 종교단체는 전시체제를 중심으로 활동하는 것을 바탕으로 삼았다.[30]

이와 같은 정세 중에 문부성은 개별적으로 기독교에 대해서, "본 성에서는 본래의 취지에 기초하여, 종교사상의 순화, 선양을 격려하기 위해, 종래와 같은 여러 가지 시책을 실시해 왔는데, 이번에 새로이 10여 명의 종교가, 학자에게 연구비를 지급하고, 예를 들어 '일본 기독교의 기초적 연구' 등의 일정한 연구제목을 주어, 이른바 지정연구를 진행토록 하였다. 한편 각 종교, 교파 교학기관의 쇄신, 정비를 촉구하는 바, 그 중 일본 기독교의 확립 긴요성을 중시, 기독교단의 교학 쇄신에 대해 특별히 주목하게 되었고, 일본 기독교단은 본 성의 취지에 기초하여, 이번에 교학연구소를 신설하고, 일본 기독교 교학의 수립을 목표로 심기일전하여 정진하게 되었다"[31]고 하는 것처럼 기독교에 대해서는 다른 종교교단과 다른 대응을 보였다. 즉 구미의 적성종교인 기독교를 일본 국체 안에 두기 위해서는, 이러한 대세에 맞고 유용한 기독교가 되지 않으면 안 되며, 그 신학의 구조, 특히 '일본 기독교'[32]를 구축하기 위한 연구비를 지급하여 프로젝트로 추진하

---

30) 1943년 3월 26일 문부성에서 개최된 종교단체전시중앙위원회 제10회 총회에서 이러한 사항이 결정되었다. 〈中外日報〉 13077호, 1942年 3月 28日(역주: 원문에는 1942년으로 기록되었으나, 오자인 듯 1943年 3月28日).

31) 「戰時宗教教化活動强化方策要綱」의 대의는, "사원, 교회, 특히 교단 신도들의 결합을 (중략) 공고히 하고, (중략) 사원, 교회를 개방하고 (중략) 필요한 용도로 사용할 것 (중략) 종교를 직장으로 동원하여 생산 증강에 정신(挺身)하는 것과 함께 종교 교화의 실제적 효과를 거둘 것, 결전 태세 하의 인심을 다스리고 돕는 사상 생활의 모범이 되도록 이를 더욱 격려하고 지도 감독하는 일에 일층 엄격히 종사할 것" 등이다. 吉田孝一, 〈戰時宗教教化活動强化方策について〉(《文部時報》 820호, 國會圖書館所藏).

는 데까지 신경을 썼다.

전시상황의 악화가 현저해 진 1944년 1월 27일 칙령으로 종교교화방책위원회가 관제로 공포되었다. 칙령은 메이지 헌법 하에서 제국의회의 협의, 찬동을 거치지 않고 천황이 대권으로 발포하는 명령이었다. 그리고 그 후 거의 반년 후인 9월 30일에는 '신불기 30만의 종교가'[33]에 의해 '대일본전시종교보국회'가 결성되었다. 이는 "종래 각 파의 연락기관으로서, 신도 각 파에 의해 조직된 신도교파연합회, 재단법인 신도장학회, 불교 각파의 연합기관인 재단법인 대일본불교회, 그리고 기독교 두 교단의 연합기관인 일본 기독교연합회 등이 존재하고, 또한 신불기 세 종교 간의 연락기관으로서 종교단체 전시 중앙위원회, 일본종교 연맹 등이 있었으나, 이번에 이 여덟 개 단체를 발전적으로 해체하고 새로이 정부와 표리일체 하에서 신불기를 일관하는 하나의 유력한 전시종교 교화활동을 추진하는 기관"[34]이며, 여기에 대해서 1944년에는 20만 엔의 보조금을 교부한 문부대신을 회장으로 재단법인으로 발족시키고, 그리고 각 도도부현(都道府縣) 지방장관을 장으로 하는 지부가 설치되기에 이르렀다. 문자 그대로 국가에 의한 종교 통제가 완성 단계에 다다랐으며, 전쟁 수행 이외의 존재이유와 의의를 찾을 수 없는 상황이 패전까지 이어졌다.

---

32) 〈中外日報〉 13077호, 1942年 3月 28日(역주: 원문에는 1942년으로 기록되었으나 오자인 듯, 1943年 3月28日). 이른바 '일본적기독교'는 어떤 의미에서는 단순 소박한 시대적 풍조 안에서 사용된 용어이기도 하다. 그러나 이를 정색하여 신학적으로 검토하는 일은 대단히 중요한 과제가 된다. 여기에 대해서는 필자의 「《日本的キリスト敎》の歷史的意義」(《新島學園女子短期大學紀要》 第3号, 1985)에서 지적하였다. 또한 이 책 제2장 역시 이 내용에 대해서 살핀 바 있다.
33) 〈朝日新聞〉, 1944年 9月 30日.
34) 〈中外日報〉 13077호, 1942年 3月 28日(역주: 원문에는 1942년으로 기록되었으나 오자인 듯, 1943年 3月28日).

IV. '일본 기독교단' 의 '대일본종교보국회' 활동

1941년 6월 24일 '일본 기독교단' 이 성립되었다. 그 이전 초교파적 조직은 '일본 그리스도교 연맹' 이었다. 연맹 시대에, 국책에 대응하는 활동은 '전국협동전도협의회 간담회' (1940년 8월 22-24일) 석상에서 "1. 일본국가신체제 수립을 맞아 우리는 기독교 정신을 기초로 목적 수행에 공헌할 것을 기대한다, 2. 국민정신총동원 취지 달성을 위해 기독교 윤리운동에 매진하고, 특히 순결, 금주, 금연 등을 강조한다, 〈3, 4 항은 생략〉 등이 결의"[35)]된 것에서 보듯이, 이 결의는 기독교가 그 신앙에 기초하여 생활윤리를 향상시키는 것을 통해 국민도덕에 기여하고 체제에 협력하고자 하는 일종의 슬로건을 결의한 것으로, 실효성이나 구속성이 강한 것은 아니었다. 또한 '연맹' 에는 상시조직으로 존재하는 활동체로 시국봉사위원회라는 것이 있었다. 이는 만주사변 이후 각 교파의 협동일치의 봉사사업으로 결성된 것이다. 보고에 의하면, '중지종교대동연맹' (中支宗敎大同聯盟)을 통해 현지에 있어서의 종교 및 문화공작의 촉진통제 사업을 신불기 3교의 협력과 '흥아원' (興亞院)의 지원으로 활동하고 있다고 되어 있고, "국민정신총동원운동에 적극 참여하고, 본부 평의원으로 고자키(小崎道雄), 에비사와(海老澤亮), 또한 연맹위원으로 마나베(眞鍋賴一), 미야코다(都田恒太郎) 등이 출석, 협의를 계속하여, 운동전개에 대한 협력을 해왔으나, 동 본부는 10월 20일 이후 해산하고, 사업 전부를 '대정익찬회' 에 이양하게 되었다"[36)]고 되어 있다. 연맹 시대에 있어서는 연맹 자체가 기독교 각파의 연락 협조를 위한 조직일 뿐, 사업의 주체는 아니었다. 또한 관계하는 인사들도 각 교파의 대표적 지도자이지만, 일본 기독교 연맹 전체가 그 힘을 사용할 수 있는 조직은 아니었

---

35)《基督敎年鑑》, 1941, 32.
36)《基督敎年鑑》, 1941, 36.

던 것이다.

그러나 1939년 4월에는 종교단체법이 공포되고 그 이듬해 시행될 것이 결정되었다. 또한 1940년 7월에 구세군의 우에무라(植村) 사관 등이 도쿄 헌병대에 체포되었으며, 9월에 '구세단'으로 그 명칭이 변경되었다. 이러한 시대적 배경의 영향으로 같은 해 10월 아오야마(靑山)학원대학을 회합 장소로 전국에서 2만 명을 동원하여 개최된 '황기 2천 6백년 봉축 기독교 신도대회'에서는 그 '취지서'에서 "신앙보국의 실효를 거두는 일을 기대함"을 밝혔다. 그 '선언'에는 "우리는 전기독교회의 합동 완성을 기대 한다"[37]고 선언했다. 그 이후 각 교파는 합동을 향해 급속한 협의, 조정 작업에 들어갔다.

이렇게 하여 1941년 6월 '일본 기독교단'이 성립된 것이다. 연맹 시대에 조금은 추상적이던 노선과 방향은 교단 성립 후에 명확한 행정조직이 확립되고, 말단에 이르기까지 '상의하달'(上意下達)의 실효성 있는 조직체계를 갖추기에 이르렀다.

이미 살핀바 대로 전국적으로, 각 분야별로 그 창립이 급속히 전개된 '보국회 운동'은 당연히 '교단'을 예외적 존재로 내버려 두지 않았고, 일본 기독교단 합동 창립총회 직후인 1941년 8월 25일 교단은 '기독교보국단'을 결성했다. 단장은 교단 통리자로 하고, 지방위원장은 교구장이, 그리고 각 교회 단위로 봉사대가 조직되었다.

여기에 대해 교단 통리자 도미다(富田滿)는 "기독교보국단이 결성된 것은 시국봉사에 머물지 않고, 교단소속의 교회 전체, 모든 기관 운영, 사업 전체가 전시체제화로 개편되고, 일체의 모든 것이 전쟁 목적 수행을 위해 동원될 것임"[38]을 설명했다.

---

37) 종교단체법과 일본기독교단 합동과의 관련에 대해서는 土肥昭夫, 앞의 책, 349 이하를 참고할 것. 또한 이 책 제3장에서도 상세히 기록하였다.
38) 富田滿, "日本基督敎の樹立と敎団の戰時体制"(《日本基督敎新報》 2416호, 1942년 11월 12일).

이 '기독교보국단'은 1943년 1월 개편되어 '전시보국회'가 되었다. 이는 '전시보국단'이 종래 프로테스탄트 기독교 연맹을 모체로 생성되었다는 조직적 한계를 극복, 가톨릭, 즉 종교단체법에 의한 '일본천주공교교단'과 연동시키는 조직으로 확대하기 위해서였다. 기독교연맹을 모체로 한 '시국봉사회'는 교단 성립과 동시에 자연히 해체되고 새로 가톨릭과 연합기관으로 설치되었다. 연맹시대는 사업의 주체가 모자라거나, 겨우 현상 유지를 할 정도였는데, 교단이 성립된 후에는 사업 주체가 있고, 추진력이 생겨, 계획부터 실행을 주도할 수 있는 능력을 지니게 되었다. 교단은 '전시보국단'을 개조하여, '전시보국회'로 만들고, 그 한 중심이 되어 국가의 전시체제에 진력하기에 이르렀다. 그러한 활동에 대한 인식은 다음과 같은 내용이었다. 첫 번째 사명은 '전도보국'이며, 인간을 신앙에 의해 도덕적 해의로부터 구하는 것이 기독교의 근본이다. 순결, 청정한 품성의 인격을 길러내는 임무인 것이다. 그리고 '전시보국회'는 '저축 장려'를 추진[39]하기도 하였다.

이처럼 개조된 '일본 기독교단 기독교전시보국회'는 도미다 교단 통리가 총재, 마나베 의장이 회장이 되고, 사무총장에는 스즈키 총무국장이 취임하였다. 이 조직은 "교단의 '외국'(外局)[40]"으로서의 성격을 지녔고, 교단, 즉 보국회를 주최하는 교구 레벨의 보국회가 각 교구별로 개최되었다.

《제1회 일본 기독교단총회보고》에 의하면, 「전시사무국보고」로

---

39) "戰時報國會の新編成"(《日本基督教新報》 2435号, 1943년 1월 28일).
40) "日本基督教団基督教戰時報國會報國活動を開始"(《日本基督教新報》 2435号, 1943년 1월 28일). 이하의 일정으로 각 지역에서 개최되었다. 2월 17일 주코쿠(中國)교구(히로시마)〈역주: 여기서의 '주코쿠'는 나라로서의 중국이 아니라, 일본의 혼슈 중부 지방을 일컫는 국내 지역을 의미한다.〉 19일 큐슈(九州)교구(후쿠오카), 22일 시코쿠(四國)교구(마츠야마), 22일 긴키(近畿)교구(오사카), 25일 쥬부(中部)교구(나고야), 26일 도카이(東海)교구(시즈오카).

서, 대요를 다음과 같이 기록하고 있다. 그리고 교단 설립 인가 이전인 1941년 8월 25일 "국가 비상시 체제에 즉각 응답하고, 기독교의 교화 활동, 사업, 시설을 시국상황에 대처하기 위한 종교보국의 실제적 완성을 위해" 전시기독교보국단(후에 보국회로 개칭)을 설치하고, "타 종교단체와 연대, 제휴하여 그 주무 관청과 긴밀한 협조 하에 새로운 사태에 즉각 대응할 수 있는 방책을 수립하고, 이에 소속 각 교회와 신도에 대한 시국 지도에 매진한다"고 하고, 총재에는 도미다 교단 통리가 취임했으며, 12월 8일 미일전쟁이 시작되자 각 종교 교단은 관의 종용도 있는 바, 각각 전시사무국을 창설하여, "종교단체전시중앙연락위원회를 조직"[41]하였다. 이는 다른 종교 교단과 함께 시국에 대응하는 동시에 각 교단 내부를 지도하는 것을 목적으로 하는 것이었다.

그 '규약'에 따르면 "제5조 사업, 황군위문, 군사원호, 위령제, 국민저축, 전시생활지도, 절약운동, 전시근로봉사, 헌납운동, 대동아공영권 내의 종교지도, 교회시설 이용에 관한 지도, 기타 긴요한 전시적 제 활동, 본 운동에 관한 연성회, 강연회, 지도자 파견, 문서발행 등"으로 되어 있다. 또한 이러한 활동을 위한 재정은 '전시보국회' 본부로부터 교부금 20,000엔을 포함, 그 밖에 15,000엔의 헌금, 15,000엔의 단체, 혹은 개인 기부금 등 합계 50,000엔의 수지 계획이 명시되었다.[42] 이와 같이 '교단'의 활동은 전시 하의 국가조직의 말단을 담당하는 형태로 전개되었다.

이처럼 전개되고, 실시된 주된 활동은 다음과 같은 것이었다. 즉 통지자로부터의 '결전체제 하 기독교회의 실천요항'이 교구장을 통해 각 교회에 통달되고, '종교단체전시중앙연락위원회'의 결정에 기

---

41) 《第1回日本基督教団總會報告》, 51-52, 同志社大學神學部圖書室所藏.
42) 「日本基督教団戰時報國會規約」(《日本基督教新報》 2442호, 1943년 3월 18일), 3월 11일 상의원회에서 결정되었다.

초한 '대동아전쟁완수종교익찬대회'에 기독교 측에서 500명 동원(1941년 12월 26일 공립강당), '대조봉대종교보국대회'에 300명 동원(1942년 2월 8일, 군인회관)하는 것을 비롯, 다른 종교단체의 지도자들과 공동으로 주최하는 각종 간담회 등의 집회에 출석하고, 중견 간부나 간부 이상의 지도급을 위한 연성회를 개최, 실시하였다. 뿐만 아니라 일상적인 활동으로 군인원호, 금속회수, 저축증강 장려, 익찬선거, 방공경보전달 등이 보고되고 있다.[43]

《제2회 일본 기독교단 총회 보고》에 의하면, 전년도 대비 거의 같은 수준으로, 타 종교 교단과 연락기관인 '전시중앙위원회'에 '교단'은 스즈키 총무국장이 6회의 위원 총회, 13회의 상임위원회에 출석한 것으로 되어 있다. 그 밖에 주목을 끄는 일은, '중앙위원회' 주최로 시국 하에서 종교의 사명을 확립하고자 하는 목적으로 "종교방책의 수립하고, 대동아건설에 기여하기 위한 '대동아 건설과 종교'라는 과제의 현상 논문"모집에 있어 응모 2백 수십 편 중 '교단'의 정교사 미야우치(宮內彰) 목사의 논문이 1등상을 탄 일, '중앙위원회'가 결정한 '전시활동실시요목'에 의해 '특별 포교사 12명 및 연성도장 7개소(수용 인원 870명)의 추진', "탁아소 신설 신청교회 163개소, 근로봉사 신청교회 386, 연인원 22,287명 신청"[44] 등이 기록되어 있다.

또한 '근로보국회'가 결성되어, "기독교 교사들의 솔선과 요청에 의거, 각 교구의 근로보국대"가 결성되고, 이어 제국생명보험회사와 특약을 맺어 신도 간 생명보험운동을 개시했으며, 교회국민저축조합을 결성하여 국책에 부응하였다.[45]

이미 살핀 바대로, 1944년 9월 30일「대일본종교보국회」가 개편되어「대일본전시종교보국회」가 되었다. 이와 별도로 '교단'은 상임위

---

43)《第1回日本基督敎団總會報告》, 7, 同志社大學神學部圖書室所藏.
44)《第2回日本基督敎団總會報告》, 103, 105, 同志社大學神學部圖書室所藏.
45)《第2回日本基督敎団總會報告》, 103-108, 同志社大學神學部圖書室所藏.

원회에서 그 보고를 받고, "동회 기독교국 국장으로 이마이즈미(今泉眞幸)씨를 추천"[46]하였다.

이것에 대해 미야코다(都田恒太郎)는 다음과 같이 해설하였다.

> "신도국, 불교국, 기독교국 3국이 설치되어, 기독교국장은 이마이즈미, 교화부 부부장에 미야코다, 서무부 부부장에 천주공교 교단이 취임. 세 종교에는 각각 보국회가 설치되어 운동을 진행해 왔으나, 2년 전에 문부성의 주선으로 종교단체 전시중앙위원회가 조직되었다. 18년[47]에 이 중앙위원회의 제창으로 각 종교가 성지봉대 운동을 전개. 그래도 불철저한 면이 있어, 정부도 교단 당사자도 이를 인식하고 올 3월 문부성 당국이 종교교화방책위원회를 개최하여 연구를 거듭한 결과 그 해답으로 '종교교화요강'이 완성되었다."[48]

그 이후의 '교단전시보국회'에 대해서는, 종전 직후인 1945년 8월 28일 제13회 교단전시보국회 상무이사회에서 '전후대책위원회'로 그 명칭이 변경되기까지의 '상무이사회 기록', '교단 상회 기록'이 '상임상의원회 기록'으로 도시샤(同志社)대학 신학부 도서실에 보관되어 있다. 이는 당시 '교단'의 총무였던 가토(加藤邦雄)가 소장하고 있던 것이 '교단' 선교연구소에 기증되고, 이것을 복사 제본한 것으로 귀중한 제1차 자료가 된다. 이 자료에 의해 '교단전시보국회'의 활동을 알 수 있다. 조직적으로는 이사회 위에 상무이사회가 설치되어 있었다. '보국회'의 조직에는 '교단 상회', 교구에는 '교구 상회', 그 아래 각 개교회에는 '교회 상회'가 설치되고, 문자 그대로 상의하달(上意下達)의 조직으로 각 개교회 차원에 이르기까지 모세혈관처

---

46) "第三回常任議員會記錄"(《常任常議員會記錄》, 1944년 10월 10일, 同志社大學神學部圖書室所藏).
47) 역주: 昭和 18년을 의미함으로 1943년이다.
48) 주 46)과 동일.

럼 정비되어 있었다. 여기에서는 지면상 이하 '교단 상회'에 대해서만 개관하고자 한다.

제1회 일본 기독교단 전시보국회 교단상회는 1944년 12월 27-28일에 개최되었다. 교단 집행부와 각 교구장, 그리고 교단 특별상의원으로 구성된 멤버였다. 즉 본래의 교단 조직이 완전히 그대로 동전의 뒷면처럼 기능했던 것이다. 그리고 더불어 교단이 대표로 파견한 대일본전시종교보국회 기독교국장 이마이즈미, 동 부부장 미야코다, 동아시아국 주사 에비사와(海老澤亮)가 그 조직의 직책상 출석하고, 여기에 더하여 문부성으로부터 곤도(近藤) 교학국장, 이노우에(井上) 종무관 등이 참석하였다. 회합 모두에 도미다 통리와 교단 상회에 속한 인사 등이 "경험이 없다"고 고사하며, '상의하달'이 있다면, '하의상달'도 있으므로, "요는 신앙 방면을 활발히 해 나갈 것"이 과제라고 하고, 또한 문부성의 곤도 교학국장은 종래 정치 경제와 종교가 충분히 함께 나가가지 못했음으로 이제부터라도 일치하여, '종교보국의 실현'을 내걸고 나아가자고 지시했다. 또한 이노우에 종무관은 강연 중에 '상회'가 중앙, 지방, 조, 개개인 신도 등 네 종류로 나뉘어 있는 조직이라는 점, 중앙상회만 문부성이 주최하고, 지방상회 이하는 각 종교단체 자체가 주최가 된다는 점, 이를 요약하면, "각 신도 개인의 신념 공출을 기대"한다고 해설했다. 이를 받아 교단에서는, 교단상회는 교단 당국 및 교구장, 교구 상회는 교국역원과 지교구장, 지교구상회는 지교구장과 교회 주관리자, 교회상회는 교사 및 신도라고 하는 조직화를 결정하여,[49] 전황의 악화에도 불구하고 그 조직과 실천에 여

---

49)《常任常議員會記錄》, 同志社大學神學部圖書室所藏. 중앙에 있어서 상회의 운영요령은 예를 들어 다음과 같은 것이었다. (1) 승조필근(承詔必謹) (2) 경신경조(敬神敬祖) (3) 대동아 전쟁의 본질 및 성격 (4) 사생초탈(死生超脫) (5) 몰아보국은(沒我報國恩) (6) 정신력 함양 (7) 황국 근로관의 철저 (8) 국민도덕과 경제도의 (9) 관후경애(寬厚敬愛)의 기풍 (10) 대동아 건설의 중책을 목적으로 중앙상회, 지방상회, 조상회 및 신도상회의 개설. 중앙에서의 지도원은 문부성이 촉탁. 지방상회에서는 각 교종단이

념 없이 매진, 완성을 기하였다.

통상 교단의 기관이나 조직과의 관계에 대해서는 "교단 통리자를 보좌하는 기관으로서 전시 하에 있어(중략) 일절의 제 문제를 처리하는 결의기관과 함께 집행까지 담당하고" 교단의 기존 조직, 즉 특별상의원회, 교무회 및 참사회와의 관계는 "특별상의원회의 권한에 속한 사항에 대하여 부의하는 것과 함께", "교무회 및 참사회 등과 각 국의 사항"에 대해서는 이 '전시보국회'에서 결의, 집행하도록 했다. 또한 교구화와의 관계에 대해서는 "교구장 및 교구에 대해서도 필요에 의한 지시를 할 수 있도록" 정하고, 직원의 직무체제에 대해서는 총무국 주사 다키자와(瀧澤淸)를 전임간사로 하고, 총무국 주사를 겸임토록 했으며, 교무국 주사 오기(俁木敏) 및 전도국 주사 구리하라(栗原陽太郎)를 본회 간사로 겸임하도록 했고, 고하라(小原十三司)를 사무촉탁으로 삼았다. 이 무렵 그 다음 달 2월의 상회 철저사항 '사생초탈'을 가결했다. 이 때 그 의미를 "생명을 구하고자 하는 자는 자기 생명을 잃을 것이요, 자기 생명을 버리는 자는 얻을 것이다", "사는 것이든, 죽는 것이든 모든 것이 주의 것이다"[50]라고 설명했다.

이래 '상회'의 운영은 전황의 악화도 그 배경이 되어, 교단집행부

각각 개최. 도도부현별로 대표자가 모여 협의회를 개최. 각 조상회는 지방상회의 철저사항의 침투구현을 목표로 함. 〈日本基督教新報〉 2508호, 1944년 11월 10일.
50) 상무이사회 구성 멤버는 교단의장(총재), 총회의장(이사장), 각 국장, 상당 주사이며, 개최일정은 제1회, 1945년 2월 1일, 제2회, 2월 7일, 제3회 2월 10일, 제4회, 3월 6일, 제5회, 3월 14일, 제6회, 3월 19일, 제7회, 3월 27일, 제8회, 4월 17일, 제9회, 5월 8일, 제10회, 6월 12일, 제11회, 7월 5일, 제12회, 7월 24일(기록 없음), 8월 3일에 개최. 제13회는 8월 28일에 각 주사를 방청시키고, 8월 27일 개최예정의 중앙상회의 중지보고를 받고, 히로시마 피폭상황 조사를 위해 파견한 히노(日野原)는 조사 중 미보고. 전재 교회수 500 이상이라는 보고가 있었고, 협의 중에 도미다는 패전을 '승조필근'으로 받아들이고, '전시보국회'를 '전후대책위원회'로, '동아국'을 '국외국'으로 개칭할 것을 결정했다.《常任常議員會記錄》, 同志社大學神學部圖書室所藏.

가 위원인 '상무이사회'에 위임되고, 패전 직후인 8월 28일 개최된 제13회 상무이사회까지 거의 매월 열려, 각종 지시를 각 교구상회에 하달하는 기관으로 기능하였다. 통상, 중앙상회에서 결정된 '종교보국정신의 체현', '사생초탈' 등의 '철저사항'이 소개, 지시되고, 또한 이에 관한 성서의 적절한 부분이 지정되었다. 그리고 식량문제, 국제문제 등에 대하여 강연을 듣고, 저축운동, 기타 전황 악화에 따른 소개아동, 전재교회, 목사의 역할 등에 대해서도 협의하였다.[51]

V. 본 장을 정리하며

지금까지 전시 하의 종교정책, 특히 전시보국회와 교단과의 관계를 살펴보았다. 여기에서 분명해지는 것은 교단 상회의 회의에 문부성의 임원이 출석하여 지시하고, 또한 강연한 일, 보조금을 받아, 문자 그대로 국책의 하청기관의 역할을 감당한 교단, 그것을 각 교구, 교회에 '하달'하는 이외에는 그 존재의 의미가 없었다. 더구나 그 업무가 식량증산운동, 저축운동, 금속회수운동 등을 위해 총력동원체제에 협력하고, 개별 종교계에 있어서는 종교교단(종교인)이 지닌 근면성이나 윤리 관념을 이용하여 동원했으며, 나아가 교단(기독교)에 대해서는 체제에 순응하느냐 마느냐를 조건으로 걸고, 한편으로 탄압을 배제하고, 또 한편으로는 이용하는 방식을 취했다. 한편으로 보면 이 시기 기독교로서는 그 이외의 존재방식은 없었던 것으로 보인다. 비록 교회로서 지향해야 할, 존재해야 할 형태는 아니었을지라도.

---

51) 《常任常議員會記錄》, 同志社大學神學部圖書室所藏.

제5장
전시 하의 제 교회
—대일본 전시종교보국회와의 관계를 중심으로

I. 머리말

　15년 전쟁 치하에서, 다시 말하면 아시아태평양 전쟁 하에서의 국가 총력전 하의 통제법의 하나인 종교단체법의 규제 하에서 일본의 여러 교회는 본래의 활동, 즉 예배를 비롯한 여러 교회 집회를 계속 전개해 나가는 일상적 선교활동에 어떠한 제약이 있었고, 어떤 상황 하에 놓여 있었던가, 또는 어떤 말도 안 되는 상황에 직면하였던가를 살펴보는 것이 이 장의 과제이다.
　종교단체법에 의해 성립된 당시의 '일본 기독교단'은 '칙임관'(勅任官)인 '교단 통리자'를 최고 책임자로 하고, 그 아래 각 교구가 설치되었다. 또한 그 아래에는 각 지교구, 그리고 구체적으로 각 지역에 개교회가 존재하였다. 이들 각 교회가 그 지역 상황 속에서 어떤 사정에 직면했었는가, 그 일상적 존재 상황의 사례 분석을 통해 당시 역사를 명확히 해보고자 한다.
　이 장에서는 국가총력전을 계속해 나가던 국가체제와 사회배경 상황을 주목하면서, 전시 하 교회의 상황을 종교단체법 아래의 '교단'

에 속했던 교회라고 하는 의미에서 그 종축의 관계, 다른 한 편으로는 교회가 그 지역에서 어떤 모양으로 존재하기를 요구받았는가 하는 횡축의 관계를 함께 살피면서, 몇몇 교회의 1차 자료를 이용, 구체적으로 교구, 지교구, 각 개교회의 조직적 구조를 그 일상 속에서 조명하고자 한다. 이러한 양면성의 측면에서 교회를 분석하는 것에 의해, 마침내 전시 하 교회의 실정과 그 과제가 명료해질 것이다. 그것을 위해 교단과 제 교회가 전시 종교보국회 조직으로 존재하고, 기능하였던 측면을 주목하고자 한다.

이미 많은 교회가 각 개교회사를 간행하였다. 그중에는 전시 하 교회의 상황에 대해서도 서술하고 있다. 그러나 그 논술이나 기술의 대다수가 전시 하 교회에 남겨진 자료의 제약 때문일까, 한 마디로 이르자면, 전시 하 고난의 시기를 겪었다는 관점에서만 기록하고 있다. 또한 이러한 관점은 이미 몇몇 연구서에도 정리되어 있다. 그러나 이들 교회사나 연구서들은 이 장에서 기록하고자 하는 관점, 즉 이 전시 하 상황에서 처음 각 지역의 타종교 교단, 혹은 지역의 행정기관과 밀접한 관계를 맺지 않을 수 없었다고 하는, 바로 그러한 측면의 관점에서 그 시대의 교회사를 기록한 결과는 거의 없었다는 점을 의미한다. 그것은 교회가 한편으로, 신앙공동체로서의 자기 정체성을 음미하는 측면에는 성실하였는지 몰라도, 한편에서 사회구조의 일원, 그러한 자기 정체성의 음미에 있어서는 충실히 되돌아보지 못한 측면이 아닐까 한다.

필자의 관점은, 교회는 결국 실존적인 존재로서, 당 시대 국가사회, 그리고 지역사회가 요청하는 바를 받아들여 자기 존재를 다른 종교 교단과 나란히 지역사회 속에서 존재 증명을 해나가지 않으면 안 될 사명을 지니고 있었다는 것이다.

II. 전시 하 교단의 조직

1941년 6월 24일 일본 기독교단 창립 총회가 열린 지 꼭 반년 후인 그해 11월 24일 '교단'은 문부대신으로부터 정식 인가를 받았고, 궁내부 대신의 통첩 궁내부 발 608호에 의거 교단 통리자는 칙임관이 되었다. 그것이 의미하는 바는 교단 통리자는 천황으로부터 칙령에 의해 임용된 고등관이라는 것이며, 그 결과로서 교단 통리자는 신도 13개 파, 불교 25개 파, 가톨릭 대표자 40명 및 하시다(橋田) 문부대신, 기쿠지(菊地) 문부차관, 아바라(阿原) 교화국장 등과 함께 1942년 11월 26일 천황을 '배알'(拜謁)[1]했다. 그리고 종교 교단의 책임자로서 국가적 요청을 받아, 각 종교 교단은 여기에 적극적으로 부응하는 것으로서 그 조직의 존재이유가 있는 형태가 되었다. 여기에 대해 도미다 통리자는 '영달'(令達) 제3호를 발령하여, "이와 같은 영광에 감흡, 교단의 교사와 신도 일동도 동일한 광영에 놀라운 감격을 경험하지 않을 수 없다"고 하고 "순명을 다하여 종교보국의 결의를 새롭게 하고, 광대무변한 성은에 보응하여 몸 바쳐 봉공할 것을 맹세하자"[2]고 하였다. 그리고 종교단체법의 규정에 의해 통리자는 소속 '교사'[3]의 임명권을 가졌다.[4] 그리고 교단의 조직은 대무자(代務者), 총회의

---

1) 〈日本基督教新報〉, 2428호, 1942년 11월 26일.
2) 〈日本基督教新報〉, 2431호, 1942년 12월 17일.
3) 역주: 목사를 의미한다.
4) 종교단체법에는 "관장이라 함은, 교단통리자가 각 교회의 임직 주관자, 기타 대리 임무자, 교사 등의 임면과 진퇴를 행하는 것을 의미한다"고 되어 있다. 《基督教世界》 제2898호, 1939년 10월 12일. 또한 '교단' 규칙에 의하면, "교단통리자는 교단을 통리하고, 대표하며, 여러 규정을 제정하고, 총회 및 상의원회를 소집하여 그 개회, 폐회를 좌우할 수 있다. 총회의 결의를 거치고 문부대신의 인가를 얻어 교단규칙을 변경할 수 있다. 교단규칙의 시행과 그 밖에 필요한 시달을 발할 수 있다. 교회의 설립, 교회규칙의 변경, 법인자격, 합병 및 해산을 승인한다. 교회 주관자 및 그 대리자, 그리고 역원의 임면, 나아가 교사의 임면을 행사하며, 그 징계를 관장한

장 외 11명의 참여와 50명의 상의원회, 또한 타이완, 조선교구 등을 포함, 11개 교구, 또한 중국의 만주, 화북, 화중 등 각 포교구가 설치되었다. 그리고 교구장, 지교구장의 인선에 대해서도 교단은 창립총회 시점에서 이미 그 교구장을 선정해 두고 있었다.[5]

교구는 교단의 의지를 충실히 전달하는 하부조직이었다. 그리고 그 교구 하에 지교구가 설치되고 그 지교구 중에 각 개교회가 위치하고 있는 형태였다.

창립 당시 '부제'[6]를 채택하여 발족한 교단에 있어서, 부제는 구 교파간의 연락, 구 교파의 재산정리 등의 필요에 따라 존속하였으나, 1942년 11월 제1회 교단 총회는 이를 해소하고, 잔무 정리를 위해 조정위원회를 설치하였다. 부제를 해소하는 것을 통해, 당시 문자 그대로 유일한, 다시 말하면, 단일의 합법성을 지닌 프로테스탄트 교회가 된 것이다.

다. 총회의 심의를 거쳐 교단의 경비를 징수한다. 교단의 재산을 관리한다. 이러한 절대적 권능을 교단 통리자에게 부여하고 있다"라고 《日本基督敎団史》는 기록하고 있다. 日本基督敎史編輯委員會, 《日本基督敎団史》, 日本基督敎団出版部, 1967, 108.

5) 福島恒雄, 《北海道キリスト敎史》, 日本基督敎団出版部, 1982, 379. 법적으로는 교단총회 회의장에서 전형위원회가 모든 준비를 하고, 제안하면, 그것을 승인하는 형태였다. 《日本基督敎団創立總會記錄》, 1 이하 참조.

6) 역주: 부제(部制)란 '일본기독교단'이 하나의 교단으로 조직될 때, 그동안 교리와 체제, 역사적 전통, 재산 소유의 현실적 문제 등으로 각기 다른 입장의 여러 교파, 교단을 하나로 통합함에 있어 여러 내부적인 난항이 있었다. 이에 임시적 조처로 교단 조직으로 함께 통합하기는 하되, 그 조직 안에 '부'(部)를 두어 종래 각 교파의 정체성을 일정 부분 인정하는 조직적 중간 단계를 의미한다. 그러나 이 형태에 일본 정부는 지극히 못 마땅히 여겼고, 교단 추진자들도 이를 임시적 단계로 상정, 빠른 시기에 부제를 해산하는 방향을 추진하였다. 이 부제는 교단의 초기 교단 조직의 한 대안이었던 동시에 급작스럽게 진행된 교단으로의 통합이 일본 프로테스탄트 교회의 강제적 합동과정의 부작용과 어려움을 단적으로 보여준 체제적 증거이기도 하다.

III. 「일본 기독교단보국단」으로부터 「일본 기독교단전시종교보국회」로

「일본 기독교단보국단」의 창립은 앞에서 살핀 바와 같이 종교단체법의 성립과 함께 문부성 종교국 종무과의 지도를 받아, 각 종교 교단과 공동으로 1941년 5월에 「대일본종교보국회」가 결성된 것을 그대로 받아들여 각 종교 교단 자체적인 개별 조직의 결성 요청에 의한 것이었다.

그 조직이나 과제는 다음과 같은 것이었다. 교단은 "시국의 중대성을 인식하고, 이에 적절히 대처하여 전력을 다하기 위해", 종교보국단이라고 하는 "임시사무기관을 특설하여 신속하고 정확하게 시국에 관한 긴급한 사항을 처리"하고자 하는 목적으로, 그 구성은, 통리자가 단장이 되고, 통리대무자가 부단장에, 교단 총무국장이 사무총장이 되어 "그 예하의 지방위원장 및 지방위원을 세운다. 그 외 단장 및 부단장의 자문기관을 설치하고, 그리고 지방위원장에는 각 지교구장의 전부를 임명한다. 여기에 상당하는 자문기관에는 통리대무자, 총회부의장, 총회서기, 각 참여 및 국장을 위촉한다"[7]고 되어 있다.

또한 그 방책은, "주무관청과 밀접한 연대 하에"라고 규정하고, "각 교사는 그 본래의 직분인 전도 및 예배 지도 등에 가일층 정진하고, 신도들의 종교적 신념을 확립토록 하는 것과 함께 그 설교와 강연에 있어 신도들의 시국인식의 철저를 기하여, 민심의 동요를 방지하고 견인불발(堅忍不拔)의 정신을 함양하여 필승의 신념을 확립하게 하는 시국대처 능력을 기르는데 역점을 둘 것", "각 교사들은 유언비어에 미혹되어 경거망동하거나 미신에 빠지는 것을 방지하고 국가의 기밀에 관련되는 언동을 삼가 하도록 하여 자숙자계를 도모할 것",

---

[7]「基督教報國團組織」, 日本基督教団宣教研究所所藏資料.

"각 교사들은 각자의 현장을 이탈하지 않고 직무에 충실하며, 유사시에 철저히 대비하는 목자로서의 임무에 충실할 것", "생활을 간소화하고, 기꺼이 재정을 긴축, 헌금을 잘 정비하여 응급대책의 경비 충당을 준비하는 대비를 권장할 것", "각 교사들은 노력을 다하여 교회 주변의 여러 다른 조직들과 융화 협력하고, 이에 봉사하여 국가를 위한 협력에 참여하도록 노력할 것", "각 교회는 기본적인 종교행사에 지장을 초래하지 않는 범위에서 적극 개방하여 비상시국에 있어 일정한 역할을 할 수 있는 공간으로 사용될 수 있도록 할 것"[8] 등으로 명기되

---

8) 「基督教報國団組織」은 다음과 같이 되어 있었다.

기독교보국단 조직

시국의 중대성에 적절히 대처하고 그 만전을 기하기 위해 일본기독교단 내에 다음과 같은 임시사무기관을 특설하여 신속하고 정확하게 시국에 관한 긴급사항을 처리하고자 한다.

1. 명칭
기독교보국단이라 칭함
2. 조직
단장, 부단장 이하 사무총장을 설치하고, 그 아래에 지방위원장 및 지방위원을 설치한다. 그 밖에 단장 및 부단장의 자문기관을 두고, 지방위원장에는 지교구장 전부를 임명한다. 자문기관은 통리대무자, 총회부의장, 총회서기, 각 참여 및 국장을 위촉한다.

(교단통리자)　　(총무국장)　　　(각교구장)　　　(각지교구장)
　　단장————사무총장————지방위원장————지방위원

(총회의장)
　부단장————통리대무자
　　　　　　　총회부의장
　자문기관　　총회서기
　　　　　　　각참여
　　　　　　　각국장

3. 목적(생략)

4. 구체적 방책
첫째, 일반 방책(교단으로서의)

어 있는 것처럼, 교회는 그 종교 본래의 활동, 즉 예배, 성례전 등을 포함한 교회의 전도활동을 전도하기 위한 조직으로서가 아니라 국책 하에서 하청으로서의 역할을 다하는 것만이 그 존재를 인정받는 형태로

1) 주무관청과 밀접한 연대 하에, 사태 추이에 부응하고, 조속히 유효적절한 방책을 세워 나아갈 것.
2), 3) 생략

둘째, 내부방책(교사 및 교회로서의)
1), 2) 생략
3) 각 교사는 그 본래의 직분인 전도 및 예배지도 등에 가일층 정진하고, 신도들의 종교적 신념을 확립토록 하는 것과 함께 그 설교와 강연에 있어 신도들의 시국인식의 철저를 기하여, 민심의 동요를 방지하고 견인불발(堅忍不拔)의 정신을 함양하여 필승의 신념을 확립하게 하는 시국대처 능력을 기르는데 역점을 둘 것.
4) 각 교사들은 유언비어에 미혹되어 경거망동하거나 미신에 빠지는 것을 방지하고 국가의 기밀에 관련되는 언동을 삼가 하도록 하여 자숙자계를 도모할 것.
5) 각 교사들은 각자의 현장을 이탈하지 않고 직무에 충실하며, 유사시에 철저히 대비하는 목자로서의 임무에 충실할 것.
6) (중략) 생활을 간소화 하고, 기꺼이 재정을 긴축, 헌금을 잘 정비하여 응급대책의 경비 충당을 준비하는 대비를 권장할 것.

셋째, 외부방책(교사 및 교회로서의)
1) 각 교사들은 노력을 다하여 교회 주변의 여러 다른 조직들과 융화 협력하고, 이에 봉사하여 국가를 위한 협력에 참여하도록 노력할 것.
2) 각 교회는 기본적인 종교행사에 지장을 초래하지 않는 범위에서 적극 개방하여 비상시국에 있어 일정한 역할을 할 수 있는 공간으로 사용될 수 있도록 할 것.
예를 들면.
(1)지방교회는 도시교회 보다는 피난자에 대한 편의를 제공하는데, 역할을 다 할 것.
(2)도시교회에 있어 철근 콘크리트 철골구조물을 유용하게 이용하는 방안으로 노약자나 어린이, 환자 등의 수용에 적극 활동토록 할 것.
(3)생략
(4) '경방단' (警防団)이나 '정내회' (町內會)에 장소를 제공하는 데 적극적일 것.
(5)생략
(6)물자배급소, 공동등화장 등으로 장소를 제공할 것.
3) 각 교사들은 교회소속 단체들을 독려하여 국가의 요청이 있을 시에 여기에 기꺼이 부응하고, 기독교적 실천과 사회의 후생지도, 근로봉사에 적극 진출할 것을 지도할 것.
쇼와 16년(1941년) 8월 25일 일본기독교단 (이상 日本基督教団宣教研究所所藏資料).

전락한 것이다. 다음 절에서 몇몇 교회에 보존되어 있는 당 시대의 교회 자료를 분석하겠지만, 1941년 12월 8일 미일전쟁의 개전 이전부터 이러한 상황이 진행되고 있었고, 교단 산하의 여러 교회들이나 다른 종교 교단들까지 일본내 모든 종교단체들이 이와 같은 상황 하에 놓여 있었다.

1941년 12월 8일 미일전쟁 개전에 의해 가톨릭교회(당시는 종교단체법에 의해 일본천주공교교단이라는 명칭을 사용함)와 함께 조직된 일본 기독교연합회를 통해 문부차관으로부터 '전첩(戰捷)축하행사에 관한 건'이라는 통달이 내려왔다. 즉 개전 이래 "전첩을 축하하고", "날짜를 지정하여 축하행사를 거행"할 것을 통지하는 문건이었다. 또한 여기에는 '실시항목'[9]까지 지시되어 있었다.

앞에서 살핀 바와 같이, 교단의 조직과 일본 기독교단종교보국회의 조직은 기본적으로 별도의 조직이기는 했으나, 동전의 양면과 같이 실질적으로는 동일조직이었으며, 본래는 보국단 사무총장의 이름으로 내어야 하는 문서임에도 교단 총무국장의 이름으로 '보국회'에 관한 문서가 각 교회에 통달되기도 했다. 문부성 교화국장으로부터 교단에 통달된 '1942년 11월 9일부' 문서는 교단 각 교회가 전시 하에 있어 연성회, 강습회, 노동봉사를 실시하도록 하는 것이었으며, 각각 자유로이 참가하는 것이 아니라 "명칭, 목적, 일수, 참가자 및 기타 참고가 될 사항을 기록하여"[10] 각 교회에 대해 상세한 실시보고를 요구하고 있는 것이었다. 이와 같은 통달을 받는 쪽, 즉 각 개교회 쪽에

---

9) 1942년 1월 16일부 문부차관으로부터 일본기독교연합회장 앞으로 송달된 '전첩축하행사에 관한 건'으로, "개전 이래 "전첩을 축하하고", "날짜를 지정하여 축하행사를 거행"할 것을 통지하는 문건이었다. 또한 여기에는 '실시 항목' 까지 지시되어 있었다. 日本基督教団宣教研究所所藏資料.

10) 총발 제90호, 1942년 11월 9일부, 교단 총무국장 스즈키(鈴木浩二)의 이름으로 다음과 같은 문서가 발행되었다.

서 보면, 그 조직 양자 간의 구별을 인식하는 것은 곤란한 일이 아닐 수 없었다.

또한 교단은 전시보국회로서 각지에 이른바 캠페인을 전개했다. 각 지방을 블록별로 나누어 교단 본부에서 집행부가 출장하여 전시하 교회의 행동양식에 대해, 각 지방의 대정익찬회와 협의, 공동강연회 등을 열고, 교회단위로 국민저축운동을 전개하였다. 또한 기일을 지정하여 예배헌금을 보국회 운동을 위해 '어기증'(御寄贈)[11]하도록

교회주관자 전

보국회에 관한 건

본일 문부성 교화국장으로부터 지급(12월 3일까지 회신 요)의 다음과 같은 각 항에 걸친 문서가 통달되었고, 이에 대한 보고를 해야 하는 바 귀 교회 보국회 또는 이에 해당하는 조직이 10월 말까지의 실시 사실과 그 성과를 정리하여 회신해 줄 것.

1) 연성회, 강습회 등에 대한 명칭, 목적, 일시, 일수, 장소, 참가자수, 그 밖에 기타 참고 되는 사항을 기재하여 보고할 것.
2) 근로봉사에 관하여, 그 작업내용, 일시, 일수, 참가자수, 참가자격(교사, 신도 별도), 기타 참고사항을 필시 시재하여 보고할 것.
3) 헌납, 저축, 절약 운동 등에 대한 범위(*3글자 판독 불능*), 시정촌(市町村) 등, (*6자 판독 불능*)성과, 기타 참고사항을 기재하여 보고할 것.
4) 제전, 법요 등에 관한 명칭, 일시, 회수, 기타 참고사항을 기재하여 보고할 것.
5) 유가족, 부상병 위문, 위문문의(*2자 판독 불능*) 등에 관해 참가자수, 회수, 기타 참고사항을 기재하여 보고할 것.
6) 기타 사항에 대해서는 앞서의 지침에 따라 기재 보고할 것.
7) 동일 사항에 대해서는 누계를 잡아 집계하여 보고할 것(日本基督教団宣教研究所所藏資料).

11) 1943년 6월에 일본기독교단 전시보국회 총재 도미다, 회장 마나베(眞鍋賴一)의 명의로 된 다음과 같은 문서가 있다.

일본기독교단 교회주관자 전

(생략)

일본기독교단 전시보국회는 결성 이래, 도카이(東海), 쥬부(中部), 긴키(近畿), 쥬고쿠(中國), 시코쿠(四國), 큐슈(九州)의 각 교구에 있어 국민저축에 대한 협의를 진행해 왔고, 5월에는 홋카이도(北海道) 및 도후쿠(東北)교구에 있어서는 대정익찬회와

강제하기도 하였다.

  1944년에 들어 전황이 악화되는 것과 함께 국가는 목사나 승려의 근로동원을 개시했다. 이는 각 종교 교단의 통리자에게 지시하여 이를 각 교구에 하달하고 명부를 작성하도록 할당하였다. 물론 국가는 교단이 여러 모양의 교파적 전통을 지니고 있고, 또한 여러 교파들이 합동하여 성립된 것이라는 것을 숙지하고 있었으며, 그로 이해 "동원할 수 있는 교사(중략)의 선정에 있어서 (중략) 교단의 사정에 따라, 파벌에 의한다든가, 또한 이를 다루기가 어려울 경우 등에 있어서는 이 동원에 반대하는 것으로 간주하고 별도 동원의 방법을 강구하여 관계 방면에 주의를 요하게 할 것"[12]이라고 하는, 실제로 미세한 부분

    공동주최로 전시의 경제국민생활에 대한 협의강연회를 열었다. (중략), 교회단위의 국민저축조합을 조직하고(중략) 총후종교보국에 매진하며(중략) 일본기독교의 입장을 선명히 하고(중략) 그 활동자금은 각 교회로부터의 헌금으로 충당할 것을 다시 한 번 유념하여 18년도(쇼와 18년)의 경상비예산은 금 5만엔, (중략) 이에 따라 오는 6월 20일 제3 일요일을 전시복구회일로 지정, 전시적 정신 앙양에 앞장서고, 당일의 예배헌금을 자금으로 하여 전시보국회에 '어기증' 하도록 하되, 만일 당일의 상황이 여의치 않을 경우는 다음 주일로 이에 상응토록 하고, 그 또한 여의치 않으면, 적당한 날을 지정하여 이를 필수 엄수 실행할 것을 권고하는 바이다(日本基督敎団宣敎硏究所所藏資料).

12) 근로동원에 대해서는 일본기독교단 선교연구소에 다음과 같은 문서가 있다.

    「(사) 근발 제1043호, 쇼와 19년(1944년) 4월 17일 후생성 근로국장/ 문부성 교학국장재단법인 일본불교회장/ 신도교파연합회장/ 일본기독교연합회장 앞
    교파, 종파, 교단의 교사, 승려의 근로동원에 관한 건
    결전 하 국민근로총력의 최고도의 발양을 목표로 요긴한 사항을 살피는 바(중략) 동원배치에 있어 귀 종단의 적극적 협력을 구하는 바이다.
    1. (중략) 제출해야할 기능별 동원 명부는 별지의 양식에 의거할 것.
    2. (중략) 명부는 해당 도도부현(都道府縣) 종무 주관과를 통해 (중략) 각 해당 청, 부 국민동원과에 제출할 것.
    3. (생략)
    4. 동원해야 할 자의 연성 등의 실시에 관해서는 도도부현과 연락체계를 유지할 것. (이하 생략)」
    「(사본) 근발 제1043호, 쇼와19년(1944년) 4월 19일 후생성 근로국장 / 문부성 교학

에 이르기까지 지시하고 있는 것을 볼 수 있다.

그리고 이와 같은 종교 교사의 징용에 대해서는 각 교구에서 작성한 명부를 기초로 각 개인이 교단으로부터 문서가 송부되었다. 그 하나의 예로서 다음과 같은 문서가 있다.

「19 총발 제37호 쇼와 19년(1944년) 6월 8일
　　　　　　　　　일본 기독교단 총무국장 스즈키(鈴木浩二)
사토(佐藤津義夫) 전
종교교사 징용에 관한 건
(전략) 각 지방장관에게 통달된 문서에 근거하여 종교 교사의 징용을 실시하는 바, 귀하가 징용을 수행함에 있어 종교 교사로서의 면목을 발휘하야 협력해 주기 바람. (생략)

국장 각 지방장관, 결창총감 앞
교파, 종파, 교단의 교사 승려의 근로동원에 관한 건
(중략) 금번 신도, 기독교 등 각 교파, 교단에 대한 근로동원의 실시하는 일과 관련 귀 기관의 적극적 협력을 요청함.」

「근발 제1012호 쇼와 19년(1944년) 5월 1일 후생성 근로국장
일본기독교연합회장 전
교파, 종파, 교단의 교사, 승려의 근로동원에 관한 건
(4월 17일 근발 제1012호의 통첩은) 선정 등 기타 여러 사항에 있어 불철저한 경향이 있어 이를 재고, (중략) 부족한 부분은 시정하여 철저한 시행을 다시 요청함.
 1. (생략)
 2. (중략) 응징 중인 자, 또는 신체상 결함이 있는 자, 그리고 다른 이유로 동원이 불가능한 자의 경우는 도도부현 관계 계와 연락을 취하여, 다른 적격자를 대체 동원할 수 있는 조치를 엄격히 수행할 것.
 3. 전항의 대체 요원이 있을 것을 고려하여 (중략) 해당 동원수의 보결자를 기재하고, (중략) 명부를 작성할 것.
 4. 동원해야 할 교사 (중략)의 선정에 관해 (중략) 교단의 사정이나 혹은 각 파벌의 문제로 차질이 발생하는 경우를 인정하지 않으며, 만일 그러한 일이 있을 경우는 금번 동원의 취지에 반대하는 것으로 간주, 별도의 동원 방법을 강구할 수밖에 없음을 각 관계방면에 주의를 환기시킬 것.」(日本基督教団宣教研究所所藏資料).

참고해야 할 사항, 피징용자가 유념해야 할 점 등에 관한 사항을 요약하여 다음과 같이 알리고자 함.
*동원배치 해야 할 종교 교사의 수, 시기는 해당 도부현에 통보할 것.
*배치해야 할 공장, 사업장은 긴급산업 부문으로 각 지역 주재의 공장, 사업장을 선정할 것.
*(기간은) 2년 일 것.
*(중략) 혹자는 일반 공원으로서, 혹자는 산업전사의 지도 연성 담당자로서 배치될 것. (생략)
*종교 교사로서 관공리, 군속, 교직원, 보호감독, 보호사, 소년보호사의 직에 현재 근무하고 있는 경우는 제외할 것.
*종교 교사의 징용에 관해서 이상의 사항 이외에는 후생성의 지휘에 의해 따를 것.」

(일본 기독교단 선교연구소 소장 자료)

사토는 당시 사이타마(埼玉)현의 오미야(大宮)교회의 목사였다.[13] 이것은 그 구체적인 인선에 대해서는 교구 내의 각 교회나 소속 목사의 상황을 파악하고 있는 교구장이 교단의 의지를 받들어 충실히 그 직무를 수행하는 결과의 형태였음을 말해 준다. 그리고 교단은 국가로부터 교사들의 '징용'에 대한 제반 권한을 위탁받고 있었다.[14] 또한 불교의 경우도 같은 형태의 '전시승려근로동원실시요강'에 의해 근로동원 되어 '긴요산업'에 종사하였다. "동원될 승려는" "그 해당 관청과 후생성이 대일본불교회와 협의하여 결정하고, 관계 부처와 부현

---

13) 《日本基督敎団年鑑》쇼와 16년(1941년)판, 31.
14) 가네다(金田數男)는 남방 파견선교사로 선출, 파견될 때 "좀 어물어물 대다가는 교단징용으로 나갈 판이었다. 그렇게 되면 말로 다 표현하지 못하는 처지에 놓이며, 지금의 상황조차 어떻게 될지 모르는 교직자는 바로 교단을 떠나는 것이다"라고 말했다(金田數男, 《漂流》, 信愛出版社, 1957, 16). 종교단체법에 의하면, 제16조에서 "주무 대신은 (생략) 교사의 업무를 정지시킬 수 있고, 또한 종교단체 설립의 허가를 취소"하는 것이 가능했다. 제17조, 제18조도 참조할 것.

에 통보"하고, 도청이나 부현은 "관계 종파 (지방) 종무소로부터 동원할 승려의 기능별 동원명부"를 작성하고, 각 "수입공장이나 사업소와 협의하여 승려의 기능역량에 상응, 일반 공원으로서, 또는 근로자 연성지도담장자로서 취업"[15]하도록 하였다.

그리고 전황이 더욱 악화되기 시작한 1944년 1월에는 칙령으로 종교교화방책위원회가 관제로 포고되고, 대략 그 반년 후인 9월 30일에 '신불기 30만의 종교가'[16]에 의해 '대일본전시종교보국회'가 결성되었다. 그 이래 패전 때까지 교단은 구성 멤버로서 보국회에 참가하고, 거기에서 논의된 것을 교단으로 가져와 교단 차원에서 교단상회를 개최, 그리고 그것은 그 예하 교구상회에서 다루어지고, 다시 지교구상회를 경유, 말단에 이르러서는 각 교회의 교회상회에서 다루어지기에 이르렀다.[17]

하나의 사례로서 1945년 2월 교단으로부터의 통달문서에 다음과 같은 내용이 있다. '19 총발 제63호'의 문서가 총무국장 스즈키(鈴木 浩二) 이름으로 각 교회 주관자, 전도소 대표자 앞으로 발령되었다. 그 주제는 '2월 상회운영의 건'이며, 그 대의는 다음과 같은 것이었다. 지난 해 11월 국책으로서 상회가 설치되고 "우리 교단은 교구, 지교구, 교회의 전 조직을 활용하여 전쟁 일본(一本)의 체제 하에 종교상회 운영의 만전을 기할 것"으로 되어 있다. "종교 상회는 종교단체를 통해 매월 국책을 바로 바로 구현하는 체계를 세우며, 신앙을 통해

---

15) 후생성 근 제25호/ 쇼와 19년(1944년) 1월 24일부로, 후생성 근로국장으로부터 각 도부현 장관 앞으로 '전시승려근로동원에 관한 건'으로 "전국승려의 근로동원조직을 확립하고(생략) 긴요산업에 있어 정신(挺身)근로에 종사하도록" 하고 있다. 日本基督教団宣教研究所所藏資料.
16) 《朝日新聞》, 1944년 9월 30일.
17) 「第一回教団戰時報國理事會記錄」, 《常任常議員會記錄》 1945년 1월 26일. 교단 상회는 그 전 달 하순 교구 상회는 그 달 상순, 지교구 상회는 그 달 중순, 교회 상회는 그 달 하순에 열렸다.

전력의 비약적인 증강을 기대하는 데 목적을 두는 것"이다. 이것의 성공 여부는 "각 교회 및 전도소의 상회 운영 여하에 있으며", "교단은 상회를 교단 상회, 교구 상회, 지교구 상회 및 교회 상회의 4단계로 분리하고", 그 주제는 "매월의 상회 철저사항은 문부성 주최의 종교단체 중앙상회에서 결정하고 교단은 이를 교단전시보국회 상무이사회에서 논의한 뒤 이를 순차적으로 하부 조직에 전달하도록" 하였다. 그리고 그 달 문부성 교학국장으로부터 '알루미늄 회수에 관한 통첩'이 있었기 때문에, 이 일에 주목하고 더하여 교단으로서 별도의 주제를 내걸었다. 즉 '종교보국정신의 체현-사생초탈'이 바로 그 달의 주제가 되고, 여기에 의해 "우리들 기독교인들은 평소와 다름없이 살되, 어떻게 죽을 것인가를 마음에 두고, '생명을 얻으려 하는 자는 잃고, 자신의 생명을 잃는 자는 곧 얻으리라', '살든지 죽든지 우리는 모두 주 안에 거한다'는 신앙에 따라 특공정신에 반하지 않는, 곧 죽어도 감사와 기쁨을 확신하고 국가에 봉공하며, 이로써 국난을 타개"해 나가지 않으면 안 될 것이며, "항상 예수의 죽음을 우리들의 몸에 지니고", "예수의 생명, 우리 몸에 거하기를" 기원하면서, "날로 영원의 생명 가운데로 걸어가며, 십자가의 길을 감사하며 살아야 할" 것이라고[18] 설명했다.

또한 같은 형태로 1945년 4월의 '일본 기독교단 4월 종교상회 철저 사항'에는 '종교보국 정신의 체현-억조일심, 국체호지(護持)'가 그 주제이며, 이것의 해설을 위해 성서를 인용하였는데, "스스로 분쟁하는 나라마다 황폐하여지며, 스스로 분쟁하는 집은 무너지느니라"(누가 11:17)를 제시하고, "지금이야 말로 신앙이 있는 자는 성서의 가르침에 따라 자신을 십자가에 달린 주의 진실에 쫓아 살며, 일체 자신의 나라에 봉공하는 것을 통해 이웃에 봉사하는 것으로 삼고, 이에

---

18)「19 총발 제63호」, 1945년 2월 2일, 日本基督敎団宣敎研究所所藏資料.

따라 '대화'(大和)의 마음을 이행하지 않으면 안 될 것이다. 주 그리스도의 '수육'(受肉)과 십자가의 도야 말로 '화'(和)의 길임을 아는 하나님의 힘에 의지해야 한다"라고 설명하고, 성서의 요한복음 15장 13절, 로마서 9장 3절, 로마서 15장 1-2절, 고린도후서 5장 18-21절을 참조하도록 요구했다.[19]

이렇듯 상부조직인 교단은 "상의하달과 함께 하의상달도 고려하고자 하였다. 요는 신앙 방면을 활발히 하고자 하는 일이다"[20]라고 한 도미다 통리의 말이 남아 있기는 하나 절대적으로 일방적인 상의하달의 조직이었고, 그러한 방식으로 활동을 전개하였다.

그리고 전시 하 최종 국면은 이 종교보국회의 조직을 이용, 식료증산 운동을 지도하는 것이었다. 1945년 7월에는 일본 기독교단 종교보국회 전시활동 위원회 위원장인 가가와(賀川豊彦)와 식료증산부 부장인 스기야마(杉山元次郎)의 연명으로 문서가 발행되었다. 거기에는 "식료는 전쟁의 기반이 되며 전황의 위급과 국내 자급 태세의 확립이 절대 필요한 때"라고 하고, "국내 자급은 미(未) 이용 가식(可食) 자원의 활용을 통해 충분히 해결"할 수 있다고 하였으며, 그것을 위해 야생초의 식료화 등의 방법을 피력하면서, '식료증산'을 지도하고 '일본은 불패의 나라'인 것을 강조했다. 그 이유로서 "1. 전쟁의 목적이 옳아, 아시아를 서양의 노예상태로부터 구원하기 위함이며, 2. 아

---

19) 日本基督教団宣教研究所所藏資料. 참조할 것을 요구한 성서는 "사람이 친구를 위하여 자기 목숨을 버리면 이에서 더 큰 사랑이 없나니"(요한 15:13), "나의 형제 곧 골육의 친척을 위하여 내 자신이 저주를 받아 그리스도에게 끊어질 지라도 원하는 바로라"(롬 9:3), "우리 강한 자가 마땅히 연약한 자의 약점을 담당하고 자기를 기쁘게 하지 아니할 것이라"(롬 15:1), "또 우리에게 화목하게 하는 직책을 주셨으니"(고후 5:18) 등이다.
20) 제1회 일본기독교단 전시보국회 교단상회에서의 도미다 통리의 인사말, 「第一回日本基督教団戦時報國會教団常會記錄」 《常任常議員會記錄》, 加藤邦雄所藏教団關係資料).

시아 여러 나라가 일본을 지원하고 있다. 3. 국내가 통일되어 있다. 4. 특공정신이 있다. 5. 로켓 포탄에 인간이 탈 수 있을 만큼의 과학정신을 지니고 있다"라는 등의 이유가 있기 때문에, "따라서 일본은 불패이다"라는 결론을 내고, 더욱이 "전능자는 마침내 노예의 민족이던 이스라엘을 낮에는 구름기둥으로 밤에는 불기둥으로 지키신 것"처럼 그 일은 지금도 "황국과 함께 함을 확신한다"고 강조하고, 전시활동위원회의 사업, 즉 (1) 친절부, 전쟁 피해자 상담소, 고아, 노인 등의 전쟁 피해자에 대한 친절운동 등, (2) 전쟁고아지원부, 전쟁고아의 양자 알선 상담소 등, (3) 전시 전염병 방지 운동부, 후생성과 연계해 나가며, 게이센(惠泉)여자농예전문학교를 통해 특수 전염병 간호법 강좌를 개설하는 일 등, (4) 전시순결운동부, 도의 일본의 확립을 위해 매주 강좌를 열고, (5) 야생초 식품화 전문가의 실시 지도 강습회나 분식운동을 지도하는 일[21] 등을 전하고 있다.

국가존망의 위기에서 앞장서 나섰다는 것까지는 몰라도, 성서의 역사인식을 이렇게까지 견강부회(牽强附會)한 것은, 이미 어떤 의미에서는 종교단체로서의 활동이라고는 할 수 없으며, 이와 같은 문서를 대하면서는 비통한 심정을 느끼지 않을 수 없다.

IV. 전시 하의 교구, 지교구

앞에서 살핀 바와 같은 관리구조와 조직을 지닌 교단의 하부조직으로서, 교구와 지교구가 있었다. 교단의 하청기관이 된 교구는 문자 그대로 충실하게 그것을 지교구에 통달하는 기관에 지나지 않았다. 당시는 전술한 바와 같이 홋가이도(北海)교구, 도후쿠(東北)교구, 도쿄(東京)교구, 도카이(東海)교구, 쥬부(中部)교구, 긴키(近畿)교구, 쥬

---

21) 「日本基督教団戰時宗教保國會戰時活動委員會」, 日本基督教団宣教研究所所藏資料.

고쿠(中國)교구, 시코쿠(四國)교구, 규슈(九州)교구, 타이완(台灣)교구, 조선(朝鮮)교구와 그 밖에 만주(滿洲), 화북(華北), 화중(華中)포교구가 있었다. 그리고 그 아래에 각 지역의 지교구가 대체로 현 단위로 존재했다.[22]

1943년 11월 17일에 시코쿠교구장이었던 우시노미야(宇都宮充) 마츠야마니반죠(松山二番町)교회 목사는, 이미 9월 30일에 "에히메(愛媛)현[23] 사사(社寺)교학과의 지도하에 종교단체 에히메지방 위원회가 결성되었다"는 사실을 접수하고, 우시노미야가 그 상임위원에 임명되었다는 사실을 보고하였으며, 그 위원회의 '실천사항'을 통달했다. 그 요점은 신불기 삼교를 하나로 묶어 '근로대'를 조직하고, "직역지역(職域地域)으로 구별하지 않고", "근로보국에 정신(挺身)할 것"과 "사원 교회의 경내 및 구내지에 '쌀보리'(裸麥)를 재배할 것"[24] 등의 지시였다.

또한 활자로 인쇄되어 배포된「대정익찬회에히메현지부」의 〈상회(常會)의 여정[餘情, 栞][25]에는 '상회' 개최 시에 사용할, 실제로 간절(懇切)하고 친절한[26] 지시가 상세히 기록되어 있다.

우선 처음에 '상회의 서(誓)'를 서술하고 있다. 거기에는 "보잘 것

---

22)《日本基督教団年鑑》쇼와 16년(1941년)판, 8-13.
23) 역주: 일본 시코쿠(四國)의 서북쪽에 있는 현으로, 현청은 마츠야마(松山)시에 있다.
24)「宗教団体戰時愛媛地方委員會實踐事項=關スル件」, 日本基督教団宣教研究所 所藏資料.
25) 역주: 여기서 여정(餘情)이라고 번역한 일본어 원어는 '시오리'(栞, しおり)인데, 이는 일본의 단가, 곧 '하이쿠'(俳句)에서 풍기는 섬세한 정서를 의미한다. 곧 생략과 절제의 표현 속에 남아 말없이 전하는 정서 같은 것을 뜻한다.
26) 역주: 일본어 원문에는 '정녕'(丁寧)이라는 낱말인데, 그 원 뜻은, 친절하고 정중하며, 공손하다는 의미이다. 사려 깊고, 신중하다는 의미도 있다. 일본어에서 언어의 정중한 표현이나, 행동의 조심, 무엇보다 '공경어'를 표현할 때 '테이네이語'(ていねいご)라는 표현을 쓰는데, 그 말의 한자 표현이 곧 '丁寧語'다.

없는 이 작은 모임이 반드시 황국의 초석으로서 큰 역할을 할 것입니다. 이 모임에서 서로 서로 자신을 버리고, 말과 마음을 합하여 황국에 대한 각오를 다지고자 합니다. 이 모임을 통해 황국에서 태어난 기쁨을 새롭게 하고, 모두 하나로 뭉쳐 성은에 봉사할 것을 맹서합니다"라는 말로 개회사를 시작하는 것으로 되어 있다. 또한 그 순서를 규정하는 '상회 개최의 순서'에는 "경례, 궁성요배, 국가제창, 칙어(勅語, 詔書)봉독, 기도, 낭송"이 이어지고, 그것이 끝나면, 각도(角度), 방법, 회수 등이 상세히 규정되어 있다. 그리고 이어 본 행사로서 전달, 방법에 대해 적고 있는데, 그 상회 전체가 "화기애애한 분위기에서 진행되도록 하고", '그림이나 환등', '아동들의 유희', '전승 간담' 등을 이용하도록 권고하고 있다. 그리고 이 '상회'의 끝부분에 대해서도 "가볍고 즐거운 분위기만이 지속되면, 그것이 엄숙하고 장중한 맛을 엷게 하는 원인이 될 수도 있기 때문에 강화(講話)를 할 때는 진정성을 잘 가미하여 분위기를 조절하여야 한다"는 내용이라든지, 강화 내용을 청취하는 쪽도 "물정 모르는 표정이 아니라, 가르침을 소홀히 여기지 않는 태도로 경청하여야 한다"[27]라고 하는 데 이르기까지 지시하고 있다.

그리고 1944년 9월 이후에 설치된 '대일본전시종교보국회'의 '에히메지부'에 대해서는 그 구성단체의 일람과 함께 〈이요군(伊予郡)[28] 부회회칙〉[29]이 활자로 인쇄되어 배포되었다.

다소 분량이 많으나, 귀중한 내용이기 때문에 다음에서 그 개요를 살피고자 한다.

---

27) 발행연월일 미기재, 불명, 日本基督敎団宣敎研究所所藏資料.
28) 역주: 시코쿠 에히메현 북서쪽에 위치한 군, 1955년에 군의 일부가 이요시(伊予市)로 분립한 바 있다.
29) 關西學院資料室所藏.

대일본전시종교보국회 에히메현지부 이요군부회 회칙

제1장
제1조, 제2조, 제3조 생략
제4조 본부회는 대일본전시종교보국회 에히메현지부가 지시하는 사업 외에 전조의 목적을 달성하기 위해 다음의 사업을 수행한다.
1. 종교보국 정신의 앙양에 관한 사항
2. 종교교화에 관한 국책의 침투 구현에 관한 사항
3. 관계 관청 및 제 단체와의 연락에 관한 사항
4. 종교화운동의 기획실시 및 촉진에 관한 사항
5. 종교단체의 교화시설 운영의 지도에 관한 사항
6. 종교교사의 연성에 관한 사항
7. 기타 필요한 사항
제5조 본부회는 전조의 사업수행을 위해 다음의 각부를 설치한다.
신도부신도, 불교부불교, 기독교부기독에 관한 교화할동에 대한 건
제2장
(회원은) 이요군내에 재류하는 대일본전시종교보국회 에히메현지부 정회원으로 한다.
제3장, 제4장 생략
제5장 회계
제17조 본부회의 경비는 회비, 보조금, 기부금 및 기타 수입에 의한다.
제6장 생략
제7장 부칙, 대일본전시종교보국회 에히메지부장에 대해 보고의무를 지닌다.

이는 '종교보국정신의 앙양'이나 '종교교사의 연성'에서 엿보이는 것처럼 각각의 종교가 원한 것이 아니라, 지역을 묶어 각 종교교단을 전쟁협력을 향해 강제 동원하고자 하는 것이었다. 그리고 그 권말

에 이요군내의 사원명부가 종파별로, 예를 들어 진종본원사파 지장정 교회 등의 불교계 제 파의 교회명부, 신도명부, 즉 교파신도에 속한 금광교(金光敎), 흑주교(黑住敎), 천리교(天理敎) 등 여러 종교의 명부, 나아가 교단에 속한 세 개의 교회, 곧 마츠마에(松前)교회, 도부(砥部)교회, 군나카(郡中)교회의 명부가 소재지, 주관자의 이름과 함께 기재되어 있다. 이 서류의 발행일은 기재되어 있지 않으나, 이 '이요군부회'의 발족일자가 '쇼와 20년(1945년) 6월 2일'로 되어 있으므로, 패전 직전의 것이라고 판단된다. 이렇듯 모든 종교교단은 전쟁 수행의 한 축으로 존재하고 있었다.

그리고 이 '대일본전시보국회'의 조직은 패전 후에 개편되어 '일본종교회'가 되었다. 일본종교회는 "문부성을 시작으로 일제히 관청 부문의 간부들은 퇴직"하고, "순수한 종교관계자들만으로 재결성"하는 것을 받아들여 교단에서는 패전 직후인 1945년 8월 28일 제13회 전시보국회 상무이사회에서 이 조직을 '전후대책위원회'[30]로 개칭하였다.

이처럼 중앙에서는 조직의 명칭을 변경하여 형식적으로라도 대응하였으나, 지방조직에 있어서는 그 움직임이 차일피일, 지지부진하였다. 예를 들어 에히메현지부 이요군지부의 경우를 보면, 그와 같은 통달이 발송된 것이 1946년 3월 20일이었다. 그 통달에는, "종전 후 일본종교회로 개칭하고, 새로운 취지, 목적으로 새 출발을 한다"[31]는 내

---

30) 〈日本基督敎新報〉, 2523, 4, 5 합병호. 이 호의 발행일자는 1945년 6월 1, 10, 20일로 되어 있다. 실제로는 패전 이후에 발행된 이 호는 전후 직후의 도쿄(東久邇)수상이 '슈旨의 賜'라고 한 기사가 게재되어 있다. 이 기사에 있어 도미다 통리는 금후 교단의 나아갈 방향으로서 "본 교단의 교사 및 신도는 성지를 봉대하고 국체를 호지(護持)하는데 일념을 다하여 철저히 임하는 것"이라고 적고, 교단의 전도는 "시국의 격변에도 불구하고 교단의 조직체제는 미동하지 않을 것이다"라고 기록했으나, 실정은 그렇지가 않고 교단의 전후 상황은 많은 문제를 안고 그 진로가 진행되는 상황이었다.

31) 1946년 3월 20일부. 일본종교보국회 현 지부 기독교부 부장 우시노미야(宇都宮

용이 전달되었다.

이렇듯 지역에 밀착하여 전개된 보국회의 운영, 그 재정은 어떻게 충당되었던 것일까.

칸사이(關西)학원 사료실[32]에는 감리교계 여러 교회가 소장하고 있던 자료가 복사되어 보존되어 있고, 그중에 후시미(伏見)교회가 소장하고 있던 자료 중에 다음과 같은 것이 포함되어 있다. 하나의 예로서 소개하고자 한다.

"교토(京都)부 기독교보국회 쇼와 19년(1944년)도 세입 세출 예산안(쇼와 19년 4월 1일부터 쇼와 20년 3월 31일까지)"에 의하면, "세입 합계 5,300엔"으로 그 주요한 세출계획은 530엔(회의비), 2,700엔(사업비)로, 그 내역으로는 세이진(西陣) 전시보육원비(1,800엔), 농번기 탁아소비(1,800엔), 전시탁아소시설비(1,920엔) 등이다.

교토부 전체의 '기독교보국회' 중에서 후시미교회는 회비납입 10엔이 할당되어 있다. 그 산출 근거는 "회원 각위로부터 회비로서 1인당 50전 이상 납부"를 실시하는 것으로 "만일 목표액에 미달될 경우는 교회회계로부터 보충"한다는 것으로, 이 숫자의 근거는 교단 본부 부과금(賦課金) 및 교회의 현재 배찬회원(陪餐會員)[33] 수로부터 산출한 것이다.[34]

각 개교회는 이처럼 타 종교 교단과 함께 재정적으로도 통제 속에

允)의 이름으로 발행되어 각 교회 교사, 신도 앞으로 발송된 문서에는 "(중략) 대일본전시종교보국회는 종전 후 일본종교회로 개칭하고, 새로운 취지와 목적으로 재출발"하게 되었고, "조직을 개편하는 일", 그것을 위해 미납 회비를 징수할 것 등이 기술되어 있다.

32) 필자는 칸사이학원대학 신학부의 간다(神田健次) 교수의 도움을 받아, 자료를 열람하고 복사할 수 있는 기회를 얻었다. 여기에 감사를 표해 두고자 한다.
33) 역주: 성만찬 예식에서 포도주와 빵을 배당 받는 신도수로, 곧 세례교인수를 의미한다.
34) 「伏見敎會資料」, 關西學院學院史資料室所藏資料.

있었고, 직접적으로 전시 하 지역의 과제를 분담하여 수행하지 않을 수 없었다.

V. 전시 하의 각 개(個)교회

본 절에서는 전시 하 각 개교회가 이 시대 속에서 어떠한 발걸음을 옮겼으며, 어떠한 일상을 보내야 했는가를 몇몇 교회의 자료를 통해 구체적으로 검증하고자 한다.

야마구치(山口)의 신아이(信愛)교회 자료 중에는, 1941년 9월 26일부로 '전체대외비'로서, '산사제 2235호', 야마구치시장 다카하시(高橋忠治)로부터 발송된 '신사사원교회/종교결사전'이라는 문서로, '일전 청동화폐 급 황동화폐 회수촉진에 관한 건'이라는 자료가 있다. 야마구치 신아이교회는 이 요청에 부응, '교회 종 한 개'[35]를 공출했다.

도요나카(豊中)교회에는, '도요나카기독교회 보국단 단칙'이 인쇄되어 보전되어 있고, 1945년 '6월 상회 철저사항'에는 "종교보국정신의 체현-도의가 있고, 승리가 있는 직장 전 국민 전우(戰友)의 길로 살기"[36]라는 내용이 있다.

도쿠야마(德山)교회에는 1941년 10월 26일 개최한 "도쿠야마교회 회의는 만장일치로 가결되어", 보국단을 결성하고, 필요에 따른 교회당, 유치원을 개방하여 유야나 전상자의 피난소, 응급구호소로 사용할 것을 결의하였으며, 부대적인 결정은 "책임 있는 당국에 이 결정을 보고하고 그 지휘를 받을 것"을 결정하였다. 도쿠야마교회의 '주보'에는 쇼와 16년(1941년) 10월 26일, '보국회' 결성 사실 보고를 위

---

35) 「山口信愛教會資料」, 關西學院學院史資料室所藏資料.
36) 「豊中教會資料」, 關西學院學院史資料室所藏資料.

해, 그 결의문을 가지고, 하라다(原田) 목사와 니와자키(岩崎) 복음사 두 사람이 시장, 경찰서장, 헌병대장을 방문, 결의문을 전달하고, 기쁨을 함께 나눈 것으로 기록되어 있다.[37]

야와타하마(八幡浜)교회에는 1944년 1월 26일 '시코쿠(四國)교구장 우시노미야(宇都宮忠)'로부터 발행된 군용기헌납 운동에 관한 자료가 남아 있다. 군용기헌납 운동은 시코쿠교구 출신의 히라마츠(平松)목사의 '정신봉공'(挺身奉公) 주장에 의해 전개되어 시코쿠 교구에서 그해 2월까지 군용기 한 대분의 기금을 바치기로 하고, 지금까지 4만 수천엔(에히메현 3만엔, 고지현 1만엔 이상, 도쿠시마, 가가와현 1천엔) 가까이 약정을 받았으나, 더욱 진력을 다하여 모금운동에 참여하기를 바라며, 아직 약정액을 보고하지 않은 교회는 "작은 힘이라도 모아 국가에 보은하는 의미로 최선을 다하는 모습을 보여 줄 것이며", "교직자는 1개월분의 봉급을 바치는 솔선수범의 모범을 보여, 신도들에게 최대한의 헌금을 하도록 고양시킬 것"[38] 등이 기록되어 있다. 이러한 내용은 각 개교회가 결코 거부하기 어려운 상황과 분위기임을 말해주고 있다.

더욱이 교단 재무국으로부터 해당 교회에 통달된 '통첩'에 의하면, 야와타하마교회에 대한 '쇼와 19년(1944년)도'의 부과금은 '57엔, 사은 부과금 6엔, 합계 63엔'이며, 이 금액을 교구회 때까지 납부하지 않으면 안 되었다.[39] 군용기헌납 운동의 결과는 어떻게 되었을까. '쇼와 19년(1944년) 2월 15일'의 기록에는 야와타하마교회 앞으로 일본 기독교단 통리자, 보국회 회장의 연명으로 5엔 헌금수령에 대한 감사편지가 와 있다. 편지는 서식이 정해져 있었는데, 받는 이, 보내는 이, 헌금액, 일자가 첨부된 양식이었다. 그리고 1944년 8월 23

---

37)「德山敎會資料」, 關西學院學院史資料室所藏資料.
38)「八幡浜敎會資料」, 關西學院學院史資料室所藏資料.
39)「八幡浜敎會資料」, 關西學院學院史資料室所藏資料.

일에는 군용기헌납 운동에 관하여 전시보국회 회장 마나베(眞鍋賴一)로부터의 '예상'(禮狀)이 있는데, 거기에는 "군용기 헌납은 총액 65만 2,733엔을 달성하고, 육해군성에 40만엔을 헌납했으며, 8월 11일에는 해군성에 제2회분으로 10만 엔을 헌금했다"는 내용이 기록되어 있다는데,[40] 이것이 각 교회에 송부된 것이다. 또한 전시보국회가 결성되고, 앞서 지적한 바와 같이 교단상회로부터 시작하여 조직적 하달의 말단으로서 1945년 1월에는 교단 '상회' 철저사항 문서로 1) 대동아선언취지의 철저, 2) 경제도의의 진흥이 각 개교회에 배달되었다.[41]

앞 절에서 본 '교토부기독교보국회'의 사례에서 명확하게 나타난 것처럼, 또한 본 절에서 살펴 본바와 같이 교단은 국가정책의 하청기관으로 전락했으며, 교구는 교단의 하청기구가 되어 각 교회에 지령을 발령한 것이다. 각 개교회는 교단, 교구로부터의 지령과 함께, 각 지역의 행정기관으로부터 관리통제를 또한 받았다. 즉 목사가 담당한 목회 전도도 신도들의 시국인식을 철저히 하도록 하는데 집중하지 않으면 안 되었고, 설교를 통해 어떻게든지 동요 없이 각자의 직장, 직무를 철저히 수행하도록 하는 데에 역점을 두어야 했으며, 뿐만 아니라 각 지역의 다른 조직과 융화하며, 교회당도 개방해야 하는 상황이었다고 할 수 있다.

VI. 전시 하의 각 개교회 – 삿포로(禮幌)교회의 경우

'교단'의 당초 제2부(감리교회)에 속했던 여러 교회 중 삿포로교회에는 전시 하의 '간사회'(幹事會) 자료가 보존되어 있다. 다음에서

---

40) 「八幡浜教會資料」, 關西學院學院史資料室所藏資料.
41) 「八幡浜教會資料」, 關西學院學院史資料室所藏資料.

이 자료를 참조해 가면서, 특별히 전시종교 행정에 대해 각 개교회가 어떻게 대응해 왔는가 하는 것을 검토하는 것이 이 절의 과제이다.

홋카이도(北海道)교구는 창립 당시 고노무라(小野村林藏, 홋카이도 기타이치조〈北一條〉교회 목사)가 교구장이었으나, 1944년 4월 28일 반전적(反戰的) 언론활동으로 인해 체포, 투옥되고 치안유지법 위반 용의로 구류처분을 받았다. 이에 당시 목사관을 건설 중이던 삿포로교회에서는 부교구장이었던 마노(眞野万穰) 목사를 교구장으로 파송하지 않으면 안 되었다. 또한 이 시기 '야마하나(山鼻) 강의소'를 폐쇄하지 않으면 안 되었다. 다음에서 삿포로교회의 '간사회 기록'을 참조, 그 요점을 기록하고자 한다.

교단 창립기간도 아닌 1941년 8월에 이미 "방공연습의 일부로서 블라인드"를 없애기로 하였다. 그리고 '목사로부터'라는 문서에서, "보국단 결성에 대해, 나라의 요청에 따르고, 전국 기독교단이 조직될 것이지만, 각 개교회에도 방위를 위해 조직이 필요하다"는 뜻이 전달되었으며, 보국단 조직화를 결정하였다.

또한 10월에는 역시 '목사로부터'에서 신불기의 "3교 합동 백만 엔 국방헌금을 하기로 하였으며, 그 중 기독교는 2만 3천엔을 하기로 약정되고, 감리교가 3,280엔, 홋카이도 교구가 8,157엔, 그리고 그중 삿포로교회가 30엔 이상의 헌금액"이라는 요청이 등장하는 것을 볼 때, 각 개교회에 할당 헌금액이 정해졌음을 알 수 있다. 이에 대해 '교회당의 방공시설비'를 합산, '목표 200엔 이상'을 모금하기로 결의하였다.

개전 후 첫 1942년 1월의 첫 월례 간사회에서는,
가. 금후 대조봉대일(大詔奉戴日)은 기도회의 형식으로 진행,
나. 철제 헌납을 결의,
다. 표찰 교환(아마 '교단' 허가에 대한 것으로 보임 – 필자),
라. 회관 명칭 변경, '웨슬리관'을 '홍도관'(弘道館)으로 변경,

등을 결의하였다. 3월에는 "의사진행에 앞서 제2차 '전승축하일'을 맞아, 국민의례 후, 마노 목사의 기도로 개회하고", '저축조합 결성'을 결의했다. 7월에는 "교회에 대한 각종 세금이 면제되어, 쇼와 15년 제1기(시〈市〉관계 세금은 같은 해 제2기부터) 이후 이미 납부한 부분은 반환되기로 되었다." 즉 이러한 상황에서 국가로부터 공인을 받았다는 것은 면세의 대상이 되었다는 뜻이 된 것이다.[42] 그러나 그것은 극히 일부의 혜택에 지나지 않는다. '대조봉대 종교보국 홋카이도대회'는 9월 8일 개최하는 것으로 준비되었고, 불교 5명, 신도 3명, 기독교 2명(교단 대표 1명으로 마노 목사, 가톨릭교회로부터 나가사카〈長坂〉)이 출석하는 것으로 보고되었다. 그리고 그 이전에 가결한 것으로 교회 내에서 시행된 '저축조합 결성'이 보고되고, 가입회원은 38명이라는 것이 또한 보고되었다.[43]

9월 개최예정으로 준비되고 있던, '종교보국대회'는 "대표자 수 결정, 구 감리교회로부터 홋카이도, 사할린(樺太)에서 40인 출석으로

---

42) 宗敎団体法 第22條,《基督敎年鑑》1940年版, 401.
43) 「敎會國民貯蓄組合」에 대해서는 다음과 같은 規約이 남아 있다.

日本基督敎　戰時報國會 敎會國民貯蓄組合規約

1. 名稱
日本基督敎団戰時報國會○○敎會國民貯蓄組合이라고 칭한다.
2. 目的
國民貯蓄獎勵의 趣旨에 따라 戰時 財政 經濟 政策에 協力하고, 組合員이 一致團結하여 貯蓄報國에 있어 誠實을 다하기 위해 貯蓄 力行을 圖謀하기 위함을 그 目的으로 한다.
3. 組合은 ○○敎會 牧師 및 敎會員으로 構成한다(이하 생략).
4. 事務所(생략)
5. 運營
(생략) 貯蓄(郵便貯金, 銀行貯金, 信用組合貯金, 生命保險의 保險料, 기타) 및 國債券 買入 등을 위해 (중략) 組合長은 敎會主管者와 함께 組合을 代表하여 金融機關(郵便局, 銀行, 信用組合, 生命保險會社 등) 및 그 支部와의 事務連絡을 擔當한다(이하 생략).

(발행연월일 미기재, 불명, 日本基督敎団宣敎硏究所所藏).

결정되고, 다른 지방에서 19인의 출석을 결정하는 등의 분위기로 보아, 당해 교회에서도" 몇 사람이 출석하지 않으면 안 된다는 보고를 하고 있다. 덧붙여서 홋카이도 교구는 동부지교구(네무로〈根室〉, 구시로〈釧路〉, 도카치〈十勝〉), 중부지교구(소라치〈空知〉, 시라베시〈後志〉, 이시카리〈石狩〉, 우라카와〈浦河〉, 이부리〈膽振〉), 남부지교구(히야마〈檜山〉, 오시마〈渡島〉), 북부지교구(가미카와〈上川〉, 루모이〈留萌〉, 소야〈宗谷〉, 아바시리〈網走〉), 사할린(樺太) 지교구로 구성되었다.

1942년 11월이 되면서, 회계보고 중에 월정헌금은 순조로운데, 예배 출석자의 감소와 야마하나(山鼻) 강의소의 폐쇄가 원인으로 헌금이 전체적으로 감소하고 있다는 보고가 되고 있다.

새해가 밝아, 1943년 3월이 되면, "교회 건축물 방호 담당을 위해 학생보국대원 7명을 출동시켜달라는 경찰서장의 요청"이 있고, "교회 건축물 및 설비를 공공용으로 이용하는 건에 대한 간담회와 연구검토를 원한다는 내용"이 자료에 나타나는 것처럼 교회를 전쟁의 직접적 방위체제로 검토하지 않으면 안 되는 상황이 도래하였다.

또한 이미 지적한 바와 같이, 홋카이도 교구장이며, 삿포로 기타이치죠(北一條)교회 목사였던 고노무라(小野村林藏) 목사가 체포되는 일을 당하여, 마노(眞野万穰) 목사가 교구장이 되었으며, 그로 인해 그는 개교회 사무 이외의 여러 직무를 수행하지 않으면 안 되었다. 이에 그는 같은 해 8월 의사진행 중에 '부목사(보조자) 설치의 건'을 상정, 이를 심의, 전도사(남, 여)의 가능성을 검토하고 있으나, 이듬해 1944년 10월이 되어도 보조자, 곧 협력자를 두는 일은 불가능하였다.

1943년 10월의 '간사회'(幹事會)에서 '목사로부터' 라는 문서로서 '합동감사헌금운동에 대하여' [44]라는 내용이 보고되어 있다. '교단'

---

44) 역주: 여기서 '합동감사' (合同感謝)라 함은 여러 교파를 합하여 '일본 기독교단'

의 목표 55만 엔의 목표 중 "당 교회의 모금 목표는 666엔 58전인데, 이는 재적 회원수 및 재정상황에 따라 정해진 것"이라는 내용이다. 협의 후에 이 "헌금 방법은 크리스마스 헌금을 포함하여 모을 것"이라고 제안되어 있다.

'교단' 창립 당시 출발한 체제인 '부제'(部制)[45]는 1942년 11월 개최된 제1회 교단총회에서 그 폐지가 결의되고, 그 이듬해인 1943년 4월부터 실시되었다. 그 이후 각부는 조정위원회를 설치하여 재산등록 등의 정리를 시행해 나갔으나, 이 작업은 다시 그 이듬해 3월 말까지 다 해결되지 못한 상태였다. 이에 따라 1944년 1월에는 "종래 유지재단의 일체를 일본 기독교단 재무국이 인수한다"는 보고가 되고 있고, "쇼와 19년(1944년)도 부과금의 비율은 작은 교회가 낮은 비율, 큰 교회가 높은 비율로 책정하고 대체로 경비의 1할 정도로 할 것", 그 부과금은 교단의 재무국으로부터 직접 각 교회로 통달 될 것, 삿포로 교회는 그 부과금이 426엔, 사은 부과금이 43엔, 합계 469엔이라는 것, 합동감사헌금은 교단 총회에서 재검토되어 모금기간이 연장되고 이 교회에는 '목표액 666엔'이 된 것, 그러나 이것은 부과금과는 별도라는 소개되고 있다. 또한 교단 총회에서 결의된 전투기헌납운동에 대하여 그 목표가 10대, 10만 엔이며, 총회 석상에서 즉시 1만 6천

으로 합동한 사실에 대한 감사를 의미한다.
45) 역주: 이미 '일본기독교단'의 창립 역사에 대한 이해가 있을 경우 주지하는 바이지만, 급작스럽게 교파 형 교회를 신학, 교리, 제도, 전통, 특히 재산상의 체계가 다른 상황에서 일거에 하나로 통합하기는 쉽지 않은 문제였다. 이에 그 중간 단계의 체제로 교단통합은 이루되 잠정적으로 원래의 교파 별, 혹은 유사 교파를 묶어 '부'(部)로 존치시킨 잠정적인 제도이다. 그러나 이는 당시 일본 정부는 철저히 꺼린 제도였고, 최종적으로 시작단계의 일시적 시기는 인정하였으나, 조속한 해소를 조건으로 한 것이었다. 물론 교단 창설의 주도자들도 이를 약속하였고, 사실상 졸속으로 이를 폐지하여, 정부의 요구에 부응하였다. 그러나 내용상으로는 많은 부작용이 있었다.

엔이 헌금되었으며, "홋카이도 교구는 2만 엔이 목표로 설정되어 당 교회는 1천 3백 엔"이 배당되었음을 보고하고 있다. '간사회' 에서는 협의 이후 전투기헌납운동은 합동감사헌금과 동시에 진행하여, 임원회에서 취지서를 작성, 회원 전체에게 배부할 방침을 결정했다. 더불어 크리스마스헌금은 106명, 1,021엔이 봉헌되었다. 여기에 대해 1944년 3월 헌금운동 결산보고가 나왔는데, 합동감사헌금 333엔, 비행기 헌납운동 1,023엔, 항목 무 지정 헌금 363엔의 헌금운동 결산보고가 되고 있다.

《강위의 첨탑(尖塔)－삿포로교회 75년사》(1964년)[46]에는 이 시대 예배 출석자의 추이, 헌금액, 예산액에 대한 추이 등에 관한 자료를 포함하고 있으나, 「간사회 기록」을 보는 바에 따르면, 오직 어떻게 해서든지 교회를 지키고자 한 태도가 엿보일 뿐이다.

전황의 악화가 점점 더해진 1944년 11월에는 간사회 석상에서의 '마노 목사로부터' 라는 기록에 의하면, "멀지 않은 크리스마스 시즌을 맞아 결전의 상황 하에 다망한 중에도 불구하고 봉사에 최선을 다해 준 일에 대한 감사의 뜻을 표하고, 앞으로도 진력을 다하여 소기의 원하는 목표를 달성하기를 당부한 후, 교회의 현황을 보고"했으며, 끝으로는 "교회 내부의 문제, 종교보국회, ○○○(판독불능－인용자) 회에 관하여 소감을 피력한 후 주기도문으로 폐회하니, 시간은 오후 9시 반이었다. 지극히 화기애애한 회의였다"고 기록되어 있다. 전체적으로 이 '간사회 기록'은 의사록으로서 완성도가 높고, 실제로 정녕 요점을 잘 정리하여 기록한 문서이며, 더구나 이를 통해보면, 당시 이 교회가 내실과 체계가 잘 잡혀있었던 교회였다고 볼 수 있다. 이에 반대로 말하면, 이 '간사회 기록' 으로부터는 실제 인간의 실존적인 목소리를 찾아 볼 수 없다고도 할 수 있다. 그와 같은 것을 통해 볼

---

46) 역주: 원제는 《川畔の尖塔－禮幌敎會七五年史》(一九六四年)로 되어 있다.

때, 이 '간사회 기록' 중에서 어느 정도, 억압되어 있는 전시 하의 '간사회', 즉 당시 목사와 간사를 둘러싸고 있는 교회의 모습이 드러나고 있다고 볼 수 있는 것이다.

그리고 1945년 3월에는 "목사 보고, 일본 기독교단 각오는 기구체제가 변화할 수밖에 없음을 알지만, '…' (문자의 의미 불명 – 인용자)", "일본 기독교단은 최후의 결전에 임하는 각오로서", "전능자의 섭리에 의해 황국에서 살아가는 기독교인에게 맡겨진 대동아전쟁에 임하여, 우리에게 부여된 하늘의 사명은 황국무궁의 발전에 공헌하는 일이며, 지금이야말로 황국이 위급한 상황임으로 우리의 일체를 봉헌하여 황국을 수호할 임무가 최후까지 신앙적 결단이 되고, 대동아전쟁의 완수에 초석이 될 것을 기대한다"고 장려하고 있다. 그리고 금후 정례 회의의 개최가 '현저하게 곤란' 해질 때에는 "교회 주관자와 신도총대를 포함한 간사회에 일임"하고, 더욱 "곤란해 질 때에는 교회 주관자에 맡겨 처리하도록" 결정하였다.

전황이 압도적으로 불리해지는 국면에서 교회로서는 비상조치에 대한 승인을 결정하고, 이미 살핀 바, '전시종교보국회'의 '교단상회'(敎團常會)로부터 아래로 계통을 잡은 '교회상회'(敎會常會)가 '간사회'의 의제를 취급하여, 4월부터 실시하는 것을 결정하였다.

'일본 기독교단의 각오 운운'에 대해서는 그 문자적 의미가 정확히 해독되지는 않으나, 문자 그대로, 철저히 압박해 들어오는 상황에서, 그러나 전의를 고양하고자 하는 의도, 물론 애국심과 신앙을 동일 범주에서 밖에는 생각할 줄 모르는 정신적 구조가 여실히 드러나는 문서이다.

또한 '종교 교사의 철저한 동원'[47]이라는 문서에 의하면, 4월부터

---

47) 홋카이도(北海道) 교구장 마노(眞野万穰) 목사부터의 통달은, 북부군 관구 경리부 긴급군사토건 공사 출동의 건(1945년 3월 말 메모)이 있으며, "각 종교단체와 함께 우리 교구도 출동자 명부를 제출할 명령을 받았다"고 했으며, 기간은 4

11월까지 전 교구의 전체 목사가 동원되는 것이 결정되었다고 보고되고 있다. 그 동원이 진행 중인 시점 정 중간 즈음에 일본은 패전을 맞았다.

패전 후인 1945년 11월 '간사회' 개회 후 마노 목사는 '금후 교회가 나아갈 길에 대한 권장'에 대한 언급을 한 기록은 있으나, 그 내용은 남아 있지 않다. 그리고 그 다음해 1946년 2월에 마노 목사는 우선 '교구장 사임의 뜻'을 밝히고, 이어 삿포로 교회에도 4월에 '교회 주관자 사임에 관한 건'이 상정되었고, '사의 표명' 중에 야쿠모(八雲) 교회로 옮겨 농촌전도에 전념하고 싶고, "종전 후 교구장을 사임하면서 깊이 바라는 바는 교회 내부에도 심기일전 새로운 분위기로 쇄신함에 있어 그 간판을 바꾸는 것이 중요하다고 여겨 사임을 결심했다"고 하고, "아무런 논란 없이 승인해 줄 것"이라는 뜻을 적고 있다.

원래 이 정도의 문서로는 마노 목사의 '사의'에 대한 "깊이 바라는 바"가, 또한 "교회 내부의 심기일전의 요망"이, 어떠한 의미인지 알 수 없다. 현재 우리들은 그 이상 기록된 문서를 가지고 있지 못하다. 당시 마노 목사는 45세였다. 그는 자신의 출신지인 야쿠모(八雲)교회로 전임하였고, 삿포로 교회는 그 이후, 1917년부터 1919년, 또한 1921년부터 22년까지 두 번에 걸쳐 목회한 바 있고, 전시 하에는 '교단'에 참여하여 깊이 관여하던 시로도(白戶八郎) 목사가 취임하여 전후의 역사가 시작된 바 있다.

월부터 7월 말까지 3개월 간, 8월 하순부터 11월 하순. 출근처는 대일본전시종교보국회 근로정신대로 결정하고, 거기에 배속되는 것으로 되었으나, 필시 본토 방위시설 건설공사에 동원될 것이 분명하였다. 명부는 제1기, 제2기로 나누어 지명되어 있다. 日本基督敎団宣敎硏究所所藏資料.

Ⅶ. 본 장을 정리하며

전시 하의 여러 교회는 지금까지 살펴 본 바와 같이, '전시 하' 라고 하는 하나의 국가 상황을 내세워 총력전을 요구하는 통제 하에서 구체적으로는 두 개의 방향에서 통제를 받았다. 하나는 국가, 곧 문부성으로부터 '교단', 그리고 교구를 통한 통제회로이며, 다른 한 편으로는 에히메현 이요군지부의 문서 등에서 엿보이는 것처럼 각 교회가 속한 지역, 현 단위의 행정으로부터의 회로이다. 그리고 그 두 개의 회로는 하나의 교회로 집중, 집약되어 근로동원 등으로 나타나는 인적 참가, 야마구치 신아이교회에서 발견되는 종(鐘)공출, 그리고 경제적으로는 '교단' 으로부터의 부과금, 별도로 합동감사헌금, 군용기헌납운동 등 한꺼번에 몰아닥치는 헌금강압이 개교회에 부과되고, 또한 저축조합 등을 만들었다. 그리고 무엇보다도 이러한 것을 추진해 나가는 데에 있어 '교단' 은 전시보국회 상회의 철저사항에 찾아 볼 수 있듯이, 성서 말씀을 들어 이를 매진토록 하였다.

별도로 이 시기의 교세 상황에 대해서 분석할 기회가 있겠지만, 전황의 악화와 함께 각 교회의 예배 출석인원은 급격히 감소했다. 전시 하 시민생활 그것이 곤란해졌다는 이유뿐만 아니라 기독교가 적성종교(敵性宗敎)로서 엄격한 감시를 받았던 때문이다.

제6장
전시 하 교회의 전도
— 교세와 입신자(入信者)

I. 머리말

국가가, 기독교는 국제적 관계를 지닌 적성종교로서 의심의 눈초리를 가지고 볼 때, 기독교회 스스로는 자신의 존재와 상황을 어떻게 인식하고 예배를 진행하며, 교회 활동을 계속해 나갔을까. 그리고 신도들은 교회에 무엇을 구하려 모여들었을까. 물론 그와 같은 상황에서도 분명한 신앙을 표명한 크리스천들도 있었던 것이 사실이다. 기독교 신앙을 사변적으로 이해하고, 인식할 수 있는 것일까. 이러한 것들을 명확히 하는 것은 일본 기독교의 내면적 수준을 살피는 일인 동시에, 중요한 역사적 이해의 과제가 아닐 수 없을 것이다.

본 장에서는 이러한 과제에 부응하는 의미에서 그동안 간행된 몇 권의 개교회사를 자료로 삼아 교세의 상황 및 당시 교회의 활동 실태를 정리하며, 그 시대의 교회는 스스로의 이와 같은 문제를 어떻게 기술하고 있는가를 탐색하고자 한다. 나아가 한 사람 한 사람 신앙인의 육성에 접근하여, 그토록 제약을 받았던 시대의 신앙의 진면목을 살펴보고자 한다.

II. 전시 하 교회의 교세

그 시대 기독교의 교세는 예배 출석인 수나 수세자의 수를 통해 알 수 있다. 1941년에 성립된 '일본 기독교단'은, 당시 프로테스탄트 그리스도교의 거의 모든 교회를 통합하여 성립되었기 때문에 그 '교단'의 교세상황을 통해 대략 당시 프로테스탄트 전체의 교세를 살필 수 있다. 이 시기 '교단'의 교세는 교단 창립 후 최초로 간행된《일본 기독교단연감》(日本基督教団年鑑, 1943년 판)[1]에 의하면, 아래와 같다. 1942년 교단 창립 당시의 교회 수는 1,875개, 교사(목사) 수는 1,976명, 신도 총수는 20만 118명, 현재 배찬(陪餐) 회원[2] 수는 9만 9,519명, 주일 아침예배 출석 인원 3만 7,048명(한 교회 평균 20명, 현재 배찬 회원 중 주일 아침예배 출석 비율은 49.7%), 기도회 출석인원은 1만 3,043명, 한 해 수세자(受洗者) 5,929명, 교회학교 출석자 수는 6만 2,936명이다. 이어서 2004년 판《교단연감》(敎団年鑑, 자료 수치는 2002년) 통계에 의하면, 교회 수 1,731개, 목사 수 2,180명, 신도 총수 19만 6,044명, 현재의 배찬 회원 9만 7,800명, 주일 아침예배 출석 인원 5만 905명(한 교회 평균 36명, 현재 배찬 회원 중 주일 아침예배 출석 비율은 49.9%), 한 해 수세자 1,511명, 교회학교 출석자 수는 2만 1,189명 등이다. 정리하면, 1941년에 설립된 '교단'과 현재의 통계 상

---

1) 이 자료를 이용하여 교세를 통해 일본기독교단의 분석을 시도한 연구로는 戒能信生, "敎勢から見た日本基督教団の五十年"(《日本基督教団の五十年史の諸問題》, 新教出版社, 1992), 또한 戒能信生, "日本基督教団の敎勢分析"(《アレテイア》30号, 日本基督教団出版局, 2000, 10-15) 등이 있다.
2) 역주: 성찬식에서 빵과 포도주를 배찬 받아 성례에 참여하는 교인수를 의미하는 바, 곧 세례교인수와 동일한 의미이다.

황을 비교해 보면, 교회 수는 약간 감소하고, 목사 수는 조금 증가하였으며, 신도 총수, 현재의 배찬 회원 수는 거의 변화가 없는 것을 지적할 수 있다. '교단'은 패전 직후인 1945년 12월 28일의 종교단체법 폐지가 있고, 그 얼마 후인 1950년경까지 다수의 교회가 구 교파 교회를 설립, 이탈하는 역사를 보였다. 따라서 현재 '일본 기독교단'의 교세 상황 숫자를 당시와 단순히 비교하는 일은 불가능하다. 2004년 판 《그리스도교연감》(キリスト教年鑑)의 통계 숫자에 의하면, 프로테스탄트 교회의 신도 총수는 61만 7,000명이며, 한 해 수세자 총수는 7,673명이다. 전후 많은 교회가 '교단'을 이탈한 것을 고려한다고 해도 당시 한 해 수세자 수가 5,929명이었고, 현재의 '교단'의 한 해 수세자가 1,500여 명, 프로테스탄트 전체로 7,600여 명이라는 것을 어떻게 받아들여야 할지 의문이다.[3] 전시 하였던 당시와 현재의 한 해 수세자 수가 총수에 있어서는 큰 차이가 없다는 사실을 어떻게 해석해야 할지가 관건이다.

일반적으로 말하자면, 전쟁 전부터 전쟁 중이던 시기까지를 구마자와(熊澤義宣)의 분석처럼, "제약 속에 있던 신교(信敎)의 자유 하에서의 전도", 전후시기를 "보증된 신교의 자유를 찾는 전도"의 시대로 인식할 수 있다.[4] 즉 전후의 "보증된 신교의 자유" 시대에는, '일본 기독교단'의 경우, 평균 잡아 약 2,000명 전후의 수세자가 있었던 것에 반해, 전쟁 전, 전쟁 후라고 하는 "제약 속에 있던 신교의 자유" 시대에는 수세자 수가 거의 2배 이상이었다는 사실을 깊이 생각할 필요가 있다. 그것은 곧 파시즘의 진행과 전시 하의 일상적 제약이라는 상황이 당장 교회의 여러 활동에 영향을 주고, 그것이 교세에 반영되어 예배출석자가 감소하고, 수세자 수가 저하하며, 교회활동 전반의 위

---

3) "統計に見る敎勢推移"(《日本基督敎団年鑑》 2001年版).
4) 熊澤義宣, "今日と明日の問題"(《キリスト敎年鑑》 1995年版, キリスト敎新聞社, 45-49).

축과 악화를 가져다 준 것은 아니라는 사실이다. 그렇다면, 그 이전부터 기독교 신앙을 지니고 교회생활, 신앙생활을 해 온 신도들은, 또한 교회라고 하는 신앙공동체에 대한 책임을 지니고 있는 목사들은 이러한 상황의 변화, 곧 전시체제의 진행과 천황신격화, '국체명징' 체제를 어떻게 인식한 것일까. 그리고 그 시대 새롭게 기독교 신앙을 표명하여 세례를 받은 새 신도들은 기독교 신앙을 통해 무엇을 찾고, 무엇을 기대하며, 결단하여 입신(入信)한 것일까.

이 시대 기독교 신앙을 유지하는 일, 또는 새롭게 신앙을 표명하는 내용과 그 본질을 다시 검토하는 일은 중요한 과제라고 여긴다. 또한 그 신앙의 내용과 본질 속에서 교파적 특징이 드러나는지를 살피는 것도 하나의 과제가 된다고 본다.

III. 각 개교회사에 있어서의 '전시 하'에 대한 인식

이미 출판된 개교회의 교회사 기술에 대해, 그 전제로서 유의할 점을 강조해 두고자 한다.

도히(土肥昭夫)는 각 개교회사 편찬과 기술에 대해, "00목사 시대라고 하는 시대구분 방법은 단편적"인 것이라고 하고, 그러나 한 편 이 책에서 다루고 있는 전시 하에 대해서는, "다이쇼(大正)데모크라시 시기의 교회라든가, 쇼와 파시즘 시기의 교회라는 식의 구분"에 대해서도, "그것만으로 교회의 발자취를 전부 파악할 수 없는 것이어서, 또한 단편적인 방법이라고 아니할 수 없다. 교회의 자취는 내재적인 요인에 의해 생각하지 않을 수 없는 것"[5]이라고 지적하고 있다. 이러한 지적을 전제로 전시 하 교회의 현실을 살펴보면, 우선 첫째, 국

---

5) 土肥昭夫,《日本プロテスタント キリスト教史論》, 教文館, 1987, 44.

가존망의 위기라고 하는 상황 속에서는 기독교인이든 아니든 상관없이 누구라도 국가 구성원의 공동체에서 예외적 존재라고 하는 것은 용서될 수 없는 상황이라는 것을 지적할 수 있다. 예를 들어 기독교인으로 교회 신도인 젊은 남성이나 학생의 경우, 징병이나 그 밖의 소집에 있어, 또한 그 연장선상에서 보면, 전사를 각오하지 않으면 안 되었고, 또한 가족들도 그를 전장에 보내지 않으면 안 되는 각오를 해야 했다. 그러한 상황 중에 기독교인이라는 명백한 사실을 자신의 정체성으로 확립하고, 기독교인으로서의 신앙과 교회생활을 잘 지키고 유지해 나가며, 전시체제와 천황제를 포함한 당시의 사회체제 총체에 대해 대치되는 '원래의 정체성'이 무엇인지에 대한 의문을 지니고 있었는지에 대해 해명해 나가지 않으면 안 될 것이다.

그것을 염두에 두고 전시 하 각 교회의 기록, 거기에 드러나는 시점(視點)을 관찰해 보면, 여러 형태로 다채롭고 다양한 사실이 나타난다.

분명히 이 시대는 특고(特高)[6]나 헌병에 의해 예배설교가 체크되고, 미국, 영국의 스파이로서 의혹을 받는 사례가 많았다. 사실 교회당이 전재(戰災) 등으로 인해 자료가 소실된 경우, 다행히 자료가 보존되어 있는 경우에도 전후의 교회사 간행에 있어, 그 남아 있는 자료를 철저히 읽고, 면밀히 분석하지 않고, 기본적으로 기독교회는 피해자였다, 박해를 받았다고 하는 인식 하에서 기록한 경우가 다수이다.

각 교회의 교회사 기술을 살펴보면 몇 가지 형태로 분류가 가능하다. 여기서는 개별적으로 구체적 교회 명을 밝히는 것은 생략하겠지만, 하나의 형태는, 이 시대를 신앙과 교회활동의 자유가 제약을 받은

---

6) 역주: 특별고등경찰을 의미하는데, 주로 사상적 불온성과 그 행위 여부에 초점을 두어 치안유지법이나, 불경죄 위반을 위주로 정보 수집, 예비 검속, 사상 심판을 관할하는 특수 임무의 치안조직을 의미한다. 일본 내에서는 물론 특별히 당시 식민지 한국에서 이들이 집요한 활동을 전개하여, 특히 수많은 기독교인들이 그들에게 고초를 겪은 바 있다.

시대로 보고, '피해자'의 입장에서 서술하고, 그리하여 전후 시기를 교회활동의 '재생기', '발전기'로 보는 타입이다. 이와 달리 또 다른 형태로는, 한 발 더 적극적으로 나아가서 교회도 전쟁에 협력한 것으로 인식하는 입장에 서서, 자신들의 전쟁 책임을 기록하는 타입이다. 이는 이를테면 '가해자'의 입장인 것이다.

그러나 두 형태의 기록에 공통적인 점은, 실은 둘 다 당시 기독교인, 그리고 교회의 실상을 드러내어 기술하고자 하기 보다는 이른바 '이념선행형'(理念先行型)[7] 기록을 하고 있는 점이다. 분명히 그 시대를 어떻게 가록할 것인가 하는 것은 오늘날의 의미로는 '리트머스 시험지'와 같은 것이다. 그러나 앞서의 그와 같은 형태의 기록으로는, 당시의 교회나 기독교인이 실제로 지니고 이해하였던 시대상황에 대한 '원형적이고 실질적인 상태'를 명확히 드러내는데 있어 한계가 있다고 아니할 수 없다.

IV. 각 개교회사로부터 본 전시 하의 교세

이미 간행된 각 개교회사 몇 권에는 권말 통계자료로서 예배 출석인원, 수세자수 등이 기재되어 있다. 다음에서 그 자료를 통해 전시하 교세의 추이를 검토하고자 한다.

---

7) 역주: 역사서술에서 있어서, 역사적 사실의 실제적이고 구체적인 측면의 사실 기록에 우선하여, 이념, 이데올로기, 사상적 경향, 가치판단, 해석 결과의 사전 확정 등의 측면이 강한 기술을 총체적으로 의미한다. 역사 주체의 행위, 실존, 사실적 자취보다는 이념적 총체 판단이 우선하는 연역적 역사 서술에 대개 근접하는 개념이다.

《교토교회100년사》(京都教會100年史, 836으로부터 작성)

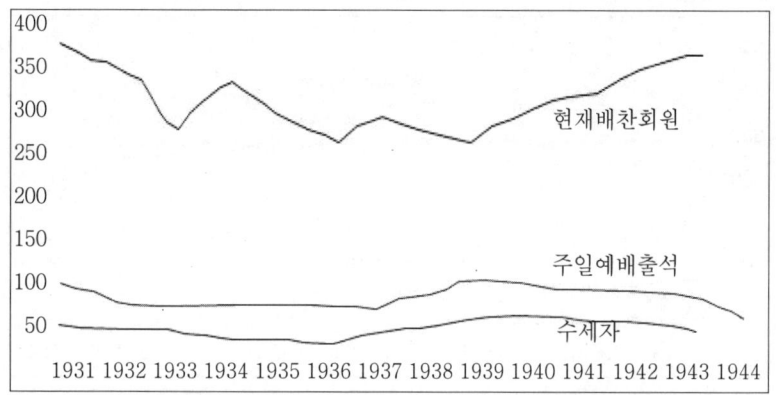

《고지교회100년사》(高知教會100年史, 476으로부터 작성)

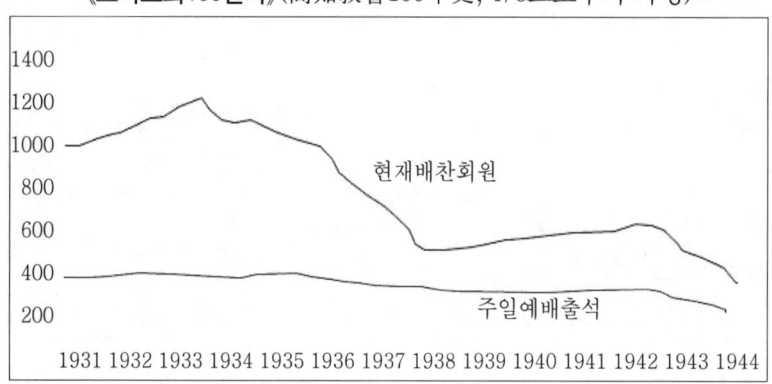

《돗토리교회100년사 II》(鳥取教會100년사 II, 448로부터 작성)

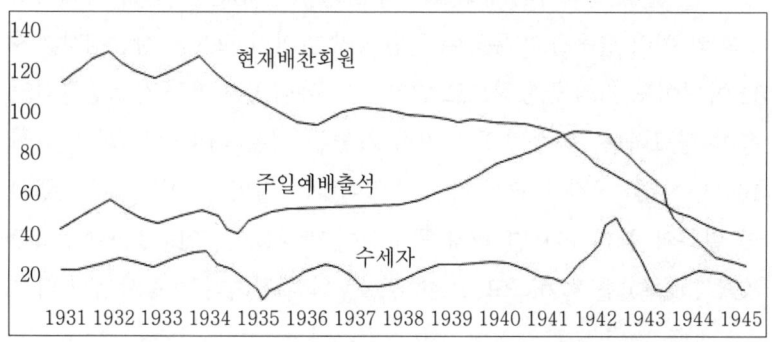

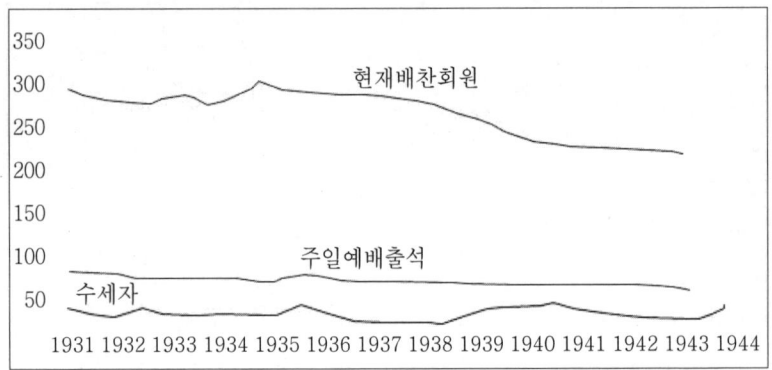

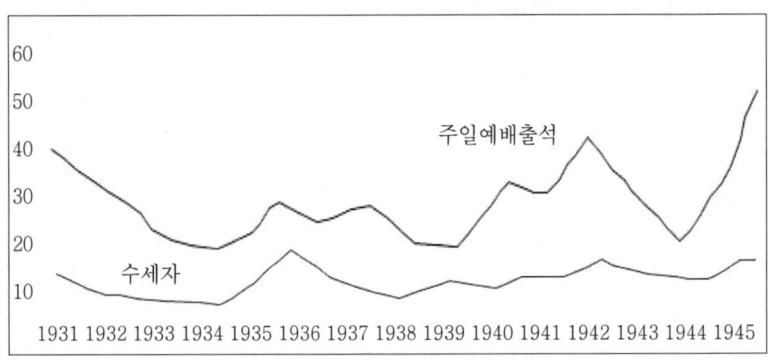

이 통계들의 연대는 1931년부터 1945년까지를 대상으로 하였다.

이들 몇몇 교회사의 통계로부터 도출되는 결론은 전시 하에서도 교회의 여러 활동을 비롯하여 일반적인 의미의 교세는 상승경향까지는 아니어도 거의 공통적으로 현상유지, 아니면 미미한 감소상황이었음이 명료하다. 특징적으로 지적 가능한 것은 대도시 교회에 있어 1944년 이후 급격한 교세 감소가 일어나는 점이다. 이는 전황(戰況)의 변화와 함께 1943년 12월 문부성이 학생들의 '연고소개촉진'(緣故疏開促進)[8]을 발표하고, 또한 근로동원의 강화나 식량사정의 악화

등으로 대도시 거주자인 도시 교회 교인들에게도 그 영향이 파급되어 교회출석자가 서서히 줄어드는, 어쩔 수 없는 상황으로 진행된 것을 의미한다. 샘플로서는 얼마 되지 않는 예로 일반화시키는 위험성이 있을 수 있지만, 즉 지방 농촌지역에 위치한 군마현의 간라쿠(甘樂)교회에서 보는 바와 같이, 그 이전 시기에 비해 같은 기간 교세가 상승하는 경우도 발견할 수 있다.

이러한 것들로부터 지적할 수 있는 점은, 전시 하 파시즘이 사상적, 법적, 사회적으로 교회를 배제하는 방향을 취함으로, 여기에 대응하는 교회활동 그 자체가 제약을 받아, 혹은 구도자가 교회 예배를 비롯하여 여러 활동에 참여하는 사회적 분위기가 곤란해진 상황이라고 하기보다는, 오히려 전황의 악화에 의한 사회 환경의 변화 자체가 교세의 감소를 초래한 직접적 원인이라고 할 수밖에 없다.

V. 각 개교회사를 통해 본 전시 하 교회의 신앙

여기서는 간행되어 있는 몇 권의 개교회사의 기록을 통해 전시 하 교회의 신앙을 살피고자 한다.

이 점을 살피는데 있어, 각 개교회사의 제1차 자료, 즉 주보, 월보, 교회보, 그리고 교회의 총회 기록, 임원회 기록 등을 망라하여 수집하는 것이 가장 중요한 일이라는 것은 두말할 필요도 없는 일이다. 또한 신앙생활을 계속해 온 당시 신도 개인의 일기나, 새롭게 신앙을 표명하고 세례를 받은 이가 남긴 신앙고백서 등의 1차 자료도 필요하다.

---

8) 역주: 이는 전황이 악화되면서, 지방의 출신 학생들을 도시 유학 상태에서 되도록 출신 고향으로 소개시켜, 인구를 분산시킴으로 도시 공습 등으로 인한 대량 인명피해의 위험을 줄이고, 도회의 식량문제 등도 일부 해결할 방책으로 촉진을 장려한 정책이다.

그렇지만 이러한 자료를 모두 손에 넣기란 쉬운 일이 아니다. 따라서 여기서는 '일본 기독교단'을 구성했던 주요 교파였던, '일본 기독교회', '메소디스트교회', '조합교회'의 전통을 각각 지닌 교회에서 출판된 개교회사에 의해 당시 교회의 여러 활동을 밝히고, 거기에서 나타나는 신앙의 여러 모습을 드러내어 검토하고자 한다.

1. 고지(高知)교회의 경우

고지교회[9]는 '교단'이 성립될 당시에는 제1부에 속한, 구 교파 '일본 기독교회'[10]에서도 유력한 교회 중 하나였다.

고지교회는 1985년 560여 페이지에 달하는 이른바 《고지교회백년사》(高知敎會百年史)를 출판하였다.[11] 이하 그 책을 중심으로 기술하고자 한다(( )내의 숫자는 《백년사》의 페이지를 의미함). 숫자로 표시된 교인 수로 쇼와 시대 초기에는 1,580여 명이었으나, 이윽고 1940년에는 2,000명을 넘어서고 있으며, 수세자도 이 시기 합계 813명에 이른다(161). 주일 아침예배 출석자의 연간 평균은 이 시기에 320명을 넘어서고 있다(161). 저녁 예배 출석자는 150명이 넘고, 다수의 년도에 있어 200명을 넘기기도 했으며, 기도회에도 다수 년도가 100명을 넘겼다(161).

이것을 전국 '일본 기독교회'의 여러 교회와 비교해 보면, "교인 수, 현재 배찬회원 수, 수세자 수, 주일 아침예배 출석자 수, 저녁예배 출석자 수, 기도회 출석자 수 어느 것에 있어서도 1위, 2위 아니면, 적

---

9) 역주: 일본 시코쿠(四國) 고지(高知)현 고지시에 있는 장로교회 계통의 교회이다.
10) 역주: 장로교회 계통의 교파로, '일본기독교단' 합동 이전에는 일본 프로테스탄트 교회 중 가장 규모가 큰 교파였다. 전후 일부 교회와 지도자들이 '교단'을 떠나 본래의 '일본기독교회', 이른바 '닛기'(日基)로 복귀한 바 있다. 그러나 다수의 교회는 '교단'에 남았다.
11) 高知敎會百年史編纂委員會, 《高知敎會百年史》, 一九八五年.

어도 다섯 손가락 안에 드는 굴지의 대규모 교회였다."(163).

이처럼 '일본 기독교회'를 대표하는 대규모 교회였는데, 1933년 11월 23일 새롭게 시도된 신죠예배(新嘗禮拜)¹²⁾가 시작되었다. '신죠예배'라고 이름은 붙여졌으나, 이것은 실제로 수확감사(收穫感謝)예배이며, 수확물을 가지고 와서 '바자회' 형태가 되고, 애찬(愛餐)의 시간을 갖는 형식이다. 그리고 그 의의에 대해서는 우에무라(植村正久)가 메이지 40년(1907년)경 시작한 형태로 그의 탁견에 의해 보급되었고, 또한 평소부터 오다(多田素) 목사가 주장해 온 것처럼 일본교회가 진정한 일본교회가 된 것이 구체적으로 표현된 예배라는 인식을 지닌 것이다(167).

이어 특기할 것은 일본 그리스도교 연맹에 의해, 전국적으로 전개된 가가와(賀川豊彦)의 '하나님 나라 운동'(神の國運動)에 따른 특별전도이다. 고지에는 1932년 4월에 이 전도운동이 진행되었는데, 고지교회는 그 이전 1927년, 1929년 두 차례에 걸쳐 특별전도집회가 있었고, 두 차례 모두 대성황을 이룬바, 특히 1927년 6월에는 고지교회를 비롯하여 74명이 세례를 받기도 하였다.

오다 목사는 1941년 3월에 별세하고, 뒤이어 단 기간 니시야마(西山知行) 목사, 스즈키(鈴木高志) 목사 등의 지원이 있었으며, 1941년 12월 말에 시모에츠(霜越四郎) 목사가 착임하여 다음 해 2월에 취임식이 거행되었다.

교단 합동에 대해서는 "이에 교단은 종교단체법에 의해 교단으로 진행될 때, 교회는 신학적인 존재로서 어떤 진로를 택해야 하는지 고려해야 한다는 것이 대체적인 분위기였으나, 세간의 분위기가 상당히 가세된 상황으로 정식 절차에 따른 수정과정도 거치지 않고 이 안이 가결되어 버렸다. 단지 오시마(尾島老)를 비롯하여 28명의 대반대자

---

12) 역주: 일본식 추수감사예배로 불리는데, 토착적인 기독교 절기 예배로 이해된다.

가 있었다"(《카이난교보》〈海南敎報〉로부터, 197)고 기록하였고, 당시대 '일본 기독교회' 소속의 교회로서 중심적인 정체성을 유지해 오던 고지교회였지만, 교단 합동의 역사에서는 대동단결하여 이 문제에 임한 것으로 보이지는 않고, 일정한 강제적 분위기에 의한 부담을 느끼면서 합동으로 멈칫 멈칫 진행해 간 것이라는 인식을 갖고 있다.

교회보로부터 밝힐 수 있는 교단 합동에 대한 인식이 그와 같은 것이었으나, 교세에 있어서는 1941년 전반 주일 아침예배 참석 수 280명, 저녁 예배 55명, 기도회 55명에 이르며, 지 교회와 강의소 출석자를 합하여 아침 예배 330명, 저녁 예배 102명, 기도회 68명 등으로 밤 집회는 조금 감소하는 경향을 보이지만, 아침 예배는 전년도 평균을 넘어서고 있다.

《카이난교보》도 당국의 엄격한 감시가 있었고, 몇 번 주의를 받았다(《카이난교보》, 1938년 12월 3일, 209)고는 해도, 미일전쟁 개전 후인 1942년도에도 오순절 특별 대전도집회를 예년과 같은 프로그램으로 진행한 바, 그 준비를 위한 새벽기도회, 성령강림기도회, 총동원예배, 대전도집회, 가정전도집회, 나흘 연속 밤 기도회가 7개 장소, 곧 회사 2개소, 학교 1개소, 그리고 청년전도, 고교생회, 주일학교, 감사예배를 실시하는 등, 연속적으로 교회 프로그램을 진행하는 것이 가능하였다(207).

1943년의 보고에 의하면, "시국 하에서 불굴의 적극적인 정비와 활동에 임하여, 집회출석자는 일부 감소"했다고 기록하였으면서도, 교회의 재정에 대해서는 "쇼와 17년(1942년) 말에 발생한 2,700엔의 적자를 해소하고, 400여 엔이 남았으며, … 교단 합동 감사헌금 1,700여 엔('교단'이 추진한 헌금 — 인용자)을 모았다." 더욱이 "군용기 헌납을 위해 1만 1,600여 엔을 헌금하고", 또한 "경상회계에도 1,000여 엔의 흑자"(210)를 기록할 정도로 교회의 기초적인 체력에 있어서는 이 시대에 있어서도 결코 쇠퇴되지 않았다.

이 연도 말, 즉 1944년 1월에는 교회 안에 '군사계'(軍事係)가 설치되었다. 그것은 교회 교인의 출정, 군무에 종사하는 자나 공장에 징용된 자가 증가함으로써, 교회가 위문, 원호해야 할 일이 필요해졌기 때문이다(217).

1944년에 들어서면, 예배 출석자를 비롯하여 교세가 처음으로 반감하고 있다. 그것은 "지방 중심도시에 있어서도 전재(戰災)를 피하기 위해 더욱 지방이나 시골로 주민들을 소개시키는 일이 진행된" 것이 그 요인이 된 것이다(218). 또한 《카이난교보》는 정기적 발행을 정지하고, 주보에는 '교인으로 군무에 부응하는 자의 이름이 다수 등장하게 되었으며, 전사자도 수가 늘어났다"(218).

이러한 전황 악화 중에 고지교회로서 교회활동에 대한 인식은, "일본에서 제일 축복 받는 교회"라는 의식을 지니고 있었다. 즉 전국적으로 소개나 공습 등으로 인해 예배 자체가 불가능한 교회도 있을 정도인 상황에서, "우리 교회는 매주 5회, 교회당에서의 집회를 할 수 있는 기회를 확보하고 있을 뿐만 아니라, 매주 적어도 6개소 이상의 강의소나 가정에서 집회가 진행되고 있을 정도이다"(220).

1945년에 들어서면서 4월 이후, 교회활동에서 예배는 새벽예배와 아침예배, 그리고 기도회로 축소되고, 4월 22일 주일예배에는 109명 정도가 출석했다. 7월 4일 고지교회는 공습을 받아 교회도 피해를 입었고, 건물 외곽은 남았으나, 내부는 거의 화재로 소실되었다.

권말의 통계자료에 의하면, 1931년 주일 아침 예배 출석 351명, 경상수입 1만 7,803엔, 이후 주일 아침 예배 출석 인원이 300명이 안 되었던 때는 1939년 1년뿐이었다가, 다시 300명을 넘어섰고, 그리고 1942년에 들어 286명, 1943년에 180명, 1944년에 113명이 되었다(476).

또한 수세자 수에 있어서는, 예를 들어 1930년 61명(전입회원 5명), 1932년 70명(전입회원 1명) 등 높은 수치를 기록하였다. 그 후 감소하여, 1938년에는 17명, 1939년에는 9명, 1940년에는 10명, 1941년에는 7명, 1942년에는 19명, 1943년에는 17명, 1944년에는 8명, 1945년에는 4명이라고 하는 수치를 보인다. 전시 하 한창의 시대적 상황으로 보면, 그래도 교회활동과 전도가 계속되었고, 수세자도 꾸준히 있었던 것을 발견할 수 있다.

요컨대, 고지교회는 교단 합동에는 적극적이지 않았으나, 시대의 대세에는 저항하지 않고, 의문을 지니면서도 여기에 참여하였으며, 지방에 있던 '일본 기독교회'의 대표적 교회로서 예배뿐만 아니라, 각종 집회도 가능한 한 계속해 나갔으며, 교인수도 이를 기반으로 최대한 유지해 나갔던 것을 알 수 있다.

이는 '홀리네스계 탄압'[13]에 의해 목사가 체포, 해산령이 내려진 때에도, 《카이난교보》가 "몇 번 주의를 받았다"(209)고는 했지만, 이 교회의 신앙과 활동 자체가 근본적으로 국가사회, 혹은 지역사회에 의해 부정되고, 거부되지는 않고, 오히려 용인된 것을 살필 수 있다. 또한 그렇다고 이 시대와 체제 속에서 굴욕감을 지니고, 스스로의 신앙에 대한 정절을 굽힌 채, 시대를 살아간 것도 아니었다고 말 할 수 있을 것이다.

2. 도리이자카(鳥居坂)교회의 경우

도리이자카교회[14]는 '일본 기독교단' 창립 당시 제2부에 속했었

---

13) 역주: 일본 파시즘 말기 '일본 홀리네스 계통의 교회'(성결교회계)의 교회가 그들의 독특한 교리 중 하나인 재림사상의 강조 등의 이유로 다수의 목회자와 일부 신도들이 검속, 구금되고 교단 자체가 해산명령을 받았던 대표적 기독교 탄압사건이다. 이와 연관, 한국의 성결교회도 일제 말기, 지도자는 검속되고, 교회가 해산된 바 있다.
14) 역주: 일본 도쿄도(東京都) 미나토(港)구 록본기(六本木)에 1883년 캐나다감리교회 계통으로 설립된 교회이다.

다. 이 교회는 오하마(大濱徹也)에게 집필을 의뢰하여《도리이자카교회백년사》(鳥居坂敎會百年史)[15]를 1987년에 출판했다.

'메소디스트교회'[16]는 이미 1937년 구기미야(釘宮辰生) 감독 명의로, '시국에 대하여 드리는 말씀'을 발표하였고, 제72회 제국국회의 개원식에 즈음하여서는, "칙어(勅語)의 높은 뜻을 봉대(奉戴)하고, 내각의 정책에 기초하여 제국의 목표인 동아시아 평화를 확립하기를 간절히 빈다." 더욱이 교회 전체로서, "국민총동원 정신의 진흥운동에 참가하고, 진충보국(盡忠報國)의 정신을 진작시키기를 기대한다"(227 페이지, 이하《백년사》의 페이지 수를 의미함)고 선언한 것처럼, 기독교신앙에 기초한 문서나 언급이라고 하기 어려운 문서를 내고 있다. 이 메소디스트교회에 속해 있던 도리이자카교회는 당시에는 아자부(麻布)교회라고 불렀다. 이 교회는 1938년 7월 10일 주보 274호에서 '보국전도'(報國伝道)에 진력할 것을 선언하였다. 그 내용은 "보국전도란 복음 선전을 통해 국은(國恩)에 보답하는 것을 주된 뜻으로 하며, 크게는 복음의 근본된 뜻을 역설 고조하는 것이지만, 조국 일본의 특수 사명을 검토하여 기독교적 입장에서 이를 발양시키고, 더욱 명확히 앙양하는 의무를 다하는 일"(228)이라고 하였다. 이 의미는 일본이 천황제 국체의 역사를 지닌 국가이며, 당연한 일로서 구미의 기독교 여러 나라와는 다른 고유의 과제가 있고, 일본 기독교는 국가 존망 중에 애국운동에 전력을 다하는 것이 당연한 일이라는 것

---

15) 鳥居坂敎會百年史編纂委員會,《鳥居坂敎會百年史》, 一九八七年.
16) 역주: 일본의 3대 교파(일본기독교회, 일본메소디스트교회, 일본조합교회) 중의 하나였던 메소디스트교회, 곧 감리교회를 의미한다. '일본메소디스트교회'는 미국의 남북감리교회는 물론, 캐나다감리교회도 함께 선교한 선교역사를 지닌 점에서 한국감리교회의 선교 원류와는 일정한 차별을 보인다. 이것이 '일본기독교단' 설립 초기에는 이른바 제2부에 소속되었다. 전후 대부분의 교회가 교단에 잔류하였으나, 극소수의 교회가 교파 환원을 추진하여, 현재도 일본 메소디스트 계열의 작은 교파가 있다.

이라고 하는 의식이 내재해 있다.

이미 1934년 2월 11일 예배를 '기원절(紀元節)[17]예배'로 지킨 교회로서, 1936년 2월 9일 예배를 '건국제 예배'로서 지킨 것은 물론, '황국(皇國)과 기독교'가 설교제목이었다. 그리고 '기독교 애국', "나라를 빛내는 축수, 일본 제국신민으로 태어난 것에 대한 감사와 함께, 충군애국의 염을 금할 수 없다"고 기록하고, 그 근거로서, "일본 메소디스트교회는 헌법 제15조 정부에 대한 의무 중에 '우리는 성서의 가르치는 바에 따라, 무소부재(無所不在)하신 하나님의 존재를 믿고, 일본 제국에 군림하신 만세일계의 천황을 봉대하며, 국헌을 존중하고, 국법을 준수하는 일'에 최선을 다한다"(229-230)고 하였다.

《백년사》가 기록하고 있는 것은 이처럼 '성전'(聖戰)의식이 교회 교인들에게 받아들여 진 것은, 교인이었던 미즈노(水野恭介) 등의 직업군인들에 의해 시국에 대한 설명과 이해가 일상적으로 진행된 때문이라든가, 사회 상류인사가 여성교인을 중심으로 교회의 특징적 주류로 형성되어 있기 때문이라는 등의 지적을 하고 있다(241).

도리이자카교회에는 학생들을 중심으로 '아자부(麻布)교회 영문학회'가 있었고, 거기에서는 저명한 지식인을 초청하여 강연회를 연다든가, 학생들에 의한 영어연설회가 열린다든가 하여 "세계를 향해 열린 눈을 지닐 수 있는"(261) 활동이 잦았다. 국체론이 구가되고, 편협한 일본정신이 주창될 당시에 있어서, 기독교에 의한 지식, 세계를 향한 눈, 청년들의 지적 욕구를 영문학회의 활동을 통해 만족시킬 수 있는 구도를 지니고 있었으며, 기독교가 지닌 '문화'적 향기를 향유할 수 있는 통로가 될 수 있었다. 따라서 그것은 일시적으로 지적 분위기를 형성하는 위안이 될 수 있었으나, '국체'라는 이름으로 강요

---

17) 역주: 2월 11일 기원절은 일본의 '건국기념일'로 기원전 660년 진무덴노(神武天皇)가 야마도국을 정복하고 일본국을 세웠다는 고대 일본의 건국신화를 근거로 한 기념일이다.

된 신화를 넘어서거나 극복할 수 있는 활력을 가져다 줄 수는 없었다고(261), 《백년사》는 지적하고 있다.

계속해서, 《백년사》에는 일본 기독교계가, 기독교를 '문명의 종교'로서 수용하고, '국가에 대한 이기(利器)'로서 기독교의 우위성을 믿고, 영혼 구제를 개개인의 신앙으로 역설하기 위해서는 신앙적 원리에 있어 국가사회를 상대화해야 하는 것에 무지했다고 기록했다. 이어 그렇기 때문에 기독교 신앙은 '인생수양'의 도구 정도로만 여기는 지경으로 전락하고, 이 신앙적 무지로 인해 '오족협화'(五族協和)[18]를 내건 만주건국을 시작으로 추진된 '대동아공영권'(大東亞共榮圈)이라는 국가의 몽상에 자신을 다 던져 넣고, 그것이 '신앙적 의인'(信仰的 義認)의 노정이라고 여기며, 그리고 그것이 '문명의 길'이라고 매진한 기독교인 통한의 현실이었다(268)고 분석하고 있다.

미일전쟁 개전 이후, 교단 성립과정에서 '아자부교회'라는 이름으로부터 '도리이자카교회'로 개칭한 후, 교인으로서 출정하여 전사한 이에 대해, "열렬한 신앙의 그리스도의 종, 아자부교회가 길러낸 '교회의 자녀'인 제국 군인으로서 교회의 자랑이기도 했다"(290)고 했고, 그 신도가 전사하였을 때 지었다는, 오랜 신도인 미즈노(水野恭介) 해군 소장의 노래 말이 수록되어 있다.

"소집 영장을 받고

자랑스럽게 흔들며 내 달린다 이 붉은 소집영장
몸 안에 끓는 붉은 피 방불 하는 소집영장의 빛깔이여
붉은 종이와 사람이 하나가 된다, 아이들아 잘 보아라, 이 소집영장

---

18) 역주: 만주족, 야마토족, 한족, 몽골족, 조선족, 즉 이 오족을 하나로 묶어 아시아 평화의 주축이 된다는 기치를 내걸고 일본의 괴뢰정부로 건설된 이른바 만주국의 이념적 목표이다.

떠나는 날

생사여탈은 하나님 손에 맡기리라, 마음 편히 오늘은 떠나자"

《백년사》의 저자 오하마는, 이것을 지사적(志士的) 사상이라고 아니 할 수 없으며, 정벌에 나서는 무인의 공통적 심정을 토로한 것이라고 기술하고, 여기에는 신앙인으로서의 측면보다는 자연스럽게 '무인의 마음' (290-291)만이 드러나 있다고 지적하고 있다.

전황의 악화는 당연히 교회활동 자체에도 엄격한 제약을 가져왔다. 교회 교인들 자신들도 소개(疏開)를 당하거나, 전재(戰災)를 입고, 교회생활과 예배생활 자체를 계속하기가 곤란한 지경에 들었다.

그리고 '일본 기독교단' 으로부터 지시가 계속 내려온 바, "이른바 '성전' (聖戰)의 완수는 기독교인으로서의 신앙 본질인 '경건' 을 수련하는 것이라고 믿고, 오로지 그것이 신앙의 과제라고 의식된 것이 나이었을까" (298)라고 분석했다.

이와 같이 '도리이자카교회' 는 메소디스트교회를 배경으로 하면서도, 기독교 신앙에 의해 국가사회를 상대화시키지 못하고 '문명국의 종교' 인 기독교를 인생수양의 방법정도로 수용하였다고 할 수 있을 것이다.

3. 교토(京都)교회의 경우

교토교회[19]는 '조합교회' (組合敎會)[20]의 전통에 서있고, '교단' 설

---

19) 역주: 1885년 1월 '조합교회' 계통의 교회로서, 시조(四條)교회라는 이름으로 설립되었고, 현재는 일본기독교단 소속 교회로, 교토시 나카교구(中京)구에 위치하고 있다.

20) 역주: 미국의 '회중파교회' (Congregational Church) 계통의 교회로, 일본에는

립 당시에 제3부에 속한 교회였다. 교토교회는 1985년에《교토교회백년사》(京都教會百年史)[21]를 간행했다. 다음에서 이 책에 의거 기술하고자 한다.

교토교회는 1년 간 목사 없는 기간이 있었다가, 다자키(田崎健作) 목사가 1937년 12월에 제9대 목사로 부임하였다.

다자키 목사는 부임 다음 해인 1938년 1월 및 2월의 교회보《여명》(黎明)에 '시국과 기독교'에 대해 기술했다. 그 대요를 보면, "첫째, 기독교는 절대적으로 개인적인 것이지, 국가적인 것이 아니다. 둘째, 예수의 교훈은 기독교의 일부이지 그 자체가 기독교는 아니다. 셋째, 기독교의 본질과 기독교의 응용과는 명확한 구분이 필요하다"(522, 이하《백년사》의 페이지 수를 표시함)는 것이었다.

교회사의 기술에 의해 각론의 해설하고자 한다.

첫 번째 문제에 대해서는, 기독교의 중심이 되는 문제, 즉 부활, 천국, 영생, 속죄, 성찬, 참회 등이 모두 개인에 속한 문제이지, 국가나 사회단체에 관련되는 문제는 아니라는 것이다.

두 번째 문제에 대해서는, 톨스토이를 보면 명확해진다. 그는 예수의 교훈을 그대로 기독교 자체로 보았다. 그러나 그것은 교훈이지 종교는 아니다. 기독교라는 것은 예수를 그리스도로 믿고, 영원의 구세주, 속죄주로서 믿는 것이다. 톨스토이는 예수의 교훈을 기독교로 받

도시샤(同志社)대학 설립자인 니지마(新島襄)가 1874년 미국 유학 후 회중파 전도자로 귀국하면서 시작되었다. 그는 미국회중교회계의 일본전도단체인 '아메리칸 보드'(American Board)의 선교사 신분이었다. 이 선교단체는 일본에서 조합교회를 형성하였는데, 이후 일본기독교단으로 통합되기 전까지는 일본 프로테스탄트 3대 교단 중의 하나였다. 한국과의 관계는 이른바 '한일합방'을 전후하여 이른바 '식민지전도론'에 의한 '조선전도'의 실행으로 조선회중교회를 설립한 교파로 널리 알려져 있다. 이 조선회중교회는 3.1운동 이후 급격히 쇠퇴하였다.

21) 京都教會百年史編纂委員會,《京都教會百年史》, 一九八五年.

아들여, 거기에 합당하는 삶을 살아감으로 위인이 되었다. 즉 그는 윤리적 위인이었으나, 종교적 위인은 아니었다. 윤리적 위인은 주의 십자가를 등에 지고 가지만, 종교적 위인은 주의 십자가를 속죄의 은총으로 믿고 참배한다. 전자는 인종(忍從)이며, 후자는 감은(感恩)이다. 그리고 사회적 기독교의 입장에 선 다수의 사람들은 전자에 속한다.

세 번째 문제, 즉 기독교의 본질과 응용을 구분해야 한다는 문제에 대해서는 다음과 같은 견해를 밝히고 있다. 기독교의 본질은 예수의 교훈, 자신의 죄악, 주의 속죄, 세례, 성찬, 영원한 생명, 천국, 부활 등이다. 그러나 이 중에 사회적인 응용이 가능한 것은 예수의 교훈밖에 없고, 더욱이 응용하고자 할 때는 그 처한 환경을 무시할 수 없게 된다. 이 환경에 대한 무시가 절대적 공산주의의 고조로 나타나거나, 절대적 비전론 주장으로 나타나거나, 또한 반대로 국가에 반하는 것이라는 이유로 공격을 받는 형태가 된다. 예수는 분명히 개인적 최고 이상의 윤리를 지시하고 있으나, 다른 면에서 기독교의 중심은 속죄론이기도 하다. 예수의 교훈은 이것을 실행하는 것이 목표가 아니고, 이 최고 이상 앞에서 자신의 무력함을 참회하는 것, 자신을 버리고 주 그리스도(역사의 예수가 아닌)에 의존하여, "자신이 살든지 죽든지 그리스도에 속하여 산다"라고 하는 종교적 활로를 발견하게 하는 하나님의 섭리인 것이다(523-524). 그렇기 때문에 "기독교 신도는 담대히 이러한 현실의 다리를 건너 각자 개인 앞에 놓인 국가에 대한 임무에 충실할 수밖에 없는 것이다. 주가 기뻐하는 그대들의 천국문은 열려 있고, 그대들을 기다리고 있는 것이 하나님의 뜻이다"(《여명》1938년 2월호, 524).

이 교회사의 기술 시점(視點)에 있어 깊이 경청할 가치가 있는 점은 다음의 문장이다. "이와 같은 의식을 중심으로 지닌 교토교회가, 또한 일본 기독교계가 국가의 책략에 말려 들어갔다고 한다면, 지금까지 자주 이야기 되어 오던 기독교의 이른바 피해자의식은 후일 작위적으로 만들어진 것이라는 것이 명확해진다"(524)고 지적한 부분이다.

1939년 11월 "교회는 협력의 기운을 북돋우었다. 각 집회도 충실히 하고, 아침 예배도 백여 명을 웃돌거나 조금 모자라거나 하는 수가 참석한다. 또한 저녁 예배에는 다자키 목사가 직접 예배 전에 선전대의 선두에 서서 크게 외치며, 큰 북을 치고, '안에서도, 밖에서도 각성운동'에 앞장 설 것을 독려했다"(537)라고 적었다.

1942년 여름 주일학교 장년과가 주최한 하기 간담회가 연속으로 다섯 차례에 걸쳐 열렸다. 주제는 '대동아 건설과 기독교'였다. 그 감상으로, "생각해 보면, 사상전(思想戰)이라고 할 수 있는 이번 전쟁도 우리에게 있어서는 신앙의 싸움에 다름 아니다. 우리의 신앙이 미국과 영국의 신앙과 싸우고, 그들의 주의(主義)가 우리의 주의를 앞서 이기는 것을 절대로 거부할 것인가, 우리의 신앙이 전락하여, 지옥의 나락으로 떨어질 것이 테마인가, 그들의 신앙이 나락으로 떨어질 것인가, 왜곡된 하나님을 찾는 빗나간 영혼을 위해 깊이 기도하며, 싸워나가는 것이 새로운 대동아 건설을 해나가는 일이다"(〈월보月報〉, 1943년 9월, 557)라고 할 때, 그 이전인 1932년 교토교회 청년회 수양회에서 '교회와 국가'를 테마로 분반하여 토론했을 당시 청년들의 고뇌를 교회로서 압살하고, 개개인의 문제로서 방임하는 일이 되고 만 것이다. 당시 청년 수양회의 기록을 살펴보면, 다음과 같다.

    제3분단 좌장 가네다(金田雄亮), 서기 기니와(木庭芳雄)
    참가자 9명
    주제 기독교와 국가
      a. 황실(皇室)에 대하여
        이 문제에 대해서는 토론하는 것을 피했다.
      b. 신사(神社)에 대하여

신사의 신과 기독교의 하나님과는 근본 관념을 달리하고 있다. 신사에 대해서는 우리들의 조상으로서, 또는 우리나라를 세운 공로자로서 존경의 뜻을 표하는 것은 옳으나, 예배하는 것은 아니다. 나아가 참배할 필요도 없으나, 유별나게 참배하지 않는다고 말할 필요도 없다.

c. 군대에 대하여

이 문제도 근본적으로 검토하자면, 국가에 관한 문제가 되는 바, 이 점은 다른 분단의 연구로 위임하고, 실제적인 문제를 생각하고자 한다. 첫째, 학교에서 군사교련을 실시하는 데 대해서는 근본주의적 입장에서 원칙적으로 반대한다. (일부의 인사들은 심신 훈련을 목적으로 긍정) 사회를 바꾸지 않는 한, 즉 영혼 개조를 하지 않는 한, 전쟁을 멈추게 하는 일은 불가능하다. 그러나 원칙적으로 전쟁을 반대한다. 따라서 군대도 부정한다. 그러나 소집영장을 받을 때에는, 각자의 신앙에 따라 결정하는 방법 이외에 다른 방도는 없다.

(《여명》〈黎明〉, 1932년 7월, 541-542)

《교토교회백년사》에서 기록하고 있는 것처럼, 청년들은, 전쟁에 대해 반대 의지를 지니고 있고, 그러나 소집영장을 받았을 때는, "각자의 신앙에 따라 결정하는 방법 이외에 다른 방도는 없다"라고 했다. 이는 즉 "신앙에 따라 개인의 내면화로 결정되는 경향을 표하고" 있고, "국가나 전쟁의 문제에 대해 깊이 있는 신학적, 역사적 검토는 거의 이루어지지 않았다는 것을 지적하고" 있다(542).

4. 레이난자카(靈南坂)교회의 경우

'조합(組合)교회'의 전통을 지닌 레이난자카교회[22]는 '교단' 성립

---

22) 역주: 도쿄도 미나토(港)구 아카사카(赤坂)에 소재한 일본기독교단 소속의 교회이다. 1879년 교토의 도시샤(同志社)대학 제1회 출신인 고자키(小崎弘道) 목사와 청년 11인이 함께 설립한 역사를 지니고 있다.

당시 제3부에 속하였다. 레이난자카교회는 1979년《레이난자카교회100년사》[23]를 출판했다. 이《레이난자카교회100년사》의 특징은 그 서술에 있어서 목사나 임원회(당시는 집사회, '교단' 성립 이후에는 장로회라고 불렀다)를 중심으로 한 활동을 축으로 기록한 역사이며, 한 사람 한 사람의 신앙 특징을 묘사하고 분석하여 서술한 것은 아니다.

레이난자카교회는 1933년 통계에 따르면, 당시 조합교회 중에서는 도시샤(同志社)교회, 긴에하치판(近江八幡)교회에 이은 제3의 교회였고, 앞의 두 개교회가 모두 학원부속(學園附屬) 설립의 교회라고 하는 특수성이 있음을 고려해 볼 때, 이른바 '시민교회'로서는 최대의 교회였으며, 예배 출석자의 평균도 153명으로, 당시로서는 유력한 교회의 하나임에 분명했다(347, 이하《100년사》의 페이지 수 표시). 또한 고자키(小崎道雄)[24] 목사는 이 시대 '일본 그리스도교 연맹'에 관계하며, '교단' 창립 당시에는 통리 대리자, 출판국장, 동아국장(東亞局長) 등을 역임하는 등, 일본 기독교회를 대표하는 목사 중의 한 사람이었다. 그리고 충실한 평신도 지도자인 마츠야마(松山常次郎)와 호시지마(星島二郎)는 1940년에 성립된, 요나이(米內) 내각의 해군정무차관, 사법정무차관에 임명된 것(42)처럼, 교회 신도 중 국가 차원의 유력한 지도적 위치의 교인이었으며, 교회 자체가 국가사회의 중요한 역할에 깊이 연동될 수밖에 없는 지렛대적인 존재였다.

레이난자카교회의 전도 특징 중 하나는 기무라(木村淸松)과 가가와(賀川豊彦)로 대표되는 '특별전도'에 의해, 교세를 성장시켰다는 데 있다. 예를 들어 1940년 5월에 개최된 '우리교회 공전(空前)의 대

---

23) 飯淸, 府上征三編,《靈南坂敎會100年史》, 一九七九年.
24) 역주: 1888. 11. 16-1973. 6. 18 일본의 목사이며, 신학자이다. 레이난자카교회 설립자인 고자키(小崎弘道) 목사의 장남으로 교토에서 출생했다. 1912년 도미, 오버린대학과 콜럼비아대학에서 국제법과 사회학을 공부하고, 예일대학에서 신학을 수학했다. 귀국 후 1922년부터 1961년까지 레이난자카교회에서 목회하였고, 일본기독교를 대표하는 여러 역할을 감당했다.

전도집회'(357)에는, 5일 1,300명, 6일 1,500명, 7일 1,200명, 3일간 연속으로 새벽기도회의 출석자는 257명, 부인회 출석인원이 130명, 총계 4,385명으로 그 중에 결신자가 361명이 나왔다는 것에서 보듯이, 시대상황과는 완전히 관계가 없이 교세가 신장하고, 전도에 매진하는 일이 가능했다. 같은 해 11월에도 같은 모양으로 8일간 연 3,000명 가까운 출석자를 나타냈다.

이와 같은 레이난자카교회의 출석자 수와 입회자 수는 각각 1940년 203명과 100명, 1941년의 176명과 72명, 1942년에 142명과 36명, 1943년의 125명과 30명, 1944년의 66명과 18명, 1945년에 53명과 16명[25]이라는 숫자가 남아 있다.

미일전쟁 개전 이후에는 예상대로 예배 출석자 수와 입회자 수 모두 상승하지 않고, 감소하고 있다. 그러나 예배 출석자 수의 감소는 전황의 악화에 비하여 볼 때는 예상보다 큰 폭은 아니며, 기독교가 '반국가적', 혹은 '반전사상'을 지닌 종교내지는 그와 같은 경향을 띤 종교로서 심각할 정도의 배격을 받지는 않았다.

레이난자카교회에서는 태평양전쟁 개시 거의 반년 후에 '신도연성회'를 개최하고, 다음과 같이 '신도연성회선언'을 채택했다(429).

> 대동아전시 하에서, 시국이 점점 중대한 국면으로 진행하는 때, 우리 레이난자카교회 신도 일동은 경계경보 발령 중의 긴장감과 같은 심정으로 7월 5일 오전 10시 반부터 오후 7시 반까지 교회에서 신도연성회를 개최하고 시국인식의 철저와 신앙적 단결의 강화를 주제로 진정을 다하는 기도와 함께 토론하고 다음과 같은 선언을 하기로 하다.

---

25) 中山花子,「1940年代の靈南坂敎會」(同志社大學大學院神學硏究科, 修士論文, 1997), '1940年代敎勢表', 13, 未刊.

일. 우리는 일본 기독교신도로서 항상 시국인식의 철저를 기하고 황국을 위해 충성을 다할 것을 결의한다.

일. 우리는 이 결의의 달성을 위해 교회를 기반으로 각자의 일터에서 그리스도의 복음전도에 정진한다.

일. 우리는 기독교 신도의 본분으로, 교회 생활의 본질이 되는 예배, 기도회의 출석에 있어 모든 난관을 넘어 출석에 진력한다.

일. 우리는 교회 내적 충실을 기하고, 전도 전선을 확대하기 위해 월정 헌금 및 임시로 설정되는 각종 헌금생활을 확실히 실행한다.

일. 우리는 사제의 도를 중히 여기고, 규율과 예의를 준수하며, 신도 간의 깊은 교제에 강력한 단결력을 형성하는 것을 통해, 국민 도의성의 현양에 매진한다.

쇼와 17년(1942년) 7월 5일

일본 기독교단법인 레이난자카교회 제1회 신도연성회 참가자 일동

(《교보》〈敎報〉, 1942. 7. 15)

또한 고자키(小崎道雄) 목사의 '일억일심(一億一心)의 신앙'이라는 제목의 설교에는, '신도실천'(臣道實踐)은, '종'으로서 사는 것이 기독교적인 인간의 도리인 한, '신민'(臣民)으로서 사는 것은 참 인생의 길이다. '직역봉공'(職域奉公)이란, 각자의 직업을 천직으로 믿는 한, 모든 직업은 모두 하나님에 대한 봉사이다. '멸사봉공'(滅私奉公)이란, 곧 십자가의 도이며, '일억일심'이란, 한 그루 포도나무에 붙은 가지(요한 15장)에 걸맞은 일본은 역사적으로 인종적으로 정신적으로 모두 일치하는 민족이다(430)라고 기록하였다.

레이난자카교회에서는 고자키 목사는 제외하고, 다른 교직자들에게 소집영장이 와서, 나카모리(中森新喜知) 전도사, 히라야마(平山照次郞) 목사, 오쿠라(大倉健一) 전도사가 교회를 떠났고, 대체로 20명의 교인이 전사하였다고 기록하고 있다(436).

이처럼 레이난자카교회도 고자키 목사와 유력한 신도를 중심으로,

기독교인으로서 국가에 충절을 다하는 것이 중요한 일이었으며, 교회의 사명은 국민도덕, 도의의 향상에 참여하는 일로 이해되었다. 그리고 기독교신앙은 윤리종교로서 수용되었다고 하는 메이지시기의 기독교 수용 이래의 특성, 전통을 보존하여 이어 온 것이라고 할 수 있다.

이상 몇 권의 교회사를 정리해 보았다. 그것으로부터 읽어 낼 수 있었던 것은, 각각의 교회사 집필자들이 자료를 명확히 읽어 해석하고, 깊은 역사인식과 사회의식을 첨가하여 당시 교회와 신앙인의 신앙이해를 검증한 경우에는 두말 할 나위 없이 교회와 신앙인의 실상을 분명히 드러낼 수 있다는 점이다.

이 시대에 있어 오직, 교회만이 전시 하의 일본사회로부터 초연한 채 존재할 수 있었던 것은 아니다. 사회 전체로부터 기독교가 '비국민'(非國民) 취급을 받아 지탄을 받는 케이스가 있다고 해도, 교회활동은 기본적으로 유지되며 계속되었다. 교회활동의 정체, 교세의 저하 원인은 바로 전황의 악화에 따른 전시 사회의 변동에 의한 것이다. 따라서 교회 자체, 혹은 신앙인 자신의 의식 속에서 전시체제 자체에 대한 부정적 인식, 아니면 신앙이해에 기반을 둔, 그 국가체제 자체에 대해 거리를 두는 자세를 찾기는 곤란하다.

《돗토리교회백년사》를 쓴 오하마(大濱徹也)가 지적한 것처럼, 일본 기독교계는 기독교를 '문명의 종교'로서 수용되고, '국가의 기(器)'로서 기독교의 우위성을 믿으며, 영혼의 구제를 개인의 신앙으로 설명하기 위해서, 신앙적 원리에서 국가사회를 상대화 하는 것이 필요하다는 사실에 대해 무지한 상태가 지속되었다. 기독교 신앙은 '인생수양'의 도구로서 의미를 지닌 것이었다. 이 신앙적 무지야말로 기독교인의 아픈 현실이었다(《돗토리교회 백년사》 268). 또한 《교토교회백년사》에 기록되어 있는 바처럼, 기독교회는 그 신앙적 입장에 따라서 아프리오리(선험적으로)하게 인도주의, 평화주의, 민주주의 등의 서구 근대의 여러 가치들을 체현하고 있고, 그러나 반대로 이런 것을 실현하지 못하는, 역으로 이르면, 신앙적 고난의 당하고, 교회활동이 제약을 받으며, 더욱이 교회자신이 피해자라는 인식에 대해, "지금까지 자주 거론되어 온 기독교계의 피해자 의식은 후일 작위적으로 만들어진 것이라는 것이 분명하다"(《교토교회 백년사》, 524)고 하는 분석이야말로, 깊은 인식이 아닐 수 없다.

VI. 입신(入信)의 의미
   - 레이난자카교회의 '신앙고백' 으로부터

지금까지 몇 권의 교회사 서술로부터 전시 하 교회의 사정을 살펴보았다. 각 교회의 전도에 있어 공통적인 점은 1931년 이후 전시 하의 교회활동이 일본 그리스도교 연맹 주최로 1930년부터 3년 간(후에 2년 계속)에 걸쳐 발전된 '하나님 나라 운동' 의 여파, 영향을 받아왔다는 사실이다.[26] 이는 "기도하라, 봉사하라, 일하라" 를 모토로 하고, 교회, 단체, 학교 등 당시 프로테스탄트 여러 교파의 총력을 결집하였다. 에비자와(海老澤有道)에 의하면, 그것은 일본 기독교 역사상 최대의 조직적 전도운동이었다.[27] 전국에서 연 100만 명을 동원하고, 많

---

[26] 그 이전 1928년 일본 그리스도교 연맹은 제6회 총회에서 '사회신조' 를 발표했다. 그 주요한 요점은, "인류를 형제로서 함께하는 기독교적 사회생활을 이상으로 하고, 그리스도에 의해 제시된 사랑과 정의와 융화를 실현하고자 한다"고 하고, "일절의 유물적 교육, 유물적 사상, 계급투쟁, 혁명적 수단에 의한 사회개조에 반대하며, 또한 반동적 탄압에도 반대하며"라는 내용으로, 당시 사회상황에 있어 유물주의에 반대하고, 기독교인의 입장에서 사회정의와 공평을 실현하고자 하는 것이었다. 그러나 "시국의 진전은 이것을 제약하고, 기독교계의 활동의 침체와 함께 마침내는 국민정신작흥운동 속으로 매몰되고 말았다"(海老澤有道, "社會信條",《日本キリスト教歷史大事典》, 教文館, 1988, 637-638).

은 회심자를 얻었다. 이 운동을 제창한 이는 가가와(賀川豊彦)이었다. 그 완료보고에 의하면, 전국에 93개의 지방위원회가 조직되고, 941개의 여러 교회가 협력하였으며, 연 1,954명의 강사에 의해, 4,102회의 집회에 청중은 86만여 명, 구도, 혹은 수세 결신자는 45,000명에 이르렀다고 했다. 그러한 중에도 가가와는 동분서주, 지방의 마을 촌락에서 집회를 열어도 1,000명부터 2,000명이 운집하고, 그 중 대개 10%가 신앙을 결심하였다.[28] 도히(土肥昭夫)는 이 점에 대해, "그러나 여러 교파의 수세자 수를 조사하면, 분명히 증가한 것은 분명하지만, 앞의 기록(결신자 - 인용자)에 나오는 숫자와는 비교가 되지 않는다. 즉 결신자는 교회에 나가기는 했으나, 거기에 가가와와 같은 메시지, 그 집회의 서민적 분위기와는 다른 것을 발견했다"[29]고 기록하고 있다. 그것은 틀림없는 사실로 보인다. 그러나 거기에 과제로 삼고 싶은 것은, 예를 들어, 여러 교회의 일상적 예배를 중심으로 한 활동이 '하나님 나라' 운동과는 다른 분위기였다고 해도, 역시 거기에서 수세자가 생겨나 교회의 교세증가를 가져오는 현상으로 나타났다고 하는, 그 의미일 것이다.

당시의 기독교회는 이 '하나님 나라' 운동에 참가하여, 처음으로 기독교에 접하고, 그리고 구도의 길로 들어서서 세례를 받기까지 이른 사람들은, 기독교에서 무엇을 발견하고, 무엇을 기대하며, 무엇을 믿고 싶었던 것일까 라고 하는 점을 고민하고 생각할 필요가 있었던 것이다.

예배출석자의 수도, 수세자의 수도 수치에 지나지 않는다. 그러나 그 수치의 배후에는 문자 그대로 신앙을 지닌, 혹은 지니기에 이른 한

---

27) 海老澤有道, "神の國運動", 《日本キリスト教歴史大事典》, 教文館, 1988, 322-323.
28) 土肥昭夫, 《日本プロテスタント キリスト教史》, 新教出版社, 1980, 342.
29) 土肥昭夫, 위 같은 책, 342.

사람, 한 사람 인간의 결단이 있었다는 것을 놓쳐서는 안 될 것이다. 한 사람 한 사람의 인생이 있고, 육성이 있는 것이다. 그러나 이 과제를 고민하고 밝히는 일은 대단한 자료의 한계와 제역이 있다.

레이난자카교회는, 조합교회의 전통에 따라 세례를 받을 때도, 같은 조합교회로부터 전입해 올 때도, 또한 타 교파로부터 전입해 올 때도 신앙고백을 요구했다.[30]

레이난자카교회에서는 교회에 입회할 때의 규정으로 '신앙의 추문(推問)'[31]을 진행하는 것이 명기되어 있다.[32] 그것은 대부분의 경우, 원고 형태로 남아있다.

여기에서는 1931년 이후, 1945년까지의 것을 채용하였다.

다음에서 그 '신앙고백'의 문장을 요약한 것을 열거해 보고자 한다(숫자는 정리번호이다).

1) 가가와(賀川豊彦)의 "참된 양심생활은 십자가의 종교에 의해"서만이라고 하는 말에 의해.
2) 하나님의 사랑을 믿는다. 하나님의 사랑을 구하여 왔다.
3) 하나님의 존재를 믿는다. 영적 갈구, 영원을 진리를 사랑하고, 탐구하고자 왔다. 가가와의 설교에서 결정적으로 알기에 이르렀다. 가가와의 대전도회서 격렬한 영적 힘을 느꼈다.
4) 병상 중에 있어도 희망을 잃지 않는 기독교인 친구에 의해 신앙을 알게 되고, 가가와의 설교를 듣고, 죄를 사함, 영생의 희망을 갖는 것이 모두 하나님 손에 있다고 믿었다.
5) 학생시대에 인생의 공허함과 갈급함을 느끼고, '인간의 내면', '삶과 죽음', '문화와 전쟁', '인류의 생활목적과 그 의의'에 대해 의문을 지녔으며, 그 해결을 구하여 교회에 오게 되었다.

---

30) 中山花子, 앞의 논문.
31) 역주: 신앙을 가지기로 한 이를 추천하는 문서의 형태라고 볼 수 있다.
32) 《靈南坂教會100年史》, 191.

6) 가가와가 '고난에 처한 인간을 위해 기도하자' 는 태도, 즉 나 자신을 위해 기도해 준다는 사실에 대해 깊은 감명을 받고, 세례는 완전을 구하는 것이 아니라, 그것을 향해 들어가는 문이라고 하는 결의에 의해.
7) 가가와의 전도로 기독교를 만나고, 사회적인 부(富), 지위, 명예보다도 더욱 중요한 것이 있다는 사실에 인생의 의미를 발견했다.
8) 가가와의 전도로 기독교를 만나고, 예수를 배운 바, 타인을 위해 기꺼이 피를 흘리는 인간이 되고 싶다는 결의에까지 이르렀다.
9) 가사오카(笠岡)교회로부터 고백 입회. 장기간 신앙생활을 중단하였으나, 레이난자카교회의 학생전도단과의 만남으로 신앙이 회복되었다. 지금까지의 인생이 아닌, 완전히 다른 인생을 살기를 원하여.
10) 무신론자의 강함이야 말로 강한 것이라고 생각해 왔으나, 궁극적으로 남는 비관과 하나님에 의하지 않고는 구원이 없다고 생각하기에 이르렀다.
11) 인생의 허무함을 느끼고 있었는데, 하나님을 믿는 것이야말로 고통으로부터 해방되는 것이라는 것을 믿고.
12) 아자부(麻布) 메소디스트교회에서 세례를 받았으나, 가가와의 설교를 듣고, 레이난자카교회로.
13) 기독교에 대해 관심을 가지고 있었는데, 아버지의 죽음, 어머니의 병환에 의해 교회에 다니기 시작했고, 선교사를 만나 세례를 받았다. 어머니는 이를 기뻐하였다. 시국으로 인해 한 사람 선교사는 귀국하고, 잔류한 선교사와는 국경을 초월하는 신앙적 교제가 계속되었으나, 그 선교사는 수용소에 수감되고 교회활동이 정지되었기 때문에 레이난자카교회에 고백 입회하고자 한다.
14) 복잡한 사정, 온화함에 없는 가정에서 자라나면서, 고난 중에 막연히 신께 기도하였고, 그리고 교회를 방문했다. 막연한 신이 아니라 '유일한 하나님', '영원히 살아 계신 하나님' 을 알았다.
15) 무신론자인 학교 교사에 의해, 신은 인간이 만든 것이라는 가설, 인간의 본성에 따르면 족하다는 말에 영향을 받아 왔으나, 수양회에서 하나님이 인간을 찾으신다는 사실을 확신하게 되고, 헌신하고자 하

는 결의가 가능해졌다.

16) 정신적 추락의 삶이 계속되었는데, 교회 교인인 친구의 권면에 의해 교회에 출석하게 되었고, 방황도 있었고, 양부(養父)의 반대도 있었으나, 성서의 말씀이 나 자신을 지켜주었다.

17) 어머니는 도시샤(同志社)에서 공부하였고, 병세에서 세례를 받고, 소천했다. 아버지는 직장의 전근이 잦아, 기독교는 바로 옆에 있었으나 신앙생활의 어려움이 있었다. 그러던 중 기무라(木村淸松) 목사로부터 예수의 십자가는 우리들을 위한 것이라는 사실을 알게 되어, 도시샤교회의 호리테이(堀貞一) 목사에게 세례를 받았다.

18) 하나님은 거룩하시고, 인간은 죄인이며, 이것은 이 죄를 속죄하지 않으면 안 된다. 기독교는 다른 종교와 달리 도덕적 종교인데, 그것은 인간의 윤리적 요구에 응답하기 때문이다. 나는 논리적 신비주의자가 아닌 윤리적 신비주의를 선택했다.

19) 인간에게 있어 필연적으로 따라오는 것이 종교인데, 나에게 있어서는 그것이 기독교이다. 왜 다른 사람들은 이 기독교를 깨닫지 못하는가 하는 것을 생각한다. 이와 같은 시기, 내가 믿고 있는 기독교가 마치 친 미국, 친 영국의 분자로 황족을 배반하고, '비일본인'이 아닌가 하는 의혹을 갖고, 영미와의 전쟁에서 정말 최고의 전과를 올리면 올릴수록 국내의 적성(敵性)을 쓰러내어야만 최후의 승리를 바라볼 수 있다든가 의식으로, 황국을 좀먹는 해충이라고까지 한다(라고 기술하고는 있으나, 그러나 자신의 신앙이 그러한 비판을 받을 만한 것이라고는 여지기 않는다는 뜻이 이 말의 기저에 있다).

20) 인간적 기반에 서는 자율주의에는 생명의 참된 창조가 없다고 알게 되었다. 오직 죄로부터 정결함을 얻고, 영생에 이르는 복음의 진리를 믿는다.

21) 나라 전체가 전쟁의 고통 중에, 수많은 사람들이 갈 길을 잃고 해매고 있는 일 등, 유치원부터 하나님을 믿고, 지금까지 이르렀다는 사실에 감사한다. 견고한 토대 위에 서서, 혼돈한 세대 중에서도, 방황하지 않고, 앞으로 나아갈 수 있도록 손을 내밀어 주심에 감사.

22) 중화민국이 가뭄에 허덕일 때, 미국의 교회가 구호 식량을 보내 와, 그로서 나를 포함한 4,000명의 어린아이들이 굶주리지 않을 수 있었다. 그래서 기독교를 알게 되었다. 지금까지 정진해 왔는데, 불교는 죄를 사함 받는 일이 불가능한 종교라는 것을 알고, 양친의 종교를 버리고, 세례를 받았다.

23) 중한 병에 걸려, 이대로 죽으면 이 나라에 봉사할 수 있는 기회가 없지 않을까 하는 생각에 수술을 받을 결심을 하였고, 불안한 상황에서 병실에 찬미가를 부르는 크리스천이 있어, 평안함을 얻을 수 있었던 일로 기독교를 만날 수 있었다.

24) 가족의 병사, 나 자신의 투병생활, 장남의 사산(死産) 등, 인생의 고난 중에 고통을 받았는데, 그런 중에 크리스천과 만나게 되었다. 처음에는 죄의 체험을 하지 못하고, 관념적인 이론적인 신앙이었기 때문에 다른 사람을 용서하거나 하는 일이 불가능했으나, 재림 신앙에 의해 부활의 기쁨을 알게 되었다.

25) 유아기부터 교회에 다녔으나, 그 후 악마의 계교로 신앙을 버리고 말았으나, 돌아가신 아버지에 대한 죄송한 마음이 들어 지금까지의 죄를 회개하며, 침례를 받았다.

26) 지금은 전시 하(1944년 4월 9일), 먹을까, 먹을 수 있을까 하는 비상한 시대이다. 중학생인 나는 어떻게 하면 좋을까, 대동아의 파도에 방황하는 일본 동포를 막연히 바라만 보고 있어도 좋을까, 이러한 상황 중에 예수의 마음을 자신의 마음으로 품고, 하루하루를 밝게, 하루하루를 부끄럽지 않은 중학생으로 살고 싶다.

27) 두 형의 투병생활과 그 임종 중에 신앙을 알게 되었고, 형을 이어가고 싶다.

28) 종래에는 신앙에 무관심하였으나, 대동아전쟁의 격렬화, 공습의 격화, 가족의 소개(疏開), 조모의 별세 등 일련의 시련 속에서 마음이 고독하고, 엄숙해졌다. 그리고 무엇엔가 의지하고 싶은 욕구를 지니게 되었다. 그때 형의 인도로 교회에 나오게 되었다.

이상의 수많은, 장대한 신앙고백의 문장으로부터 특징을 찾아보았다. 물론 이 문장만으로는 그 이후의 생애나 신앙생활의 계속 여부를 알 수는 없다. 그러나 이러한 문장 속에서 알 수 있는 사실을 정리해 보면, 다음과 같은 것일 것이다.

기독교와의 만남과 신앙을 갖게 되었고, 상당히 많은 사람들이 가가와의 '하나님 나라' 운동의 영향을 받은 점이다. 유아기로부터 기독교와 관련된 환경에 의한 경우도 있었으나, 직접적인 계기로는 병마나 인간관계로부터의 고통 해결을 구하여, 그리고 그때까지 인생의 허무함으로부터 해방, 전환을, 혹은 새로운 인생에 대한 희망을 구한 일, 그것을 위해 목사를 위시하여 가족, 친구, 지인 등의 인격적 관계가 큰 의미를 지녔다고 지적할 수 있다.

또한 소수이기는 하지만, 전시 하라고 하는 시국인식에 의한 경우도 있는데, 그 신앙 자체에 있어 국가의 나아가는 바와 모양새에 있어 일정한 거리를 두는 인식은 없다.

그리고 어떤 의미에서는 당연한 것이겠지만, 그 문장들은 공통적으로, 주정적(主情的)이며, 거기에 '하나님', '그리스도', '십자가', '죄의 속죄' 등의 말이 있다고 해도, 많은 경우에 있어서 관념적이다. 거기에는 인생이나 인간관계의 걱정, 회의를 품은 '자신'이 있고, 그리고 그 '자신'과 대치되는 존재로서 '하나님'이 있으며, 따라서 이 '하나님'을 믿을까, 믿지 않을까 하는 결단의 태도가 있다.

거기에서는 '이웃'을 사정거리에 둔다고 하는, 관계에 의한 신앙 이해는 거의 발견되지 않는다.

VII. 본 장을 정리하며

1931년 이후 1945년 패전에 이르기까지의 시기, 일본 교회의 활동을 예배 출석자 수와 수세자 수의 측면으로부터, 그리고 각 개교회에서 편찬된 교회사를 기초로 교회의 일상적 활동과 이 시기 새롭게 신앙을 표명하고 세례를 받은 이들의 신앙이해를 검토하였다.

다음에서 구마자와(熊澤義宣)가 말하는 바와 같이 "제약 받은 신교(信敎)의 자유 시대에 있어서의 전도"라고 하는 시대에서 일본 기독교의 입신(入信)이 어떠한 성격을 지녔던 것인가를 기록하고자 한다.

몇 가지 측면을 지적할 수 있을 것이다.

《전시 하의 기독교 운동 – 특고자료에 의거》(戰時下のキリスト敎運動-特高資料による, 全三卷, 同志社大學人文科學硏究所キリスト敎社會問題硏究會編)에서 명확히 지적하고 있는 것처럼, 또한 도히(土肥昭夫)가 지적하고 있듯이, 관헌들은 필시 기독교를 믿지 않고, "헌병이나 특고는 1935년 이후 기독교 관계자의 동향을 면밀히 조사하고, 언제라도 검거할 용의를 가지고 있었다"[33]는 것이 사실이다. 그러나 기독교 측은 국가에게 이와 같이 눈으로 보이고, 스스로가 감시 받고 있다는 자각이나 인식을 하고 있었다는 점은 별로 발견되지 않는다.

여기에서 선별하였던, 일본의 대표적 주요교파인 '일본 기독교회', '메소디스트교회', '조합교회'의 전통에 서 있던 교회들은 신학의 수준과는 관계가 없다고 할 수 있다. 기본적으로는 어떤 교파에 소속되었는가 하는 것에 관계없이 일본 기독교회에 입신하는 과정은, 어떤 경우는 가족이나 공동체로부터의 결별을 자각하지 않으면 안 되었던 사건이 있고, 거의 예외 없이 개인의 결단을 수반한다. 그리고

---

33) 土肥昭夫, 앞의 책, 346.

또한 '죄'에 대한 인식을 수직적으로 '하나님'과의 관계로는 이해하지만, 이웃으로 널리 퍼져 나간다는 의미의 관계 개념으로는 인식하지 못했다고 지적할 수 있다. 그것은 공동체로서의 '교회' 개념이 희박한 채 살았고, 나아가서는 사회, 국가와의 관계에서 예언자적인 사명과 과제를 지닌 교회, 혹은 사회나 국가에 대해, 스스로 부여 받아 이루어야 하는 사명과 과제를 지닌 교회라고 하는 이해나 인식이 박약했다고 할 수 있다.

찾아 보기

인명 색인

ㄱ

가가와(賀川豊彦)　44, 159, 187, 199 204, 205, 206, 209
가네다(金田隆一)　25
가네다(金田雄亮)　197
가네다(金田數男)　156
가사하라(笠原芳光)　59, 60
가와카미(河上徹太郎)　45
가토(加藤邦雄)　140
고가르텐　48
고노무라(小野村林藏)　169, 171
고노에(近衛)　65, 94, 97, 122, 123, 126
고자키(小崎道雄)　72, 90, 125, 135, 199, 201
고하라(小原十三司)　142
곤도(近藤)　141
구기미야(釘宮辰生)　191
구리하라(栗原陽太郎)　142
구마노(熊野義孝)　17, 24, 36, 46, 48, 50, 51, 52, 63, 76, 77, 81, 85
구마자와(熊澤義宣)　179, 210
구와다(桑田秀延)　50, 51, 63
기니와(木庭芳雄)　197
기무라(木村淸松)　199, 207
기요미즈(淸水義樹)　50, 93
기쿠지(菊地)　147
기타모리(北森嘉藏)　74, 75

ㄴ

나가이(長井眞琴)　129
나카모리(中森新喜知)　201
나카하라(中原賢治)　49

니시야마(西山知行) 187
니와자키(岩崎) 복음사 167

ㄷ

다니가와(谷川貞夫) 54
다무라 117
다자키(田崎健作) 195, 197
다카야(高谷道男) 73, 74
다카야나기(高柳伊三郞) 63
다케우치(竹內好) 45
다키자와(瀧澤淸) 142
도미다(富田滿) 118, 142, 147, 153, 159, 164
도요토미(豊臣秀吉) 29, 65
도히 아키오(土肥昭夫) 10, 12, 18, 26, 47, 48, 49, 53, 84, 126, 180, 204, 210

ㄹ

루터 38, 71, 86, 74, 87
리츨 71

ㅁ

마나베(眞鍋賴一) 135, 137, 153, 168
마노(眞野万穧) 목사 169, 170, 171, 173, 174, 175
마츠다(松田) 94
마츠모토(松本健一) 45
마츠무라(松村克己) 73
마츠야마(松山常次郞) 137, 161, 199
모리(森東吾) 114
모리오카(森岡嚴) 25
무라다(村田四郞) 63, 116, 120
무라오카(村岡典嗣) 63
무라타 117
미야코다(都田恒太郞) 135, 140, 141
미우라(三浦豕) 125
미즈노(水野恭介) 192, 193

ㅂ

바르트　　　　　　44, 48, 49, 51, 52, 53
부룬너　　　　　　48

ㅅ

사바(佐波亘)　　　　64, 65
사토(佐藤津義夫)　　155, 156
슐라이어마허　　　　71
스기야마(杉山元次郎) 159
스즈키(鈴木浩二)　　152, 155, 157
스즈키(鈴木高志)　　187
스즈키(鈴木正久)　　7, 18
스즈키(鈴木)　　　　112
스즈키　　　　　　　25, 137, 139
시로도(白戶八郎) 목사 175
시모에츠(霜越四郎)　187
쓰루미(鶴見俊輔)　　59

ㅇ

아라키(荒木貞夫)　　94
아리가(有賀鐵太郎)　73
아바라(阿原)　　　　147
아베(阿部義宗)　　　91, 131
아사노(淺野順一)　　56
아오도(青戶)　　　　129
아카사와(赤澤史朗)　92, 110
아카이와(赤岩榮)　　50, 51, 52, 53
안도(安藤紀三郎)　　132
안토(安藤肇)　　　　24
야나기가와(柳川)　　129
야마구치(山口)　　　166, 176
에비사와(海老澤亮)　135, 141
에비자와(海老澤有道) 203
오기(俣木敏)　　　　142
오다(多田素)　　　　187

오다(小田信士)　　　50, 51, 52, 55
오다(太田耐造)　　　106
오쿠라(大倉健一)　　201
오쿠시(大串兎代夫)　63
오하마(大濱徹也)　　41, 43, 191, 194, 202
와타나베 나오루(渡辺治) 98, 104, 105, 106, 108, 110
와타나베(渡辺洋三)　100, 102, 104, 118
와타나베(渡辺洋一)　96
와타나베(渡辺晋)　　60, 62
와타나베(渡辺善太)　63
우시노미야(宇都宮充) 161, 164, 167
우에무라(植村正久)　136, 187
우오키(魚木忠一)　　69, 70, 73, 77, 78, 79, 80
우치무라(內村鑑三)　29, 45
유키(由木康)　　　　49, 50, 52
윤혜원　　　　　　　10
이노우에(井上)　　　141
이마이(今井三郎)　　60, 62
이마이즈미(今泉眞幸) 140, 141, 125
이시하라(石原謙)　　42, 43, 83, 84

ㅊ

츠바키(椿眞泉)　　　60, 62
츠카다(塚田理)　　　25
치바(千葉勇五郎)　　129

ㅋ

카사하라(笠原芳光)　25, 76, 77, 79
칼빈　　　　　　　　71
쿠기미야(釘宮辰生)　125
쿠다(管円吉)　　　　44
키도(木戶幸一)　　　94

ㅌ

토모이(友井禎)　　　51, 52

톨스토이　　　　　195

ㅎ

하라 마코토(原 誠)　3, 8, 12
하라다(原田) 목사　167
하세가와(長谷川俊)　55
하시다(橋田)　147
헤겔　　　　　71
호리테이(堀貞一)　207
호시지마(星島二郎)　199
후지하라(藤原藤南)　65, 67
후쿠도미(福富啓泰)　60, 61
히고(肥後和夫)　63
히라노(平野利)　108
히라누마(平沼騏一郎)　94
히라야마(平山照次郎)　201
히사마츠(久松潛一)　63
히야네(比屋根安定)　68, 73

주제 색인

15년 전쟁	9, 10, 121, 128, 145
2.26 사건	93
S.C.M.	49, 50
〈문학계〉(文學界)	46
〈신흥기독교〉(新興基督敎)	49, 54
《간라쿠교회100년사》	184
《고지교회100년사》	183, 186
《교토교회100년사》(京都敎會百年史)	183, 195, 198, 202, 203
《국민정신총동원운동 민중교화운동사료집성2》	124
《그리스도교연감》(キリスト敎年鑑)	179
《근대 일본의 사상동원과 종교통제》 (近代日本の思想動員と宗敎統制)	92, 110
《근대의 초극》(近代の超克)	45
《기독교대사전》(キリスト敎大事典)	77
《기독교의 일본적 전개》(基督敎の日本的展開)	68
《기독교의 전쟁 경험》(1959)	24
《기독교의 전쟁 책임-일본의 전전 전중 전후》(1974)	25
《도리이자카교회백년사》(鳥居坂敎?百年史)	191
《도쿄교구사》(東京敎區史)	117
《돗토리교회100년사Ⅱ》	183
《돗토리교회백년사》	202
《레이난자카교회백년사》	199
《메이지시대 기독교회사 연구》 (明治期キリスト敎?史の硏究)	41
《삿포로교회 75년사》	173
《어느 기독교인의 전쟁 경험》(1963)	24
《여명》(黎明)	195, 196, 198
《일본 기독교의 사론적 이해》(서정민 역)	10
《일본기독교단신보》(日本基督敎新報)	64

《일본기독교단연감》(日本基督教會年鑑)　178
《일본기독교사》(김수진 역)　10
《일본기독교의 역사적 성격》　10
《일본기독교의 정신적 전통》
(日本基督教の精神的傳統)　69, 77
《일본기독교의 한국인식》　10
《일본정신과 기독교》(日本精神と基督教)　65
《전시 하 기독교의 저항과 좌절》(1985)　25
《전시 하의 기독교 운동-특고자료에 의거》　210
《천황제 하의 기독교》(1981)　25
《카이난교보》(海南教報)　188, 189, 190
《한일기독교 관계사 연구》　10
《헤이안교회 100년사》　184
《일본 파시즘 법체제 총론》　100
《파시즘기의 종교통제》　98

ㄱ

가사오카(笠岡)교회　206
간라쿠(甘樂)교회　185
거국일치(擧國一致)　97, 123, 124
건국제 예배　192
견인지구(堅忍持久)　97, 123
경제신체제(통제회)　126
고노에(近衛) 내각　94, 97, 122, 123, 126
고도국방국가건설　126
고지(高知)교회　186, 187, 188, 189, 190
고지현　167, 186
공진금(供進金)　93
관국폐사(官國幣社)　93
교부성(教部省)　92, 127
교육칙어　29, 99
교토(京都)　8, 18, 27, 58, 74, 132, 165, 168, 194, 198, 199
교토(京都)교회　194, 195, 196, 197
교학연구소　133

교회국민저축조합	139
교회동맹	86
구세군 스파이 사건	32, 33
국가총동원법	101, 102, 113, 122, 124
국민교회	33, 36
국민적인 교회	17, 24
국민정신총동원 운동	15, 97, 123, 124, 125, 126, 135
국민정신총동원중앙연맹	123
국민징용령	122, 125
국수주의	30, 40, 57
국제연맹	62, 122
국체명징결의안(國體明徵決議案)	58
국체명징운동(國體明徵運動)	58
군국주의	34, 40, 45, 57, 83
군나카(郡中)교회	164
군용기헌납 운동	167, 168, 176
궁내성식부료(宮內省式部寮)	92
규슈(九州)교구	161
근대에의 초극	14, 44
근로대	161
근로신체제(대일본산업보국회)	126
금광교(金光敎)	164
기리시단	73, 74, 29
기리시단 금령고찰(禁令高札)	28
기사차지명령권(記事差止命令權)	104
기원절(紀元節) 예배	192
기타이치조(北一條)교회	169
긴에하치판(近江八幡)교회	199
긴요사업	156, 157
긴키(近畿)교구	137, 153, 160

ㄴ

낙농조정법(酪農調整法)	102
남방파견 선교사	11, 12, 156
남인도합동교회	86

노구교사건	122
농업보국회	130
니와테(石手)현	128

ㄷ

다이쇼(大正)데모크라시	58, 180
다이쇼(大正)시대	31, 42, 45
다카사키미나미(高崎南)교회	11
대동아공영권(大東亞共榮圈)	5, 55, 131, 138, 193
대동아 전쟁	48, 55, 113, 141, 208
대본교(大本敎)	32, 95, 107, 128
대일교(大日敎)	95
대일본관음회	95, 128
대일본불교회	129, 132, 134, 156
대일본전시종교보국회	131, 134, 139, 141, 157, 162, 163, 165, 175
대일본종교보국회(大日本宗敎報會)	15, 128, 129, 130, 131, 135, 139, 149
대일본청소년단	130
대자연천지일지대신교단 (大自然天地日之大神敎團)	95
대정봉환(大政奉還)	102
대정익찬체제(大政翼贊體制)	40
대정익찬회(大政翼贊會)	15, 40, 123, 126, 129, 130, 131, 132, 135, 153, 161
대조봉대종교보국대회	139
도다이샤	107, 119, 128
도리이자카(鳥居坂)교회	190, 191, 192, 193, 194
도부(砥部)교회	164
도시샤(同志社)	207
도시샤(同志社)교회	199, 207
도시샤(同志社)대학	8, 12, 18, 60, 64, 69, 73, 140, 195, 198
도요나카(豊中)교회	166
도카이(東海)교구	137, 153, 160
도쿄(東京)교구	160
도쿠가와(德川)막부	29, 74
도쿠시마	167
도쿠야마(德山)교회	166

도후쿠(東北)교구	153, 160
등대사	95

ㄹ

러일전쟁	31, 66
레이난자카(靈南坂)교회	198, 199, 200, 201, 203, 205, 206
루테루교회	87
릿쿄(立敎)대학	44

ㅁ

마르크스주의	48
마츠마에(松前)교회	164
마츠야마니반죠(松山二番町)교회	161
만주사변	66, 122, 135
메소디스트교회	186, 191, 194, 206, 210
메이쇼(芝明照)회관	128
메이지(明治)학원대학	13, 44, 50, 61, 64
멸사봉공(滅私奉公)	201
무진전쟁(戊辰戰爭)	27

ㅂ

바르트 신학	44, 48, 52, 53
복고신도(復古神道)	38
복신(僕神)	77
본문불입강승천본부(本門仏立講勝川本部)	95
부제(部制)	87, 113, 114, 148
북인도합동교회	86
불경사건	29
불경죄	33, 95, 98, 106, 107, 108, 181
불교연합회	124, 126
비국민(非國民)	103, 202

ㅅ

사람의 길(人の道)	32, 95, 108, 109, 128

사상범보호관찰법	95, 107
사이타마(埼玉)현	156
사할린(樺太)	170, 171
사회적 기독교	43, 48, 49, 50, 51, 52, 53, 79, 196
산수(山手)교회	62
산업보국회	126, 130
삼교전시연락사무국장연석회의	131
삼교회동(三敎會同)	31, 32, 53
삼림법	102
삼종신기(三種神器)	65
삼한정벌(三韓征伐)	66
삿포로(札幌)교회	168, 169, 172, 175
상업보국회	130
성지봉대기독교대회(聖旨奉戴基督敎大會)	113
성지봉대호국법요	132
쇼와 파시즘	9, 119, 180
쇼와(昭和)	32, 39, 42, 43, 45, 54, 58, 100, 101, ―
숨은 염불집단	128
시코쿠(四國)교구	137, 153, 162, 161, 167, 186
신공황후(神功皇后)	66
신기관(神祇官)	92, 97
신기성(神祇省)	92, 127
신기원관제	97
신기제사(神祇祭祀)	92
신도교파연합회	124, 126, 129, 134, 154
신불판연령(神仏判然令)	92
신사비종교론	89
신사신직(神社神職)	93
신신(臣神)	77
신아이(信愛)교회	166, 176
신정용신회(神政龍神會)	95, 128
신죠예배(新嘗禮拜)	187
신흥불교청년동맹	95, 128
씨자(氏子)	93

ㅇ

아오야마(靑山)학원	18, 55, 56, 60, 63, 64, 87, 136
아우스부르크 신조	86
아자부(麻布) 메소디스트교회	206
아자부(麻布)교회	191, 192, 193
야마하나(山鼻) 강의소	169, 171
야소기독지신약교회 (耶蘇基督之新約敎會)	95
야와타하마(八幡浜)교회	167
야쿠모(八雲)교회	175
양립	76, 77, 79
양립론	76
어기증(御寄贈)	153, 154
어업법	102
에히메(愛媛)현	161, 162, 163, 164, 167, 176
여래교(如來敎)	95
연고소개촉진(緣故疏開促進)	184
예방구금제	107, 122
오미야(大宮)교회	156
오사카 헌병대 사건 (大阪憲兵隊事件)	32, 33, 99
오시마(尾島老)	171, 187
오족협화(五族協和)	193
오카다(岡田) 내각	93, 95
오키나와(沖繩)	11, 18
요나이(米內) 내각	199
요주의 인물	122
요코하마(橫浜)	24
위기신학	48, 49, 50, 51, 52, 53, 79
유사종교단체	111, 122
이념선행형(理念先行型)	182
이세신궁(伊勢神宮)	112
이요군(伊予郡)	162, 163, 164, 176
익찬체제(翼贊體制)	97
인도네시아 교회	11, 12, 37, 89, 132

일독방공협정(日獨防共協定)	122
일본 그리스도교연맹	32, 86, 94, 114, 124, 125, 126, 129, 135, 187, 199, 203
일본 기독교단	11, 15, 16, 18, 20, 24, 25, 26, 33, 35, 40, 47, 50—
일본 기독교단보국단	14, 149
일본 기독교단신앙문답고	115
일본 기독교단전시종교보국회	149
일본 기독교단종교보국회	152, 159
일본 기독교연합회	134, 152
일본 기독교일치교회	24
일본 기독교회	10, 14, 24, 32, 44, 47, 64, 84, 85, 86, 87, 90, 119, 186, 187, 188, 190, 199, 210
일본 복음 루터교회	86
일본노동조합회의	97, 123
일본메소디스트교회	86, 192, 191
일본미션동맹	85
일본적 기독교	14, 19, 20, 29, 41, 43, 44, 57, 59, 60, 61, 65, 67, 68, 70, 73, 76, 77, 78, 79, 80
일본조합교회	33, 86, 191
일본조합기독교회	24
일본종교연맹	134
일본종교회	164, 165
일본천주공교교단	137, 152

ㅈ

자치방기(自治放棄)	93
재단법인 대일본불교회	134
재단법인 신도장학회	134
재향군인회	100, 130
적성종교(敵性宗敎)	33, 133, 176, 177
전국시장회(全國市長會)	97, 123
전국신직회(全國神職會)	97, 123, 124
전국협동전도협의회 간담회	133
전시보국회	15, 20, 40, 121, 123, 137, 138, 140, 141, 142, 143, 153, 154, 158, 159, 164, 168, 176

전시승려근로동원실시요강	156
전시종교보국회	15, 165, 174, 175
전시포교지침	113
전쟁책임 고백	7, 25, 35, 50
절부제(切符制)	103
절애(折哀)	76
정교쇄신결의안(政敎刷新決議案)	58
정내회(町內會)	126, 132, 151
정신대(挺身隊)	129, 175
제1차 종교단체법안	90, 94, 110
제2차 대전 하 일본 기독교단의 책임에 대한 고백	18, 25
제2차 세계대전	6, 7, 9
제2차 종교단체법안	94, 125
제7일 예수 재림교회	95
제국재항군인회	97, 123
제패니즈 이스라엘주의	59
조선(朝鮮)교구	148, 161
조합교회(組合敎會)	33, 87, 186, 191, 194, 195, 199, 205, 210
종교교화방책위원회	134, 140, 157
종교단체 전시 중앙위원회	134
종교단체법	15, 25, 26, 33, 54, 83, 84, 86, 87, 88, 90, 91, 92, –
종교단체전시보국회	131
종교단체전시활동실시요항	131
중일전쟁	9, 24, 45, 58, 105, 122
중지종교대동연맹(中支宗敎大同聯盟)	135
중화기독교회	86
쥬고쿠(中國)교구	153, 161
쥬부(中部)교구	137, 153, 160
지나사변	56, 66
지적전율(知的戰慄)	46
직역봉공(職域奉公)	201
진종(眞宗)	90, 93, 94, 97, 164
진충보국(眞忠報國)	97, 123, 191

ㅊ

창가교육학회(創價敎育學會)　95
천리교(天理敎)　164
천진교(天津敎)　95, 108, 128
천황기관설(天皇機關說)　58
천황제 이데올로기　31, 59, 80, 89
청일전쟁　66
촉발　70, 71, 72, 73, 76, 77, 78, 79
촉발론　77
치안유지법　15, 33, 95, 97, 98, 103, 106, 107, 108, 109, 111, 112, 113, 122, 169, 181
치에인(知惠院)　132
칙임관　145, 147

ㅋ

칸사이(關西)학원　165

ㅌ

타이완(台灣)교구　5, 148, 161
타이의 샴 기독교회　86
타키가와 사건(瀧川事件)　58
태평양전쟁　5, 102, 145, 200
특별관위(特別官衛) 설치운동　97

ㅍ

파시즘 정권　5
폐불훼석(廢佛毀釋)　127
플리머드형제단　95
필리핀 합동교회　86

ㅎ

하나님 나라 운동(神の?運動)　44, 187, 203
하지　132
합체　76
행보의 결말　45

혼미치(本道)	95, 128
혼효(混淆)	76, 77, 79
혼효론(混淆論)	76
홀리네스	9
홀리네스계 교회	21, 33, 95, 116, 190
홀리네스계 탄압	190
홋카이도(北海道)교구	20, 153, 165, 171, 173, 174
황기 2천 6백년 봉축 전국기독교신도대회	87, 136
황실전범	29
후시미교회	165
흑주교(黑住敎)	164
홍아원(興亞院)	135
홍아종교동맹(興亞宗敎同盟)	131
히도노미치(人の道)	95

전시 하 일본 기독교사
　-국가를 넘어 서지 못한 일본 프로테스탄트 교회

지은이　하라 마코토
옮긴이　서정민
펴낸이　정덕주
펴낸곳　한들출판사
　　　　서울시 종로구 연지동 136-46 기독교회관 710호
　　　　등록 제2-1470호 1992.

　　　　2009년 2월 15일 초판 1쇄 인쇄
　　　　2009년 2월 20일 초판 1쇄 발행

E-mail handl2006@hanmail.net
홈페이지 www.ehandl.com
전화　　편집부 741-4068~9
　　　　영업부 741-4070　FAX 741-4066

ISBN 978-89-8349-461-0　93230

*잘못된 책은 바꿔 드립니다